楚剧之乡 泥塑之乡

田径之乡 武术之乡

黎黄陂文化 木兰文化

二程文化 盘龙文化

红色文化

黄陂

文化人物录

政协武汉市黄陂区委员会 编

经济日报出版社

图书在版编目（CIP）数据

黄陂文化人物录／政协武汉市黄陂区委员会编. --
北京：经济日报出版社，2022. 12
ISBN 978-7-5196-1268-9

Ⅰ.①黄… Ⅱ.①政… Ⅲ.①文化-名人-生平事迹
-黄陂区 Ⅳ.①K825.4

中国版本图书馆 CIP 数据核字（2022）第 254920 号

黄陂文化人物录

编　　者	政协武汉市黄陂区委员会
责任编辑	孙　樾
责任校对	蒋　佳
出版发行	经济日报出版社
地　　址	北京市西城区白纸坊东街 2 号（邮政编码：100054）
电　　话	010-63567684（总编室）
	010-63584556　63567691（财经编辑部）
	010-63567687（企业与企业家史编辑部）
	010-63567683（经济与管理学术编辑部）
	010-63538621　63567692（发行部）
网　　址	www. edpbook. com. cn
E - mail	edpbook@126. com
经　　销	全国新华书店
印　　刷	成都兴怡包装装潢有限公司
开　　本	710mm×1000mm　1/16
印　　张	16.875
字　　数	350 千字
版　　次	2022 年 12 月第 1 版
印　　次	2022 年 12 月第 1 次印刷
书　　号	ISBN 978-7-5196-1268-9
定　　价	79.00 元

《黄陂文化人物录》编辑委员会

序言

　　黄陂，素称"人文荟萃"之地。追本溯源，诚非溢美。在黄陂 2261 平方公里的土地上，有蜚声遐迩的 5 张文化名片：一是距今 3500 年的盘龙文化。全国著名的史学家一致认同盘龙城为"武汉之根"，而且"是中原文化向南方扩张传播的基地和跳板，是商文化向多方面辐射的中心，也是长江流域文明与黄河流域文明融合在一起的一个突破口"。二是以"忠孝勇节"为主旨的木兰文化。忠孝勇节是对南北朝的《木兰辞》丰富内涵的高度概括。后人据此及民间传说演绎成动人心弦的故事，经过润色加工，搬上舞台，摄制影片，演遍神州，远播寰瀛。三是开宋代理学之先河的"二程"（程颢，程颐）文化。"二程"生于黄陂、长于黄陂。其首创之理学，不仅在中国哲学史上独树一帜，而且在国际上有重大影响。海内外学者曾出版"二程"学说译著，并召开过"二程国际学术研讨会"。不仅如此，继承和弘扬儒家学说的"二程"文化与千百年来木兰山上各据半山而又和谐相处的佛教与道教文化同在黄陂，儒、释、道三位一体，可谓合一炉而冶之。四是黎黄陂首义文化。它以首义元勋民国总统黎元洪"敢为天下先"而闻名天下。而今，"敢为人先，追求卓越"已上升为武汉城市精神。五是黄陂红色革命文化。1920 年黄陂就有宣传传播马列主义的社团组织——"乡村改进社"；1923 年境内第一个中国共产党的组织在三合店诞生；1927 年 11 月，黄陂人潘忠汝、吴光浩领导了著名的"黄麻起义"，起义后副总指挥吴光浩带领 72 人 53 条长短枪转战木兰山，成立了鄂豫皖地区第一支红军队伍——中国工农革命第七军（红四方面军的前身）。木兰山的斗争在中国革命历史上意义深远，作用巨大，党和国家领导人李先念、徐向前曾挥毫题字"巍巍木兰山，革命浩气存""木兰山的革命烽火燃遍了大别山"。蔡店姚家山是抗日战争时期新四军第五师驻地和鄂豫地区抗日中心。塔耳岗地区（今木兰乡）是大革命时期中共陂安南县委重要活动地域。1985 年 6 月，中共中央宣传部、共青团中央授予塔耳岗为"全国革命传统教育基地"。此外，在人类文明演进的过程中，黄陂境内形成的荆楚地域文化、民俗文化、农耕文化、工贸文化等，使黄陂成为道德厚土、文化高地。

中华人民共和国成立以来，黄陂利用独特和优越的资源，伴随着改革开放的脚步，全面布局和发展社会建设、政治建设、经济建设、文化建设和生态建设，并取得了骄人的成绩。在城乡面貌发展的进程中，黄陂特别注重发展旅游业，先后主办了16届"木兰文化旅游节"。黄陂已成为全国"全域旅游示范区"。在历史发展进程中，生活在黄陂土地上的人们和黄陂籍在外地人士注重文化修养，提高文化自觉，坚定文化自信，以"九佬十八匠"的勤劳和智慧创造了"无陂不成镇"的神话。

正因为黄陂拥有如此历史悠久、底蕴厚重、博大精深、覆盖面广的文化资源，"润物细无声"地潜滋着这方沃土，因而孕育、熏陶、培植、造就了一代又一代的文坛巨擘、艺苑明星和学界泰斗。传承至今，更是生机勃发、人文蔚兴。近年来，除先期已有的诗词、摄影、楹联学会以外，区文联、区作协、二程文化研究会、木兰文化研究会、盘龙文化研究会、黎黄陂文化研究会，以及书画、音乐等文艺社团和街（乡）分会相继成立，真是"忽如一夜春风来，千树万树梨花开"。这些学会先后出版了小说、剧本、诗歌、传记、书画……此外，富有乡土气息的《黄陂文艺》《黄陂诗联》等刊物也定期出版。以赞颂木兰为主题的楚剧、歌曲，誉满中华，远播海外，其作者既有离退休的伏枥老骥，也有羽翼渐丰的飞天雏鹰，更多的是英姿勃发的青壮作家。正是这支老、中、青组成的生力军，为继承和弘扬黄陂的传统文化，创新中国特色社会主义文化，搭起了一座新的平台，呈现出老圃新园、百花齐放、欣欣向荣的景象，为繁荣黄陂经济架起一座四通八达的桥梁，为建设富裕黄陂、和谐黄陂、生态黄陂做出了重要的贡献。

建设中国特色社会主义现代化强国，首先就是要发展中国特色社会主义文化，坚定文化自信，因为文化是一个国家和民族的灵魂。目前，黄陂区正在锚定"国际航空新城、武汉城市花园、中部产业强区"的发展目标。实现这些目标，就要发挥好文化的激励作用、引领作用。我们为文化人物立传，也就是为黄陂发展助力。

《黄陂文化人物录》的编辑出版实乃一大幸事，感谢编者所做的卓有成效的工作！我们深信，本书的出版，必将为黄陂文化名人的相互了解、相互联系、相互促进、相互提高起到不可估量的积极作用，也必将进一步激发黄陂文化名人的才华和热情，创作出更多、更好贴近人民、贴近现实、唱响时代主旋律的精品力作，从而携手并肩，朝着代表先进文化的方向迈步远程，再铸黄陂文化之辉煌。

《黄陂文化人物录》编辑委员会

编 辑 说 明

1. 《黄陂文化人物录》以马克思列宁主义、毛泽东思想、邓小平理论、"三个代表"重要思想、科学发展观和习近平新时代中国特色社会主义思想为指导，真实记述不同历史时期文化领域有一定影响和贡献的黄陂籍人物。所收录人物以有正能量的人物为主、以当代人物为主。

2. 本书所录人物大致分为文学艺术类、理论宣传类、表演类、书法类、工艺美术类、教育类、医卫类、体育类和新闻摄影类等。

3. 本书收录的黄陂文化人物包括在世人物和已故人物。女性人物和少数民族人物加以特别标注。历史上的黄陂文化人物由有史料记载以来进行收录，当代的黄陂文化人物截止时间为 2022 年 10 月。

4. 文化人物中在多个领域和门类有建树的收录在最具影响力的领域中予以介绍。

5. 由于时间、精力和信息有限，不全面、不精确之处请广大朋友指正和谅解。

《黄陂文化人物录》编辑委员会
2022 年 10 月

目录

三、文学创作类

四、表演类

五、书法类

六、工艺美术类

七、教育类

八、文博考古类

九、新闻摄影类

附录　黄陂文化映像

历史上的黄陂文化名人

一

在漫长的历史岁月里，古邑黄陂涌现出了众多叱咤风云、光耀史册的人文泰斗。如宋代思想家、哲学家、教育家程颢与程颐，兄弟俩分别于1032年、1033年出生于黄陂前川草庙巷（程乡坊），他们"鲁台望道""穷理识仁"，格物致知，创建了"二程理学"，是"程朱理学"的奠基人。

清代榜眼刘彬士、金国钧、曾大观，不仅严谨治学，还清廉为官，为世人所景仰。

民间机智文化人物江二伢、韩光斗，给我们留下了宝贵的文化传说和文化智慧。

程颢

程颢，理学创始人之一。出生于湖北黄陂（今黄陂区前川街文教巷程乡坊），祖籍河南洛阳，宋代思想家、哲学家、教育家。宋仁宗嘉祐年间进士，进入仕途，先后在地方担任县丞和县令职务。宋神宗熙宁二年，由地方调入朝廷。在政治上反对王安石变法，主张"轻功利""尚仁德"。第二年便外派地方具体行政部门。熙宁六年，回到洛阳从事学术研究和教育活动。强调做学问要"格物致知"，知其所以然，追求"穷理识仁"，把追求真理与宽容结合起来。认为"存天理，灭人欲"是个人修养的最高境界。他的理学思想与基本观点，被后世称为"明道学派"，与其弟程颐合称为"二程理学"，在中国思想史上产生了深远影响。

程颐

程颐，理学创始人之一。出生于湖北黄陂（今黄陂区前川街文教巷程乡坊），祖籍河南洛阳，宋代思想家、哲学家、教育家。15岁时，与兄程颢投奔当时大儒周敦颐，接受孔孟正统教育。18岁时上书宋仁宗，提出"以王道为心，以生民为念"的变革主张。24岁时得到当时太学胡瑗的赏识，留下讲课。50岁时，由司马光推荐，当上了宋哲宗的老师。不久，与苏门学派发生纠葛，离开了首都开封，回到洛阳开展讲学活动。杨时慕名而来，就有了"程门立雪"的故事。

方一凤

方一凤，湖北黄陂人。祖祖辈辈居住在道明山中。弟方与时偶遇奇人，得到指点，潜心研究学问。当时学者唐应得、罗文恭闻讯，便相邀来拜访。罗文恭更崇拜方一凤，方一凤接受罗文恭为关门弟子。罗文恭说，来到这里学习，是为了陶冶情操，铸造灵魂，一切行为必须遵循圣人的准则，时刻检查自己，是否符合圣贤标准。

于是，方一凤便建立一座水洲别馆，吸引志同道合者张甑山、刘鲁桥、周柳塘、熊道南等人商定办学方案。还偕耿叔台与吴少虞游南京国子监，与徐鲁源、李士龙、杨道南、李继明、焦若侯等人深入研究"知行合一、万物皆备"的哲学命题。打算到天台书院讲学，因在装修，改道到了南昌，到白鹿洞书院讲学。访李见罗、蔡见麓、罗近溪等人，共同探讨哲学问题。后到福建五云、竹林、双台、芳洲、龙江等地，建立儒教丛林讲学，潜心道德灵魂的构建，以劝人从善作为终生的职责。李见罗主政郧阳期间，专门拜访他，借助公共资源，改变了一方的社会风气。他还在二程祠右边修了石舍，名为"丹山止所"，是当地人求学的场所。在明万历年间享祀着香火。

张涛

张涛，湖北黄陂（长轩岭赵畈）人。明万历年间进士，担任富顺县令。在地方主政期间，发现问题，积极向朝廷建议，调到朝廷监察部门担任掌印的官员。后被罢官回到家乡，15年潜心做学问著书。新皇继位，重新启用他当了歙县县令，第二年破格晋升为户部主要官员，负责督办粮饷。全国会试，他担任主考官员，录取进士20人，公平公正得到上下认可。后调到刑部，负责重要案件的复审。他的才华得到朝廷赞许，外放任辽东巡抚，成一方封疆大吏。他给皇帝写奏折，建议重修木兰庙，被批准。从此，木兰文化由民间自发上升成国家行为。

张大猷

张大猷，湖北黄陂人。以专攻五经起家，万历年间摘得进士甲的桂冠。文章写得很好，万历辽东巡抚很欣赏他，就把闵氏夫人的妹妹许配给他。先后在徐闻、香山担任县令。在童子试中，发现何吾很有才华，便招到自己府中，包吃包住包读书，还用自己的俸薪为他操办娶媳妇。后来，何吾进入仕途，一路顺风，竟然做到了宰相。朝野上下都赞扬他的好眼力。40年间，他担任了户部郎中、广平太守、浙江按察使、山西布政使等要职。他的文章，在当时独树一帜，著作丰富。

黄奇士

黄奇士，湖北黄陂人。18岁举孝廉。当时他出门在外，家童来报，他熟睡不以为然。求学于耿恭简先生，专攻生命的道理。与兄武皋在甘露山读书，自署其斋为"心从一悟远，书足十年藏。"与许多文人往来交流，从不谈私事。在通往县城的路上，有一桥年久失修，行人过渡困难，他便捐资修桥，方便往来。在居家办理丧事期间，获得恩准公车，荣登副榜。他醒悟："做好事终有好报啊！"被授予寿春学政的职位。他开4门功课：德育、技能、道义、诗赋教育学生，名声大噪。当时有位穷朋友，有才华没有碰到好机会，他热心快肠为之奔走。他帮助已经故去的老朋友邓源提儿子娶到老婆，资助不在人世的老朋友张超尘的儿子读书获得了功名。他主持编纂了《神宗实录》，编修了江北诸郡地方志丛书。后升迁到南雍担任地方官，调到吏部负责对官员的审核。著有《理学杂说》《古史臆说》《半佣集》等。崇祯年间，有人专修祠宇纪念他。

任惟贤

任惟贤，湖北黄陂人。嘉靖十九年乡试中榜，到茌平县任职，升迁户部为主管粮库的官员。被人流言蜚语中伤，贬为嘉兴县负责教育的官员。他很淡定，潜心《五经注释》，在当时产生很大的影响，死后乡人私谥"廉毅先生"。他对朱熹的理学作了言浅意深的诠释。他对易学有独特的研究，认为《易经》为君子谋，不为小人谋，德是否配位才是核心。在他看来，自己在二程诞生与成长的地方，应该做点实事，便集中精力写了一部《易象》，流传很广。每随父兄师友到双凤亭、涵虚亭，现场一卦而演六十四卦，包括384爻归于一爻。为人解惑释疑，20多年坚持不懈，集成《周易义训》一书，刊行问世。

萧开运

萧开运，湖北黄陂人。平生特别勤奋，年届七旬才中举。乾隆四十二年乡试，授随州学政官职。上任仅几个月便去世。他一生广泛涉猎各方面的学问，名家的文章无所不读。著有《学庸辑要》一书，为文坛所推崇。都察院副都御史陈嗣龙还为该书作序，大加赞扬。后来，还收录在《四库全书》中，编者按中说"博而能约，简而能赅，诚后学之津梁也"，评价之高，可见一斑。

姚缔虞

姚缔虞，湖北黄陂（蔡店老屋村）人。顺治十五年考中进士，授予四川成都府推官。他特别注重民生问题。当时四川很多穷人为生计所迫落草为寇，监狱人满为患。他发现这个问题，按照法律，除极少数头目作了处理，其他人都释放。总督苗澄、巡抚张德地很欣赏他的才干，报告朝廷。康熙十七年，派他到江西负责考试，发现了一个问题。经过战乱灾荒，农民赋税过重，上面压下来的课税指标，与实际情况相差太远，就是敲骨吸髓也难以如愿，便找总督巡抚商量，免除历年赋税旧账。在他多方努力下，终于让农民露出了笑容。

大臣艾元徵给康熙上了禁风闻条奏，得到批准。姚缔虞闻讯，立即抗命，认为这样阻塞了言路。康熙召见了他，让他说明原因，他坦陈了其中的利害冲突，康熙觉得他的意见合理合情，便收回成命。

康熙二十四年，被任命为四川巡抚。老百姓听说他来，高兴得不得了。一到任上，便废除白蜡、生铁等苛捐杂税并禁止随意向农民征收徭役。商人都回流四川做生意，逃到外地的农民也都回老家种田。

姚缔虞为官勤政，勇于直言，为百姓利益着想，得到康熙的褒奖。他也是一个热衷于公益事业的人，先后捐资修木兰庙、救命寺、二程书院，在家乡办学育人，留下了很好的口碑。

刘彬士

刘彬士，湖北黄陂人。乾隆五十九年湖北乡试38名举人之一，嘉庆六年文榜眼赐进士及第。在京任职30年，授编修、翰林科道，掌管文化、教育等部门，位列九卿，官至刑部尚书。外放任湖南学政、浙江巡抚、吏部右侍郎等职，在位38年。平生著作有《执文堂时文存稿》《刘均圃司寇日记节略》《春山堂全集》等。

刘彬士家庭迁徙路线：从江西移民黄陂蔡店刘家山，出生在罗汉小刘湾，南移到前川驳沿村，及第后在前川小南门下河街。与曾大观同朝文武两榜眼，与罗汉兴隆集吴杰等为同科进士。与儿子刘诚倬一门两进士，道光皇帝赐匾"功名人家"。

韩光斗

韩光斗，湖北黄陂（长堰玉枝店韩陈湾）人。自幼聪明睿智、才思敏捷、出口成章，清代嘉庆年间，民间机智文化人物。一年，韩光斗又赴省城乡试。当考试进行到面试时，考官大人拿起韩光斗的案卷，一看是黄陂长堰人氏便随口问道："这位学生，既是长堰学生郎，敢问长堰有几长？"此问若是别人，定会婉言回答让考官满意。然而韩光斗就是韩光斗，他想都不想就脱口答曰："学生来得忙，未曾用尺量。请问主考大人，你眼前的桌案有几长？"意思是说，读书之人何必去理会那些鸡毛蒜皮的小事呢！然而这一个小小的反问，把那位八面威风的主考大人弄得面红耳赤。不过主考官并不露声色，口里喃喃说道："此生口才不错，口才不错。"心想：小小后生就敢如此放肆，这还了得，我总得找点由头把你制服。于是接着说道："还不知考生书法如何，写个'马'字给我看。"韩光斗知道自己当面得罪了主考官，本次乡试定然大势已去，也无心认真书写，提笔随便写了个行书"马"字，写时将马字的四脚写成一横，说"学生心急一笔拖"。这次主考大人着实抓住了把柄，厉声道："本科不中韩光斗。"韩光斗心中早已有数，于是坦然答曰："留着文章等下科。"说罢扬长而去。就这样，韩光斗这位放荡才子又把自己的寒窗生涯延长了3年。

清同治版《黄陂县志》载文称韩光斗"为文灵警，著有文稿、诗稿，人争诵之"。有一首韵黄陂棺材山的诗出奇的好："万古高山一石崖，昔人名唤作棺材。雪飞峻岭山山孝，雨洒陵台树树哀。案上明灯凭月照，灵前贡果待花开。不知天降谁家子，留到如今尚未埋。"

全诗既合辙押韵，又讲究平仄韵律，而且对仗工整。尤其是全诗以拟人化的手法，超凡地展现了棺材山的天然之美，让读者从诗里行间欣赏到极高的人文意境。

江二伢

江二伢（1843~1916），祖辈从江西过籍到黄陂姚集江家田，世代以种佃田为生。家庭生活极度困难，江二伢只上过3年私塾。给北乡最大的财主卢发新放牛打长工达20多年。还给喻、刘、王、黄、张等财主打短工，长期生活在社会底层。到了中年时期，江二伢以戏弄财主与东家出名。性格风趣诙谐，为人称道。老年时期的江二伢足智多谋，能言善辩，专爱打抱不平，为贫苦的乡亲们伸张正义，受到北乡普遍好评。他的故事至今在北乡广为流传。

金国钧

金国钧，湖北黄陂（六指金家湾）人。道光十八年南宫殿试文榜眼，赐进士及第，授翰林院编修。咸丰三年，授顺天府乡试同考官。次年钦封学政巡视三秦大地，选拔优秀人才，门下所出的奉折、文牍受到朝中大臣的称赞，加封侍读学士。咸丰十年，江南典试，所拔擢人才最多，受到朝廷的青睐。他是精力旺盛的工作狂，常常熬夜，人称"金鸡啼"。曾国藩和胡林翼多次邀请他出山襄办军务，终因老父卧病在床需要侍候而婉辞。担任京官期间，还编纂《黄陂县志》沿革、人物诸章。当时驰誉"金家文章，童家字"。

金光杰

金光杰，湖北黄陂（六指金家湾）人，金国钧之父。道光六年进士，授翰林院编修、监察御史。在官场上刚直敢言，不惧权贵。任满即告请还乡。道光二十三年到问津书院讲学并主持祭孔大典。遍游天下儒林，以文蜚声读书人。侍郎鲍桂星推崇备至，誉为"旷世逸才"。《重修双凤亭记》就出自他之手。

曾大观

曾大观，湖北黄陂（蔡榨曾家大湾）人。嘉庆四年及第，为武榜眼。先后授御前侍卫、枫岭游击。到任单枪匹马深入匪穴，捉拿匪首3人，土匪余部皆降，被提拔为浙江衢州总镇，又调升为福建陆路提督。台湾社会秩序混乱，他派兵协剿。有个千总沿途骚扰地方，被他按军法杖毙于现场。他军纪严明，秋毫无犯，沿途得到百姓的支持，经常打胜仗。道光皇帝在群臣面前褒奖他："真是大清帝国的福将啊！"他好读兵书，也喜欢撰文填词，将平生辑录成册，可惜未流传下来。

韩鸣谦

韩鸣谦，湖北黄陂人。平生好读天下奇书，涉猎天下奇观，做天下奇人。作诗颇异于凡响，独钟王维山水禅意。著有《和王摩诘诸诗》，刊行付梓，超然一般作品。相偕耿恭简先生讲学，当时教育部门认为他是顶级大师。他从不在人前卖弄自己，平时沉默寡言，而写起文章来，让人惊叹不已。

任润

任润，湖北黄陂人。尽管家道贫寒，严格遵循道义规范，对待朋友特别真诚。好读天下奇书，知识涉及广泛，有独到的见解。他27岁丧偶，留下一儿一女，不再续弦。好扶贫济困，倾囊相助族中无力娶亲的人。他主讲望鲁书院，两棵传为二程所植紫荆树枯萎，他作文以祭之，紫荆树竟然奇迹般地复活，一时传为佳话。道光乙酉年中举，授应城教谕。为官6年，依然囊中羞涩，俸禄用于公益。著有《读史纪韵》《草草卮言》。粤西陈三元写诗赞扬他："皓如攒玉雪，上不欺星辰。"

胡瑞澜

胡瑞澜，湖北黄陂（武湖沙口楼子墩）人。道光二十五年进士，钦点翰林院庶吉士、编修，国史馆纂修、文渊阁校理。道光二十九年任山西学政，调升兵部侍郎。同治十二年任浙江督学。同治十二年，因重审"杨乃武与小白菜"案失当革职。光绪八年复出，任太常寺少卿、吏部侍郎、拟题大臣、广东学政等职。平生留下不少著作。

刘德铨

刘德铨，湖北黄陂人。嘉庆辛酉解元，壬戌进士。补四川巴县令，以匪治匪而民不惊。受命内监考试，杜绝考官舞弊，有"铁面"之名；办理多年积案，被老百姓誉为"青天"。先后调云南元江直隶州、曲靖，还在潼川府、临安府地方担任主职。协助编修《云南省志》，著有《前后课躬》行世，辑有《学庸精义》《古文选要》《时文大雅》，尚未付梓。

胡建赢

胡建赢，湖北黄陂人。自幼攻读四书五经、《史记》与《资治通鉴》等全史与断代史。不但品行端正，做学问也很认真，在读书人中受到尊重。嘉庆甲子举人，授予兴国县学政。他强调课读对学生掌握基础知识的重要性，只有严格训练，才能成才。

胡云岚

胡云岚，湖北黄陂人。自幼特别聪明，记忆力超强，读书过目不忘。康熙壬午举人，与弟云岭齐名。应博学宏词科考中榜，录为朝廷文职官员，担任典章法令的起草与修改工作。设坛教学，不少人在他调教下，取得成功。四川周文恭在他门下时间最长，获益良多。著有《晴峰文集》。

王宗锚

王宗锚，湖北黄陂人。年幼领悟能力特强，对十三史都很精通。在二程书院读书累次考试高居榜首，以学霸著称。贺学使将他的文章汇总成册付印，作为范文发给全院学生。他非常孝顺后娘，与同父异母的弟弟很亲热，周邻都赞扬他是一个懂事的孩子。明经科考，他的文章被科考房官列入推荐文卷。著有《四书插句启蒙》《春秋精义便读》。

黄彦士

黄彦士，湖北黄陂人。万历进士，官列御史，名实相符。特别喜欢仗义执言，针对现实问题，勇于向朝廷提出建议，被列为后世榜样。明神宗赞扬他："黄御史不愧是真君子，考察地方行政利弊十条，一针见血。"光宗继位，复上十条，条条切中要害。熹宗登基，他对当时教育讲学提出自己的方案。他巡按河南，见潞藩横征暴敛，勒令立即撤销，惩罚了为首的黑恶势力数人。传到朝廷，受到褒奖提升。

李冲然

李冲然，湖北黄陂人。6岁丧父，与母亲相依为命。自幼养成傲岸不群的性格。25岁出家，投大悟山礼风斤和尚。闻师渡南海参拜普陀岩，他立即到天童寺参见密云和尚。做完功课坐定，忽闻爆声，顿悟偈云：

本来腹内空虚，只因误服毒药。

今朝幸遇知音，彻底掀翻打破。

平生与木陈和尚说法多年，又隐匿在黄安天台寺、上方寺。顺治年间四处化缘，建造素山寺禅林。广招弟子，成为一方香火形胜。

其插秧偈曰：

乍风乍雨乍晴天，击楫临流看插田。

堪叹世人多躁进，谁知退后是争先。

几番辛苦到如今，万顷良田一鼓成。

大叫一声登彼岸，莫作拖泥带水人。

壬戌涅槃，只见半身佛像。吴用同时相遇在途中。冲然遥呼："吴用，无用！"吴用回答："冲然，充圆！"

陈德薰

陈德薰，湖北黄陂（塔耳沙岭岗）人。光绪二年进士，任翰林院庶吉士，授礼部主事，钦加四品。在京为官20多年，依旧囊中羞涩，外放酉阳直隶知州、资州直隶知州等职时，因无钱上下打发，以至皂隶衙役心中不爽，不配合他的工作，面临许多尴尬。曾为《易经》作注，著有《无可斋文集》。

胡公度

胡公度，湖北黄陂（武湖沙口楼子墩）人。光绪三年进士，任翰林院庶吉士兼国史馆纂修，光绪二十年，先后任福建、四川监察御史。官至绥远城将军。

理论宣传类

二

　　理论是实践的先导，文史哲启迪智慧，引领人选择正确的道路。

　　革命先烈唐际盛、潘忠汝、刘光烈、蔡以忱、杨学诚、范正松、赵怡人、吴光荣、萧楚女是中国共产党人的优秀代表，是马列主义思想、革命理论的传播者，他们用鲜血和生命谱写了"唤起工农千百万，同心干"的壮丽红色诗篇。

　　共和国少将、著名军事战略评论家、华语智库理事长彭光谦，理论宣传工作者敢峰（方玄初）、李锦章……他们的文学天赋、理论素养、论文专著在国内外都有重大影响。

唐际盛

唐际盛（1900~1926），又名绍予，湖北黄陂（王家河三合店响林塘村）人。黄陂中共组织的创始人之一。其父唐庆光以写文书田赋表册为生，人称"册书先生"。唐启蒙于当地青云庵小学，后转入长轩岭道明小学。1918 年夏考入武昌中华大学附中。其时恽代英任中学部主任，唐受其影响，先后加入"互助社""日新社""利群书社"等进步社团，大量阅读《新声》《每周评论》《新青年》等书刊，积极参加五四运动。1920 年暑假期间，返回家乡三合店串联吴光荣、王电生、吴光海、方与健等发起组建"乡村改进社"，旨在"在乡村开办农场、林场、畜牧场、兴修水利"，从"改变乡村面貌"入手"改造社会"。

1921 年春应邀赴黄冈创办浚新小学，7 月参加恽代英主持召开的"共存社"成立大会，赞同建立布尔什维克政党和无产阶级专政，任"共存社"总务股学校委员。10 月，中国劳动组合书记部武汉分部成立，唐赴汉参加该部工作，投身于工人运动。年底加入中国社会主义青年团。次年春被吸收为中共党员。1923 年"二七"惨案后回家乡，在改进社中宣传俄国十月革命，传播马列主义，并发展青年团员和共产党员。改进社社员很快发展到 160 多人。该社成员吴光荣、王电生、吴光海、方与榘等人加入中国共产党，先后建立了中国社会主义青年团三合店特别支部和中国共产党三合店支部。这是中共在黄陂建立最早的党团组织。1923 年 6 月赴安源，担任安源路矿工人夜校主任。次年 5 月，唐考入黄埔军校，为第一期学员。1925 年任中共河南开封地方执行委员会书记。1926 年 1 月出席在广州召开的国民党第二次全国代表大会。会后留任惠州国民革命军第六军政治部党务科长。6 月 14 日，病逝于广州医院。遗墨有他在 1923 年 7 月至 12 月写的日记。

1919 年 10 月，廖焕星、林育南等人以"改造自身，改造环境"为宗旨，组织"健学会"，唐际盛为最早加入的 12 名会员之一。1920 年初，恽代英等成立"利群书社"，唐际盛即加入其中，并在恽代英的指导下阅读了《资本论入门》《新青年》等书刊。恽代英常常亲自批阅唐的学习体会和日记，使其深受教益。此期间，唐的思想觉悟有了进一步提高，立志要"为涤荡腐败，改造旧中国而刚毅果敢，坚持到底"，"无论怎样牺牲都可以"（唐际盛日记）。

1920 年春，唐际盛受恽代英委托前往黄冈县主持浚新小学，在该校就读的学生每人每年只出常费 4 串，此外再不收费，必备书籍由学校发放。唐际盛在教学中"注意实地考察、野外生活、自治互助、乡村实用，尤注意学生成就"；他还为学生购置了风琴、桌凳，办起了图书室；学校办起了农场，课余时他与学生共同劳动，耕田、种地、种菜、挑水，样样都干。此时，际盛的生活极为艰苦，有时一天只能吃两顿稀饭，甚至无米下锅。恽代英同志对他的工作及浚新小学的办学状况给予了充分的肯定和赞扬。

是年 10 月，唐际盛与吴光荣等 8 人前往长沙湖南省立一师学习。此时毛泽东正担任一师附小主事，与何叔衡创办文化书社，唐际盛与之结识，颇受感染。

1921 年寒假，唐际盛在家乡三合店青云庵小学与吴光荣、乐金钟等人发起成立了"乡村改进社"，并担任社长，下设组织、宣传、文书、总务三股。该社宗旨为宣传进步思想，介绍俄国十月革命和马克思主义，计划在乡村开办农场、林场、畜牧场，兴修水利，从改变乡村面貌开始，进而改造社会。此后，际盛每年寒暑假皆回三合店召集社员大会，检查、讨论社务工作及发展动态。他经常在社员及青年中推荐进步书刊，宣传新文化，提倡白话文；提倡新教育，反对封建迷信；提倡婚姻自由，反对妇女缠足；并组织社员编演新剧目，在农民中宣传反封建的进步思想。改进社社员从数十人发展至 160 多人，其中许多人先后加入中国共产党。

1921 年 10 月，中国劳动组合书记部长江支部成立，中共武汉区委书记包惠僧兼主任，唐际盛和项英、施洋等均为支部成员。他与包、李（书渠）一道在武昌徐家棚车站开办工人补习学校、工人子弟学校，并与林育南一起，于 1922 年 2 月组织起粤汉铁路徐家棚工人俱乐部。

1922 年初，唐际盛加入中国社会主义青年团，不久转入中国共产党。

1923 年，中共黄陂第一个党小组成立，负责人唐际盛，成员有王电生、方与健、乐金钟、吴光谟等。同年，唐际盛受党组织委派前往安源工作，与刘少奇、李立三、李求实、蒋先云等一起从事工人运动，并任工人夜校主任。

1924 年，唐际盛被选派参加黄埔军校第一期招生考试，成绩优秀被录取。毕业后曾任国民革命军第六军政治部党务科长。1926 年，他积劳成疾，不幸逝世，时年仅 26 岁，葬于广州黄花岗烈士公墓。

潘忠汝

潘忠汝（1904～1927），湖北黄陂（今武汉市黄陂区六指街潘家堰湾）人。1924 年进入武汉中学读书，1926 年考入广州黄埔陆军军官学校，年底加入中国共产党。1927 年军校毕业后回湖北。根据革命工作需要，中共湖北省委将其派往黄安县，任县警察局军事教练。"七一五"政变后，在黄安组建农民自卫军，任大队长，主要活动于七里、紫云一带山岭中。1927 年 10 月，任中共黄安县委委员。11 月 3 日，鄂东特委成立黄麻起义指挥部，潘任总指挥。10 日，发动 2 万余群众齐集七里坪游行示威。13 日，在起义指挥部紧急会议上，客观分析敌情，指出国民党三十军及其黄安县城守军战斗力薄弱，宜乘虚攻占。随即组编突击队，与吴光浩等率领起义军于当夜扑向黄安城。进军途中，七里、紫云、高桥、二程等区及城关群众手执刀矛扁担，纷纷加入队伍。14日晨攻克黄安县城，全歼守城正规军及警备队，活捉国民党县长贺守忠等。18日，黄安工农民主政府成立，潘为政府委员。黄、麻两县农民自卫军组编中国工农革命军鄂东军，潘任总指挥兼所属第一路军司令，并于检阅时发表演说："我们不仅要打下一个黄安城，我们还要打遍大别山，打遍全中国，打出我们的大路，打出我们的江山。"同年12月初，驻河南潢川国民党军十二军教导师进犯黄安。潘指挥部队转移，由吴光浩率主力先行，自领部留城阻击。自5日深夜战至次日凌晨，数退强敌。因敌众我寡，城破，潘忠汝为掩护战友突围，多次冲锋在前，腹部受伤，肠出，一手托着肠子一手举枪继续指挥战斗。终因失血过多而壮烈牺牲。现在，建在他家乡的潘忠汝烈士墓、潘忠汝烈士陈列室成为革命传统教育基地。

刘光烈

刘光烈（1901～1927），湖北黄陵（甘棠铺下刘湾）人。1919年考入武昌中华大学附中学习，与唐际盛结为知交，深受老师恽代英的思想影响，萌生改造苦难深重祖国的意念。1921年10月，以《有感》为题写了一首七律："世路崎岖最不平，几回阅历几惊心。穷途频洒英雄泪，流俗惊闻瓦釜鸣。不称意时须尽意，难为情处莫伤情。安能终遂雄飞志，好借长风破浪行。"后离开中华大学附中，回到故里亲平小学执教，以学校为据点，传播马列主义。

1924年，考入黄埔军校第二期学习，同年加入中国共产党。在校期间，曾参加讨伐新军阀的东江、惠州、淡水等战斗。1925年于黄埔军校毕业，分配到叶挺独立团任五连连长。1926年调任国民政府兵站总监部第七站站长，随军北伐。"七一五"政变后，随贺龙领导的国民革命军第二十军参加南昌起义。

1927年11月，从汕头潜回湖北，奉命担任黄安县农民自卫军参谋，协同潘忠汝、吴光浩等组织黄麻起义，任中国工农革命军鄂东军副总指挥。后在战斗中英勇牺牲。

蔡以忱

蔡以忱（1896～1928），又名一尘，化名蔡滨，湖北黄陵（蔡家榨官田村白家嘴）人。少时在蔡官田读私塾，后入望鲁小学和长轩岭小学。1915年考入湖北省立第一师范，1920年毕业留一师附小任教。1921年，参与《江汉评论》和《武汉星期评论》的编辑工作，开始宣传马列主义。同年，经董必武介绍加入中国共产党。1923年，在董必武、陈潭秋的领导下，参与组织发动武汉工人、市民举行游行示威活动，支援京汉铁路工人的罢工斗争。1923～1925年，曾多次回黄陵协助创建中共基层组织。

1925 年，与吴德峰在汉口创办崇实中学，吴任校长，蔡任训育主任，培养了一批青年学生加入共产党。

1926 年 1 月，蔡以忱出席在广州召开的国民党第二次全国代表大会。7 月 13 日，国民党湖北省第三次代表大会召开，蔡任大会秘书主任；被选为省党部执行委员。12 月，中共中央在汉召开特别会议，决定组建中共湖北区委，蔡任宣传委员。1927 年 1 月，在湖北省中、小学教师党义研究所任教。3 月，任湖北省农民协会组织部部长，曾回黄陂组建农民协会。4 月，出席中国共产党在武汉召开的第五次全国代表大会，被选为首届中央监察委员会委员。6 月初，调任中共江西安源市委书记。为组建革命武装，将安源矿警与王兴亚农民军合编成中国工农革命军第二团，王任团长，蔡任政委。8 月初，出席党在汉口召开的"八七会议"。回安源后，参加张家湾秋收起义军事会议，率领工农革命军、工人炸弹队、宣传队约 2000 人，于 11 日清晨攻打萍乡，未克。12 日，攻破陵城。秋收暴动后，调任中共湖南省委秘书长。1928 年，因叛徒告密，被国民党军教导师杀害，牺牲时年仅 32 岁。

杨学诚

杨学诚（1915~1944），亦名奇山，湖北黄陂（木兰乡宁岗村杨保益湾）人。1920 年入湖北省立高级中学读书，并以做晚工补贴学习生活费用。1934 年考入清华大学，后参加"一二九"学生运动，是平津学生南下宣传团第三团之先遣队员和清华大学中华民族解放先锋队大队部负责人。1936 年 5 月加入中国共产党，不久任清华大学地下党支部书记。1937 年 5 月随刘少奇、彭真等赴延安参加白区党代表会议。会后回北平任中共北平市委学委委员、城西区委书记。北平沦陷后南下，建立济南和南京的平津流亡同学会。9 月到武汉，组织武汉青年救国团、湖北乡村巡回宣传团，后任中共湖北省委委员、青委书记。1938 年 6 月调任中共鄂中特委书记。此间，曾与陶铸一起抵制王明右倾投降主义路线，主办应城汤池合作人员训练班，组建抗日武装。1939 年春任中共鄂中省委组织部部长并代理书记职务，年底任鄂豫边区党委常委、组织部部长，后兼鄂豫边区行政公署副主席、党团书记。时边区党委决定开辟天西地区并成立指挥部，杨任政治委员，与指挥长刘少卿率部击溃亲日反共惯匪潘典华武装，控制石家河、龙尾山地区，建立中共天（门）、京（山）、汉（阳）县委。1942 年 8 月，击溃刘仁八、潭家河一带土顽武装，建立中共大（冶）阳（新）和武（昌）鄂（城）两个工委。10 月成立鄂皖兵团指挥部，任政委。1944 年 3 月 6 日因患结核性肋膜炎病逝于大悟山。

范正松

范正松（1909~1928），湖北黄陂（天河街道道店）人。革命烈士。家贫，从小以放牛、砍柴、挖野菜度日。后在亲戚接济下上学读书，入武昌私立文治中学后，常利用寒暑假邀集同学回家乡天河道士店，开展革命宣传活动。北伐军占领武汉后，入汉口工人运动讲习所受训，毕业后在汉口总工会工作，任工人纠察队队长。1927年汪精卫叛变革命后，他在家乡组织农民协会，任总指挥，发展会员万余人。1928年秋，在汉口华阳酒楼开会时，遭国民党军警逮捕，4天后惨遭杀害。

赵怡人

赵怡人（1909~1929），号怡阶，又名行谋，湖北黄陂（今武汉市黄陂区天河街大赵湾）人。先后考入武昌共进中学和武昌高师附中。他聪明好学，并积极思考社会问题，深受中国共产党创始人之一的董必武同志的赏识，从而接受了进步思想和马克思主义理论。北伐战争期间，他追随董必武，任国民党湖北省党部宣传干事，并加入中国共产党。1927年春，与共产党人、天河同乡范正松一起在故乡道士店创建群化小学，作为从事革命活动、传播马克思列宁主义理论的阵地，也作为发动群众、组建农民协会、壮大革命力量的工作平台。"七一五"事件后，他在天河道士店举行农民协会成立大会，会场吸引了万余农民群众参加，扩大了革命影响。1928年根据党组安排开展地下工作，以黄陂县第一小学教员身份作掩护，负责黄陂南部铁路附近的群众工作。1928年11月22日不幸被捕，解孝感县转武昌国民党清乡督办公署。1929年1月被杀害于武昌保安门外。临难前，带头高呼："中国共产党万岁！"遗骨与范正松一起被安葬于道士店高田村烟墩岗。

吴光荣

吴光荣（1901~1928），湖北黄陂（王家河三合店蔡吴湾）人。1920年在中华大学附中学习期间，加入恽代英创办的利群书社。暑假期间回三合店，协助唐际盛创办乡村改进社。旋即前往湖南省第一师范学校第二部学习。1921年春，在黄冈回龙山浚新小学任教，从事新文化运动，随后加入共存社。1924年2月，加入中国社会主义青年团，旋即转为中共党员。继任改进社委员长及启农小学校长。1925年春，在启农小学进步师生中发展乐景钟、方与健、熊守元、唐中枢、罗明森等为中共党员，参与组建中共黄陂县三合店支部的工作，并在王电生调往武汉后，接任支部书记。1926年7月，三合店支部改建为中共黄陂支部，同年9月又改建为中共黄陂县部委员会，1927年5月成立中共黄陂县委员会。在此期间，他相继担任支部书记、部委书记、县委书记兼组织部部长等职务。

吴曾于 1926 年 9 月在木兰小学组建县中小学教师党义研究所，任所长，宣传革命理论。1927 年 1 月，以黄陂代表的身份出席了国民党湖北省第四次代表大会。同年 2 月，吴领导建立县总工会，并出席在县城鲁氏祠堂召开的全县工人代表会，在会上发表讲演。3 月 11 日，领导成立黄陂县反蒋委员会，任委员长，发动各界民众抗议蒋介石在江西赣州杀害全国总工会委员长陈赞贤。

"七一五"政变后，吴去武汉从事党的地下工作。1928 年，被黄陂县地主李波臣父子告发、被捕。在狱中坚贞不屈，受尽酷刑，被杀害于汉口。

萧楚女

萧楚女（1893～1927），祖籍湖北黄陂（今武汉市黄陂区武湖街高车社区）人。原名树烈，又名萧秋，学名楚汝，乳名朝富，出生于湖北省汉阳县鹦鹉洲。早年接受革命进步思想和马克思主义理论，与中共湖北省委的恽代英一起主编《中国青年》，在广州协助毛泽东编辑《政治周报》，曾任广州农民运动讲习所专职教员、黄埔军校政治教官。参加过武昌起义、五四运动。1927 年 4 月 22 日在南石头监狱被杀害。

他是中国共产党早期青年运动领导人之一，是中国共产党优秀理论家、中国青年的良师益友、《中国青年杂志》的创始人之一。他的名言"人生应该如蜡烛一样，从顶燃到底，一直都是光明的"正是他的真实写照。

2009 年被评为"100 位为新中国成立作出突出贡献的英雄模范人物"之一。

方玄初（敢峰）

方玄初（1927～），又名敢峰。湖北黄陂（今武汉市黄陂区木兰乡同兴集村）人。中国作家协会会员。先后担任教育部《人民教育》编辑，北京景山学校首任校长，北京市委宣传部副部长，北京市社会科学院院长。退休后，任北京市力迈学校校长、立德国际教育研究院（香港）院长、中国人才研究会副理事长、中国人才研究会教育人才专业委员会主任、北京市社会科学界联合会顾问等职。1950年 7 月毕业于私立华中大学；1950 年 7 月至 1960 年在中共中央中南局宣传部和中央宣传部教育处工作；1960 年至 1973 年 7 月在北京景山学校工作，任首任校长；1973 年 7 月至 1982 年 6 月在国务院科教组和教育部工作，任《红旗》杂志编辑；1978 年任《人民教育》杂志副总编辑；1982 年 6 月至 1986 年任北京市委宣传部副部长；1986 年至 1990 年任北京市社科院院长、研究员；1991 年被中共北京市委和北京市人民政府授予"有突出贡献的专家"称号，同年开始享受国务院"特殊津贴"；1991 年至 1995 年任北京市社会科学界联合会常务副主席；1995 年离休，任北京市力迈学校校长。出版有《人的一生应当怎样度过》《青春的叮咛》《教育与人才新说》等著作。

段若非

段若非，1936 年出生于湖北黄陂（今武汉市黄陂区滠口街），曾用名段世贤。马克思主义理论研究者，哲学家。

1961 年毕业于北京大学哲学系，分配到山西大学政治系任教。1974 年调到山西人民出版社任编辑。1979 年调到中国社会科学院《中国社会科学》杂志社工作。1983 年调到中共中央书记处研究室工作，为副局级调研员。1987 年到《红旗》（现为《求是》）杂志社工作。1990 年创办《当代思潮》杂志并任总编辑。

祝庆刚

祝庆刚，1940 年出生，湖北黄陂（罗汉寺祝家大湾）人。大校。军事科学院百科研究部副部长、党委副书记，《中国军事百科全书》编审室副主任、副总编。1961 年参加中国人民解放军，历任班长、排长，师、军参谋，军区秘书，军事科学院副团、正团、副师职研究员、研究室主任（正师）等职。参军不久即立三等功，提前晋升。1979 年参加对越自卫反击战受到通令嘉奖。在担任军事科学院研究室主任期间，出色完成了军委下达的一项重要任务，立集体三等功，研究室被评为军事科学优秀科研单位。在参与组织、领导编纂我国、我军第一部《军事百科全书》的工作中，付出艰辛劳动，解决了一些重大疑难问题和学术问题。

涂光群

涂光群（1933～2019），笔名伍宇、弦柱，湖北黄陂（今武汉市黄陂区前川街道涂家大湾）人。中共党员。中国作家协会会员。1949 年开始发表作品，1950 年毕业于武汉中原大学文艺学院文学创作专业，1962 年加入中国作家协会，1996 年离休。曾任《传记文学》主编。

著有长篇报告文学《踏上地球之巅》（合作），散文集《西域探奇录》《荒漠奇缘》《浪漫的爱之梦》《中国文坛写真》《中国三代作家纪实》，中短篇小说集《两栖人》等。

出版著作：《人生六语》（随笔散文集，2000 年，上海汉语大词典出版社）、《走遍神州》（游记散文集，2001 年，河北教育出版社）、《人生的滋味》（传记文学集，2002 年 1 月，中国工人出版社）、《五十年文坛亲历记》（辽宁教育出版社，2005 年 5 月版）。

主编《走近名作家》《艺坛往事录》《心灵的隐秘》《缪斯的背影》，以上四书均于 2000 年由上海汉语大词典出版社出版。

涂光晋

涂光晋（1951～），女，湖北黄陂（今武汉市黄陂区前川街道涂家大湾）人。新闻学院教授、博士生导师，中国人民大学新闻与社会发展研究中心执行主任。

兼任中国高等教育学会新闻学与传播学专业委员会秘书长、常务理事，北京市新闻工作者协会常务理事，教育部马克思主义理论研究和建设工程"新闻评论"第一首席专家等。

主要讲授课程：新闻评论、公共关系概论、新闻评论研究、公共关系理论与实务等。主要著作：《时代之"声"——新时期中国新闻评论研究》《广播电视评论学》等。

从首届开始，连续六届担任中央电视台"感动中国人物"推选委员会委员，是中国新闻教育协会秘书长。

郭保芹

郭保芹（1937~），湖北黄陂（今武汉市黄陂区蔡家榨街道潘家砦）人。1954 年 9 月至 1960 年 7 月在黄陂县第一中学读初中、高中。1960 年 8 月考进武昌湖北大学（后改为中南财经政法大学）政治系政治专业学习。1964 年 7 月大学毕业后分配到国务院外文局工作。1965 年 12 月加入中国共产党。曾任外文局党委办公室干事、团委书记、宣传处处长、干部教育中心副主任、外文出版社副编审和《中国人名大辞典》编委会高级编辑。1991 年毕业于中共中央党校经济专业。后任中共中央工委《中直党建·世界政党》主编，全国政协七届五次会议和文艺界八届一次会议特邀界秘书长。是武汉市黄陂区政府招商引资经济顾问，武汉市黄陂区"二程文化"研究会第一届名誉会长。长期从事对外文化传播。参与编纂中国第一部大型人物辞书《中国人名大辞典》，收录中华古今人物，历时 10 年编辑成功，出中外文版，发行国内外。其中，《现任党政军领导人物卷》，首次全面系统介绍省部级以上领导干部和中国人民解放军高级将领。1986 年春节，与时任黄陂县常务副县长余显振共同策划，在北京黄陂人士中发起"热爱家乡黄陂"联谊活动，先后有 1000 余人参加，被大家推举为总召集人之一。为黄陂区（县）进言献策，引进资金，建设项目，扶助贫困农民。2016 年被授予"中国共产党优秀干部"荣誉称号。编有《古典精华》《毛泽东诗词集》（中英文对照版）等，与他人共编《中国发明家大辞典》，指导编辑《中国林业人物辞典》，主编《木兰山名人书画集》等。

张友元

张友元，1945 年出生，黄陂（蔡店街陈冲村郭良组湾）人。中国期刊学会副会长。1968 年 3 月在孝感师范学校毕业前夕应征入伍，任解放军某部炮连代理文书，同年 10 月调师部报道组。1969 年加入中国共产党。1972 年转业到人民美术出版社工作，先后在《连环画报》编辑部和《连环画册》编辑部任连环画文字编辑。1985 年任人民美术出版社办公室主任兼总编室主任，1990 年 3 月任社长助理，10 月任人民美术出版社副社长、副编审。是中国出版工作者协会美术出版研究委员会秘书长，中国对外合作出版促进委员会理事，中国发行工作者协会理事。曾创作、改编连环画文学脚本 20 多篇，其中《中国历史演义故事画——宋史》获第三届全国连环画文学脚本三等奖。还参与改编辽宁少儿出版社出版的大型系列连环画《中国五千年》。

王安新

王安新（1939~），湖北黄陂（今武汉市黄陂区蔡家榨街道）人。中共党员。中国二级大检察官。大学学历。1964 年 7 月湖北大学法律系毕业，在贵州从事检察工作。"文革"期间，被迫离开岗位。1978 年回到检察机关，任贵州省人民检察院检察长。

历任贵州省人民检察院书记员；贵州省高级人民法院审判员；贵州省人民检察院检察员、刑事检察处处长、检察委员会委员；贵州省政法干部学院党委书记、副院长；贵州省人民检察院副检察长、常务副检察长、检察长、党组成员、党组副书记、党组书记。曾是中共贵州省七届委员会纪律检查委员会委员，中共贵州省八届、九届委员会委员，政协贵州省第七届委员会委员，贵州省第九届、第十届人大代表，第十届全国人大代表。2003 年离任。2007 年退休后，受聘为最高人民检察院咨询委员，被委任为贵州省关心下一代工作委员会副主任。主编了《浅谈司法制度》一书，撰写《对公正执法的研究与思考》《人民检察机关的公正司法》《认真当好基层院检察长》《改进作风，狠抓落实》等文章，有的发表在省和中央有关报刊上。还先后作为中国检察官代表团成员，赴瑞典参加"国际司法研讨"活动，赴古巴参加"国际保护妇女儿童合法权益大会"，赴巴西、英国参加"世界检察官大会年会"，为宣传中国社会主义检察制度、借鉴外国检察制度中有益之处做出了努力。在检察政法工作 40 多年中，爱岗敬业，奋发工作，为公正执法、维护社会稳定、服务社会主义现代化建设，做出了积极贡献。在任审判员、检察员 11 年期间，以事实为依据，以法律为准绳，办理了一大批重大疑难刑事案件。在政法干部学院任职的 5 年中，始终以提高教学质量为重点，促进学院工作全面展开，将学院建设成为大中专、干训多层次教育的初具规模的成人高等院校，培养出一批大中专毕业生充实政法队伍。在省人民检察院领导岗位上工作的 14 年中，一手抓业务，一手抓队伍，不断推进全省检察工作创新发展。

姚立新

姚立新（1967~），湖北黄陂区（前川街道鲁台横堤村姚湾人）。中国红十字会总会一级巡视员。1990 年至 2000 年历任厦门大学国际贸易系副主任、副教授、硕士研究生导师、经济学院学术委员会委员、学位委员会委员和澳大利亚研究中心副主任［1997年经教育部选拔赴荷兰蒂尔堡大学（til-burguniversity）进修经济学］。2000年至2003年任中共厦门市委党校、厦门市行政学院科研处处长，副教授、教授［其间，2001年至2002年经中共福建省委组织部选拔参加"首届福建省WTO研修"学习，先后在WTO上海研究中心、美国加利福尼亚大学（UER）等学习研修，任研修班班长、党支部书记］。2003年至2006年任中共河南省委对外宣传办公室（河南省人民政府新闻办公室）主任（副厅级）。2006年至2008年任国家电网公司公共关系部（新闻中心）副主任、对外联络部（新闻中心）副主任、奥运合作伙伴工作领导小组办公室专职副主任（负责日常工作）及思想政治工作部副主任。1990年至2003年间科研论文和著作获国家计委、中国国际贸易学会、福建省人民政府、厦门市人民政府等奖励16项次。曾获得厦门大学"清源奖"（优秀教师奖）、厦门大学优秀主干课程奖（教学成果奖）、厦门大学"华为奖"（优秀教师奖）和福建省社会科学管理工作先进个人，其国家社会科学基金项目"中国政府管理信息化的发展趋势与政策研究"最终成果评为一级成果。

韩云川

韩云川（1952~），湖北黄陂（王家河街道）人。中共中央党校科学社会主义教研部教授、博士生导师，中国井冈山干部学院兼职教授。主要著作有《社会主义本质问题研究》《重温经典——共产党宣言解读》《中美人权之争》。

李锦章

李锦章（1947~），湖北黄陂（蔡家榨长岭岗）人。大专文化程度，社会科学研究员。1963年参加工作，曾在原孝感县医药、粮食、共青团、县委组织部等部门工作。1973年调中共湖北省委组织部，先后任干事、副科长、科长、副处长、处长。1995年任湖北省劳动厅副厅长、党组成员。1997年任湖北省社会科学院副院长、党组成员、党组书记。先后主编了《干部考察工作指导》《地方人代会换届选举领导人工作指导》《选拔经济建设领导人才工作指导》《领导班子档案工作指导》。其中《干部考察工作指导》一书获全国第二届党建读物最佳奖，《选拔经济建设领导人才工作指导》一书获湖北省首届社会科学优秀成果提名奖。

祝谦

祝谦（1949~），湖北黄陂（罗汉寺祝家上湾）人。新疆维吾尔自治区党委宣传部部长、新疆记协主席。大学文化程度。1959年在新疆兵团农2师29团政治处任干事，1972年调兵团政治部《兵团日报》当编辑。兵团建制撤销后，在石河子地区党委宣传部、党委办公室当干事、秘书及负责人。1974年加入中国共产党。1983 年兵团建制恢复，任农 11 师政治部主任。1988 年调《兵团日报》任总编辑。1990 年调兵团文联任常务副主席。1994 年调《人民日报》驻新疆记者站任站长。1999 年任中共新疆维吾尔自治区宣传部副部长（正厅级）。著作有《五光集》《五音集》《五行集》《万方乐奏有于阗》《世纪念言》等 5 部。主编《创世纪》《新纪元》等 12 部。担任《最后的荒原》一书的策划，并获得国家"五个一工程"奖。

张衍前

张衍前（1967~），湖北黄陂（蔡店街港口村张家湾）人。中共中央统战部一局副局长。博士研究生。中共党员。1985 年至 1989 年就读于湖北大学历史系本科，获史学学士学位。1989 年至 1992 年为山东大学历史系研究生，获史学硕士学位。1992 年至 2002 年先后任中共山东省委党校助教、讲师、副教授。2002年 9 月至 2005 年 7 月中共中央党校研究生院博士生，获法学博士学位。2005 年至2008 年任中央社会主义学院统战理论教研部副教授、博士。2009 年 1 月至今任中共中央统战部一局副处长、处长。出版专著《网络时代执政党意识形态建设研究》（中共中央党校出版社 2008 年）；参与起草《中国的政党制度》白皮书（2007 年 11 月国务院新闻办发布）；参与撰写《党的先进性研究》《新时期共产党员的修养》《中国政党制度年鉴》（2006—2009）《让历史告诉未来》等著作 20余部；在人民日报《内部参阅》《红旗文稿》《中国党政干部论坛》《中央社会主义学院学报》《紫光阁》《团结报》等报刊发表学术文章 90 余篇，其中多篇被中国人民大学报刊复印资料，《中国近代史》《中国共产党》《社会主义论丛》、中国共产党新闻网及多家党建学术网站等全文转载。2011 年 6 月被评为统一战线系统优秀共产党员。

李周

李周（1952~），湖北黄陂（今武汉市黄陂区长轩岭街）人。中国社会科学院农村发展研究所所长、研究员。1968 年 12 月至 1978 年 3 月在云南景洪县橄榄坝农场二分场任农工。1978 年 4 月至 1982 年 1 月在北京林学院林业系林业经济专业学习，获农学学士学位。1982 年 2 月至 1984 年 8 月在中国林业科学研究院林业经济研究所工作，任研究实习员。1984 年 9 月至 1986 年 7 月在北京林业大学林业经济系学习，获农学硕士学位。1989 年 9 月至 1993 年 7 月在中国社会科学院研究生院在职学习，获经济学博士学位。1986 年 8 月至今在中国社会科学院农村发展研究所工作，历任助理研究员、副研究员、研究员，研究室副主任、主任，研究所副所长、所长。兼任中国林牧渔业经济学会会长和多个学会的副理事长、委员以及《经济研究》《自然资源学报》等多个学术期刊的编委。长期从事农村经济和农村资源与环境经济研究。多次获中国社科院、国务院农村发展研究中心、林业部、北京市、内蒙古自治区等单位颁发的科研成果奖。其中"中国扶贫绩效及其因素分析"获第十三届孙冶方经济科学奖;"化解西北地区水资源短缺的对策研究"获中国社会科学院第6届优秀科研成果二等奖;"中国可持续发展总纲"获2011年国家图书奖。1994年,被中国社会科学院批准为有突出贡献的中青年专家,同年享受国务院政府特殊津贴;1995年被评为中国社会科学院优秀共产党员;2010年被中国社会科学院评为2007~2009年度先进个人。

彭光谦

彭光谦(1943~),湖北黄陂(今武汉市黄陂区前川街彭楼村)人。中国人民解放军少将军衔,军事评论家。1962年至1967年就读于北京大学历史系,毕业后携笔从戎,历任坦克排排长,坦克团、师、军区装甲兵政治机关干事、秘书、副处长,军区坦克乘员训练团副政委和军区工程科研设计所政委。

1968年至1986年先后在济南军区、武汉军区、广州军区任职。1987年后在军事科学院战略研究部任研究员,从事国际战略与军事战略问题研究。20世纪90年代中期,应邀访美,以高级研究员身份在美国战略思想库大西洋理事会从事客座研究。90年代以来,多次参加中美、中日、中德军事磋商和安全对话。

先后主编出版《中国国防》《军事战略基本理论问题》《军事战略简论》《邓小平战略思想论》《战略学》等著作。由于在战略理论上的造诣与理论贡献,被评为国家有突出贡献专家,获全军专业技术重大贡献奖,荣立二等功。

现任中华《华语智库》理事长。

余英杰

余英杰(1957~),湖北黄陂(天河街)人。法学学士。中共党员。1982年1月毕业于武汉师范学院政治教育系政教专业。1982年1月至1996年6月历任《长江日报》理论评论部编辑、副主任。1996年6月至2003年7月历任市委宣传部理论处副处长、处长,新闻出版处处长,助理巡视员。2003年7月至2011年9月任中共武汉市委政策研究室副主任。2011年9月任中共武汉市委党史研究室主任。在长江日报社和市委宣传部工作期间,在《人民日报》《光明日报》《求是》《文汇报》《解放日报》《上海社会科学》《江汉论坛》等报刊发表大量理论和学术文章及评论、杂文,其中不少文章的观点被多家转载。1993年12月,由云南人民出版社编辑出版了39万字的《求索集——余英杰政治学术评论选》。2000年被评为市委宣传部突出贡献个人;两次获得武汉市社会科学优秀成果三等奖;2007年度、2009年度被评为武汉市绩效管理工作先进个人;2007年、2012年两次荣获湖北省党委系统优秀调研成果一等奖。

吴天勇

吴天勇（1966~），湖北黄陂（祁家湾街星火村大吴湾）人。武汉市社科联主席，湖北省社科联副主席。中共党员。硕士学位。1989年至1990年在华中师范大学教务处工作。1994年至今在中共武汉市委宣传部工作，历任处长、副部长。2022年6月30日，吴天勇在江汉大学参加"武汉市地方红色文化资源库"和"湖北省理论热点面对面实践基地"调研时指出：理论宣传工作不仅要在理论输出上下功夫，还要在深入了解社会民生、多方面探索、思考、创新上下功夫，使理论宣讲真正让老百姓听得懂、听得进、愿意听。

陈元生

陈元生（1952~），湖北黄陂（今武汉市黄陂区李集街道）人。中共党员。大学文化。高级政工师。1972年12月至1976年12月在武汉市三十中团委工作；1976年起先后担任江岸区文教局党委副书记、江岸区人大常委会办公室副主任、江岸区委宣传部副部长、区文化局党委书记、武汉有线电视台副台长；1996年后先后担任江岸区委常委、宣传部部长，武汉市委宣传部副部长，武汉市文联党组书记，武汉市社科联主席。他长期从事宣传思想工作，取得较大成绩。曾参与编写《社区经济探索》《家庭文化建设初探》《喜迎香港回归，努力开拓前进》《说收获、看盛世当前》《论社会舆论对政府的监督》《发展社区经济，实施可持续发展战略》《学习理论转观念，抓住机遇促发展》《观念改变世界》《深厚的历史传统与文化渊源——透视抗洪精神》等书籍。撰稿拍摄《古江岸这块土地上》电视专题片，撰写、修改、审定抗洪英雄王占成演讲稿，在《人民日报》上以《越是困难越向前》为题发表。

王雨辰

王雨辰（1967~），湖北黄陂（今武汉市黄陂区蔡家榨街道）人。中南财经政法大学哲学院教授、院长、党委副书记。

享受国务院特殊津贴，入选中组部"万人计划"哲学社会科学领军人才；入选中宣部文化名家暨"四个一批"人才；入选人事部国家级百千万人才工程，并被授予"有突出贡献中青年专家"称号；教育部优秀人才支持计划和湖北省新世纪人才工程（第一层次）；湖北省有突出贡献的中青年专家；入选湖北省中青年马克思主义理论家培育计划。

主要论著及获奖：《生态学马克思主义与后发国家生态文明理论研究》，教育部第八届高校人文社科奖二等奖、湖北省第十一届社会科学优秀成果奖三等奖、武汉市第十六届社会科学优秀成果奖二等奖；"生态学马克思主义研究"（系列论文），湖北省第七届社会科学优秀成果奖一等奖；"西方马克思主义科技思想研究"（系列论文），湖北省第六届社会科学优秀成果奖二等奖；《西方马克思主义生态伦理价值观》，湖北省第五届社会科学优秀成果奖二等奖；《伦理批判与道德乌托邦：西方马克思主义伦理思想研究》，省第十届社会科学优秀成果奖二等奖；《当代西方马克思主义哲学研究》，湖北省第四届社会科学优秀成果奖三等奖；"生态学马克思主义与生态文明研究"（系列论文），省第九届社会科学优秀成果奖三等奖；《当代西方马克思主义哲学若干理论问题的辨析》，湖北省第三届社会科学优秀成果奖三等奖；《生态学马克思主义与生态文明研究》，武汉市第十五届社会科学优秀成果奖一等奖；《哲学批判与解放的乌托邦》，第二届中华优秀出版物奖；《空间批判与国外马克思主义解放政治的逻辑》，湖北省高校人文社科奖（2015—2016）A 等奖；"国外马克思主义解释史与话语体系研究"（系列论文），第十二届湖北省社会科学优秀成果奖三等奖；《论经典西方马克思主义在当代西方的理论效应》，武汉市第十七届社会科学优秀成果奖二等奖；《生态文明理论的源流与当代中国生态文明思想》，湖北省 2019 年出版公益奖；《生态文明与文明的转型》，湖北省 2020 年出版公益奖。

三 文学创作类

　　黄陂大地上文星灿烂，名人辈出。代表人物有著名文学家李劼人，著名诗人曾卓、彭邦桢、绿原，知名作家伍禾、汪洋、赵金禾，知名侨领、文化学者万子美等近 50 位文学之星，为国家的文化繁荣、民族的文化自信，各自留下了浓墨重彩的一笔。

李劼人

李劼人（1891～1962），祖籍湖北黄陂，生于四川成都。原名李家祥，常用笔名劼人、老懒、懒心、吐鲁、云云、抄公、菱乐等。中国现代具有世界影响的文学大师之一，也是中国现代重要的法国文学翻译家，知名社会活动家、实业家。曾任《群报》主笔、编辑，《川报》总编辑，成都市副市长。全国人民代表大会第一、二届代表。

李劼人中学时代大量阅读中外文学名著，擅长讲述故事。1912年发表了处女作《游园会》，1918年发表短篇小说百余篇。五四时期加入"少年中国学会成都分会"。1919年赴法国留学。1911年参加四川保路同志会，并经历了辛亥革命的全过程。1921年起主要致力于法国文学研究与翻译。1924年回国，先任《川报》主编，后任教于成都大学。1926年发表短篇小说《编辑室的风波》。1936年春，日军飞机轰炸成都，李劼人从城内疏散到郊外沙河堡乡间，后在一菱角堰边以黄泥筑墙、麦草为顶建筑了栖身之所，他在门楣上还题了"菱窠"匾额。菱是一种生在池沼中、根扎在泥土里的草本植物；窠即鸟虫的巢。作家将自己的家以"菱窠"名之，颇有竹篱野舍的逸趣，或许也蕴涵了这位被誉为乡土小说作家植根民间的文学理想。中华人民共和国成立，为李劼人的文学创作提供了更广阔的空间。他创作了反映新中国成立前夕畸形经济和畸形人性的长篇小说《天魔舞》，修改重版了长篇小说三部曲《死水微澜》《暴风雨前》《大波》。它们以成都为背景，真实而深刻地描写了从甲午战争到辛亥革命前后20年间广阔的社会生活及历史巨变。被郭沫若先生称颂为"小说的近代史"。更有文学批评家将他的《死水微澜》称作是中国现代小说史上"最精致、最完美的长篇"。同时，作为翻译家，他又是最早将法国文学名著译介给中国读者的先行者之一。他的大量散文、书信等作品，是中国知识界风雨历程中的心灵实录，堪称一代信史。他又是民俗大家，中国饮食文化理论深刻的阐述者和卓越的实践者。巴金曾叹道："只有他才是成都的历史家，过去的成都都活在他的笔下。"

1962年李劼人因病去世后，其夫人杨叔捃及其子女李远岑、李眉等，遵其生前遗嘱，提出将李先生历年收藏书籍、字画、报纸、杂志等，全部捐赠国家。现主要收藏于四川省图书馆。其中古籍线装书经鉴定、整理后，编制有《李劼人先生捐赠书目》。该目录收录李劼人所藏古籍线装书共1168部16007册。其中经部85种894册，史部308种5647册，子部252种5422册，集部523种4044册。这些书籍至今存放在四川省图书馆古籍线装书藏中，保存完好。1949年以后出版的报纸2100余册。另有各种当代文史书籍数千册。省图书馆接收的图书总计有线装书20433册，平装书844册，报纸、杂志6948册，共计28225册。四川省图书馆研究员王嘉陵等撰写有《李劼人藏书考》。

2011年9月，正值辛亥革命100周年、著名作家李劼人先生120周年诞辰，四川文艺出版社推出600万字17卷20册的《李劼人全集》。《李劼人全集》资料收集耗时20余年，包括至今存世的、能够收集到的李劼人以中文写作的全部作品和文字及全部翻译作品，全集还整理出版了李劼人所有的手稿。此前，出版界对李劼人先生的作品一直缺乏系统的整理。全集填补了这一空白，全面展现他在文学、翻译、民俗等领域的成就。

曾卓

曾卓（1922~2002），湖北黄陂（蔡家榨街道曾家大湾）人，出生于汉口。作家，著名诗人。1936年在武汉市汉口第一中学读书时，投身抗日救亡运动，参加中华民族解放先锋队。1938年加入中国共产党。1947年毕业于中央大学历史系，后任汉口《大刚报》文艺副刊《大江》主编，并在中学任教。中华人民共和国成立后，曾任《大刚报》副总编辑，1952年《大刚报》改组为武汉市委机关报《新武汉报》，任副社长。1953年兼任武汉市文联常务副主席。1955年，因涉及"胡风集团"受到错误处理，1979年平反，任武汉市文联副主席、湖北省作家协会副主席。1988年离休。后任武汉市作家协会名誉主席、中国作家协会理事。著作甚丰，先后出版有诗集《门》《悬崖边的树》《老水手的歌》《曾卓抒情诗选》《给少年们的诗》；诗论《诗人的两翼》；散文集《美的寻求者》《在大江上》《让火燃着》《听笛人手记》等。1994年出版三卷本《曾卓文集》。现在，曾卓的家乡蔡家榨花乡茶谷景区建有曾卓诗歌馆。

彭邦桢

彭邦桢（1919~2003），湖北黄陂（今黄陂区）人。1931年汉口遭受特大水灾，返回黄陂老家避难启蒙，有神童诗人之称。1938年1月成都中央军校即黄埔第十六期学习深造，后任美国世界诗人资料中心主席。彭邦桢为美籍华人，著名诗人，曾以台湾诗人入选《台湾新文学辞典》，有台湾诗坛"四老"之称，其代表作有《花叫》和《月之故乡》等。

范熙壬

范熙壬（1878~1938），字任斤，别号芸青、耘勤、敬胜阁主人，湖北黄陂（天河杜家田）人。光绪二十三年（1897）与父范轼同膺乡荐。光绪二十九年（1903）到日本东京第一高校进修5年，并参与创办《新译界》月刊。光绪三十四年（1908）考入京都帝国大学法学部学习。辛亥革命后，就任湖北军政府总务科秘书兼民国政府顾问。1913年当选国会议员和宪法起草委员会委员。1917年国会非常会议在广州召开，范任行政委员。1926年加入中国共产党，1935年回家乡创办"培本小学"，1938 年去世。著作有《文心雕龙释义》《西藏语法》《英国文学史》《德国行政法》《公权法》及手稿《山海经博物表》《汉盐铁均输官考》《弘道录》等。

绿原（刘仁甫）

绿原（1922~2009），原名刘仁甫，湖北黄陂人。作家、诗人。原《人民文学》出版社副总编辑、编审。中共党员。1944 年毕业于重庆法立复旦大学外国文学系，从事文学翻译多年。中国作家协会理事兼对外文化交流委员会成员，《诗刊》编委，国际日耳曼语学学者会会员，国际歌德学会（魏玛）会员。著有诗集《童话》《起点》《人之诗》《另一支歌》《我们走向海》等；文集《葱与密》《非花非雾集》《离魂草》等；译著《德国的浪漫派》《德国现代诗选》《美学析疑》《浮士德》《里尔克诗选》等。其中《另一支歌》获中国作协 1985 年诗歌奖，《美国析疑》获新闻出版署出版奖。其简介被收入《国际诗人辞典》（第七版）及《国际名人辞典》。

伍禾（胡德辉）

伍禾（1913~1968），原名胡德辉，湖北黄陂（武湖街道沙口）人。1933 年毕业于湖北省立师范。抗日战争爆发，在武汉参加中华全国文艺界抗敌协会，担任《新华日报》营业部主任。不久，参加第五战区文化工作团，辗转于鄂西北和河南等地。后参加中国共产党领导的抗敌演剧宣传队第二队南下，直到香港。1940 年到桂林，任中华全国文艺界抗敌协会桂林分会理事。先后在《抗敌文艺》《文化生活》及当地报纸副刊上发表作品，出版诗集多种。抗战胜利后回武汉。任《新湖北日报》副刊编辑室主任，主编《长江》《文艺》两副刊。1948 年参加中原军区情报处情报工作。1950 年任湖北省文联副主席，与郑思、林漫主编《湖北文艺》。1952 年 8 月加入中国共产党。1953 年后，历任湖北省文化局副局长、省文化教育委员会委员、省政协委员、中国文学艺术界联合会委员。并先后当选为武汉市第一、三届人大代表。1957 年被错划为右派。"文化大革命"中遭受冲击。1968 年 12 月逝世。1980 年平反昭雪。遗作由亲属选编出版，书名《行列》。

汪洋

本名喻德海（1938~2016），湖北黄陂（蔡家榨铁淋寨村毛胡家）人，笔名汪洋。大学学历。中共党员。国家一级作家、中国作家协会会员。1960 年毕业于武汉大学中文系，留校工作，先后在人事处、生物系、教务处供职，兼任《武汉大学学报》编辑部负责人、中文系教师、中国写作研究会会刊《写作》杂志副主编等职。1982 年 2 月调入湖北省文联任湖北省作家协会专业作家。次年 2 月调湖北省广播电视厅，任电视剧制作中心副主任兼文学部主任。1986 年 4 月调回湖北作协，历任书记处常务书记、机关党总支书记、办公室主任。兼任湖北省产业文学创作委员会常务副主任委员、中国作协湖北分会理事、《长江文艺》杂志社社长兼主编等职。曾荣获"湖北省有突出贡献中青年专家""湖北省宣传系统优秀党员"称号，出席中国作协全国第五次代表大会。主要代表作有中篇小说《红烛》、长篇小说《无爱的情歌》、长篇传记文学《张加陵传奇》、小说集《樱花雨》《斯文物语》、报告文学集《楚天风流谱》、电视文学剧本《深深的小巷》《美食家》等。长篇小说《N 维的情侣》获屈原文学提名奖，报告文学《李德仁的美丽脚印》获第六届中国世纪大采风金奖。

万子美

万子美（1943～2016），湖北黄陂（今武汉市黄陂区祁家湾街冯李塆）人。欧洲著名侨领和社会活动家，资深翻译家、记者、学者与诗人，也是黄陂台联会与海外联谊会名誉会长。1964～1967 年就读于北京外国语学院，大学毕业后在人民画报社从事新闻及翻译工作。从此开启了他的文学创作和外文翻译生涯。1977 年调《光明日报》工作。1979 年先后翻译出版了意大利小说《佩斯卡拉的故事》《老顽固》《天使鸟》《女店主》《历史》等书籍。1980 年，《光明日报》派遣他到意大利任首席记者。在此后 10 年的驻外记者工作中，万子美先后在中国大陆和香港地区 10 家报纸杂志上发表了上千篇有关意大利的报道和文章，创作出版了《透视意大利》一书。书中 119 篇文章，全方位多视角向读者展示了意大利社会文化及风土人情。两年之内两次再版，引起了意大利政府的关注。为此，意大利摄影学会授予万子美"功勋摄影师"称号，时任意大利总统科西嘉在总统府举行了隆重的赠书仪式。1993 年，意大利新任总统卡尔授予他国家最高荣誉"意大利共和国加勋大骑士"，并在意大利驻中国大使馆举行了授勋仪式。

1991 年他离开工作岗位，返回意大利弃文从商。1992 年，担任中意合资企业的常务董事。1994 年，万子美创办的意大利"欧罗华国际贸易服务有限公司"在罗马问世，公司专门从事国际贸易，通过引进国际先进设备，提高中国机电产品质量，使中国机电产品成功打入国际市场。他还采用国际贸易中惯用的"定牌生产"办法，以名牌效应带动销售发展。经过多年拼搏，"欧罗华"每年的进出口贸易额稳步增长，为中国企业出口创汇做出了积极贡献。为服务华侨社团，他还在意大利创办了《新华日报》，是意大利华人华侨社团联合总会常务副主席，罗马华侨华人联合总会副会长。

2016 年 8 月 2 日在武汉病逝后，家人遵照其遗愿，将其骨灰安葬于黄陂老家。

熊国桢

熊国祯（1942~），湖北黄陂（今武汉市黄陂区横店街）人。中共党员。编审。1966年毕业于北京大学中文系古典文献专业，随即分配到中华书局编辑部。

1969年到山东胶县部队农场劳动锻炼，1970年又到湖北咸宁向阳湖文化部"五七"干校劳动锻炼。1971年6月调回北京中华书局商务印书馆，1973年11月任临时党委委员，1975年2月任第二编辑室党支部书记、室主任。1978年8月中华书局恢复原建制后，任哲学编辑室主任。1986年后任中华书局副总经理、副总编辑，并先后兼任《书品》副主编、主编，《文史知识》主编。1993年10月起享受国务院颁发的政府特殊津贴。2004年7月退休。2006年11月后出任中国编辑学会编辑规范专业委员会筹委会主任、顾问。2009年1月获中国出版荣誉纪念章。与人合作点校《北溪字义》《颜元集》，合写《中国古代著名史籍》《图书商品学》，独撰《新语今译》，另发表单篇论文、书评若干。所著《文化的积累与追求》为书林守望丛书之一。

赵金禾

赵金禾（1941~），湖北黄陂（今武汉市黄陂区天河街大赵湾）人。著名作家。曾任湖北省作协理事、孝感市作协副主席、安陆市文联主席，安陆市作协名誉主席。1996年，他的文章《学习》被《人民文学》刊载。同年又有两篇文章在《人民文学》刊载，被文学艺术界称为"金禾年"。他的文章《毛遂不避嫌疑》被作为高中语文课文，全国发行使用。

第一次与文学"亲密接触"源自黄陂天河珍珠小学。当时，他的一位姓鲁的老师在《人民文学》上发表了一首诗，小小年龄的赵金禾被吸引住了。在鲁老师的指导下，他自己尝试着进行诗的创作。1956年，15岁的赵金禾的诗作《日落河沙滩》发表在省报上，他得到了3块钱的稿费。他一直将稿费单压在枕头底下不取，放过了期。从此，他爱上了诗，开始向往文学的殿堂。赵金禾一直将黄陂文化作为自己的创作源泉。从师范毕业后，赵金禾从事过教师、演员和记者等职业，但他从来没有放弃对文学的热爱和追求。他的人生经历，锻炼了他写作的能力，丰富了他创作的题材，更是他人生的宝贵财富。

尽管年过八旬，他还担任着府河安陆段的"民间河长"，文学创作上仍然笔耕不辍，时有美文问世。

傅中望

傅中望（1956~），湖北黄陂（今武汉市黄陂区罗汉寺街新阳村傅家大湾）人。中国美术家协会会员、国家一级美术师。

1982 年毕业于中央工艺美术学院装饰艺术系雕塑专业，同年在湖北省博物馆从事古代艺术品修复与陈列工作。1984 年任职于湖北省美术院雕塑创作研究室。曾任湖北省美术院副院长，湖北省艺术馆馆长；现任全国城市雕塑指导委员会艺术委员会委员、中国雕塑学会常务理事、湖北省美协雕塑艺委会主任、中国美术家协会理事。作品入选第六、七、八届全国美展，《榫卯结构系列》获第七届全国美展铜奖。出版有《中国当代艺术家——傅中望》等。

喻大翔

喻大翔（1953~），笔名荒野、吴桐子。湖北黄陂（今武汉市黄陂区姚家集）人。1953 年 9 月 3 日出生于武汉市黄陂区姚家集街道叶家垱。同济大学人文学院中文系教授、诗人、散文家、文学评论家、国务院特殊津贴专家。上海市作家协会会员、中国作家协会会员、世界华文旅游文学联会副理事长（香港）。

本科和博士均毕业于华中师范大学文学院，1999 年获文学博士学位。自 1976 年 10 月起，先后任教于华中师范大学中文系、海南师范大学中文系、同济大学中文系。曾任同济大学中文系副主任、人文学院副院长、同济大学校史馆馆长、同济大学世界华文文学研究中心主任、同济大学校务委员会委员兼文化建设委员会副主任。2013 年自同济大学退休。现任天津天狮学院特聘教授兼中国文化研究中心主任。

先后 30 余次应邀赴俄罗斯、澳大利亚、加拿大、美国、德国、韩国、新加坡、泰国、马来西亚、台湾、香港和澳门等地讲学、出席国际学术会议，任国际或全国文学大奖赛终审评委（现任由香港艺术发展局、香港作家联会、香港世界华文文艺研究学会联合主办的"大湾区文学征文奖终审评委"），并作主题演讲或专题发言。

在海内外报刊发表诗作、散文和学术论文千篇（首）以上。出版诗集、散文集、学术著作、主编散文辞典等总计 15 部。一次获"海南省文学探索者三十强"，一次获"省级专著一等奖"，三次获省政府"五个一工程奖"。代表著作《用生命拥抱文化——中华 20 世纪学者散文的文化精神》，由人民文学出版社于 2002 年 8 月出版。散文研究被中国社会科学院《文学评论》杂志评为"当代站在最前沿的两个学者之一"。

李光辉

李光辉（1945~），湖北黄陂（前川街环城宝塔村）人。中国民间艺术家协会会员，中国通俗文学学会会员。中共党员。先后在黄陂县委宣传部、《黄陂报》、黄陂文化馆从事新闻与文艺创作工作。除兼职编改他人稿件外，先后创作、发表、出版了《喜临门》《五好人家》《秋收之夜》《崇高的工作》《独屋坳》《一张汇票》《抓螃蟹》《网》等 10 多个楚剧剧本和一些其他文艺作品，有的曾获省、市、地创作奖。1971 年随省委工作队在黄陂县蔡店乡源泉村工作和采风，利用当地题材，与他人合作，编写了楚剧剧本《追报表》。该剧不仅在报刊发表和被转载，人民文学出版社、湖北人民出版社还出了书。从 1982 年 2 月起，相继被湖北省作协、武汉作协、中国民协、省民协、省曲协、音协、联协以及通俗文学学会接纳为会员，并选任理事或常务理事。

杨世友

杨世友（1956~），湖北黄陂（木兰乡刘家咀村）人。研究生。中共党员。1976 年至 1978 年任黄陂县塔尔西冲中学教师。1978 年至 1982 年在华中师范大学政治系学习。1982 年至 1984 年任武汉师范学院孝感分院附中教师、黄陂县委党校教师。1984 年至 1987 年在武汉大学政治系国际共运史专业学习。1987 年至 1991 年任省农委调研室干部。1991 年至 1996 年任省农委调研室副主任，企业处副处长、处长。1996 年至 2002 年任省农垦总公司副经理、党委委员。2002 年至 2004 年任省农垦事业管理局副局长、党组成员。2004 年至 2008 年任鄂州市委副书记，市纪委书记，葛店开发区工委书记，市委党校校长。2008 年至 2011 年任省政府驻北京办事处副主任，党委副书记。2011 年 2 月至今任省人民防空办公室主任。

2016 年退休后，发挥自己酷爱文学、擅长写作的特长，编著出版 83 万字的《品读唐诗 600 首》一书。

傅炯业

傅炯业（1939~2020），湖北黄陂（今武汉市黄陂区罗汉街研子岗傅家大塆）人。中国作家协会会员，武汉市洪山区文化局原局长。

1956~1958 年就读于武汉第一师范学校。师范毕业后，任武汉市蔡家湾中学教师。1969 年起先后担任武汉市洪山区文教局干部，洪山区委宣传部科员、副科长、副部长，洪山区文化局局长兼任区文联主席。1999 年退休后，任洪山区文联名誉主席，洪山区作家协会主席。先后发表散文、报告文学、评论、杂文、电视剧本等约 400 万字，并多次获奖。出版有报告文学集《来自特一号的报告》《月牙为证》《人生风景》、散文集《夜澜听雨》《远走高飞》、杂文集《纤笔一支》等。主编书籍约 10 余种。2004 年后担任武汉市青少年学院常务副院长，武汉市作家协会散文创作委员会副主任。因以文学关注残疾人获"沃土奖"。个人业绩被载入《中国当代社会科学专家大辞典》《中国成功者》。

叶倾城

叶倾城，原名胡庆云，女，祖籍湖北黄陂（今武汉市黄陂区），出生于辽宁丹东。武汉大学毕业后，担任政府机关公务员。1995 年开始文学创作，成为专业作家。国内发行量最大杂志《读者》的签约作家，其作品在诸多报刊中有很高的转载率。著有《爱是一生的修行》《爱是一种修行》《倾城十年》《情感的第三条道路》《爱与不爱都是事儿》《一杯闲半生愁》等多部散文集，《原配》《心碎之舞》《麒麟夜》等多部长篇小说。独立编剧的电影《如果爱上我的青春》于 2014 年上映。"写作之于我，越来越像一桩宿命，一份天赐的枷锁，但我愿意背负这沉重，直至永远。"她如是说。

徐伊丽

徐伊丽（1977~），女，湖北黄陂（今武汉市黄陂区六指街道）人，现居西安。文化学者，历史学家，秦直道研究特殊贡献专家，中国作家协会会员，中国散文家协会会员，陕西百优作家，陕西作协签约作家，陕西影视家协会常务理事，陕西作协报告文学委员会秘书长，陕西湖北商会创始人，陕西先行实业发展有限公司董事长，西安易达利生物科技有限公司董事长，陕西秦直道影视基地运营管理公司董事长，北京秦直道文化公司总经理等。

作品涉及小说、散文和影视剧等。现著有各类作品 800 余万字，在全国数十家报刊上发表。出版的书籍有《探秘秦直道》《探秘大秦帝国》《大秦直道》《望和平——探秘春秋战国古长城》《回眸一笑》《错缘》《手心手背》《孽缘》《大秦直道文学剧本集》等，创作并已在全国电视台、电影院发行的影视剧有：电影《盗剑72小时》《离婚难》《断电》《大秦直道》《橘子的天空》《平凡的足球》等数十部；电视连续剧有《情怨》《海棠》《魔方俏佳人》《夺宝帝王谷》等；话剧、情景剧有《文成公主》《米脂婆姨绥德汉》《秦岭深处》；正在编排的话剧有《遥远的白房子》《贵妃回家》《望和平——楚长城》等。并参与中央电视台《中华酒文化》《中华茶文化》《国宝档案》《中华之最——千奇百怪》等系列专题栏目创作、制作、发行等。参与的大型文旅项目若干。

周大望

周大望（1942~），湖北黄陂（横店街小周湾）人。中共党员。大学文化程度。高级政工师，中国作家协会会员，黄陂区文联原主席，2004 年 6 月复刊后的《黄陂文艺》主编。20 世纪 60 年代在黄陂二中读初中时，就开始文学创作，读初一时写的百行诗歌《队啊，我的母亲！》在校报上发表后，曾在学校引起轰动。参加工作后，用业余时间从事文学创作。在农村工作的几年里办简报 110 期，被地、市以上报刊采用宣传报道、散文、诗歌等作品 110 篇，计 60 多万字。1963 年主编《农村识字课本》20 万字，印数 15 万册，成为当时农村扫除文盲的基础教材。1984 年至 1986 年在党史部门任职期间，对红四方面军早期革命斗争史和鄂豫皖苏区历史有较系统的研究，特别是对木兰山革命斗争在中国革命历史上的地位和作用进行了充分的调查研究，提出了"木兰山是红四方面军的摇篮"和"木兰山的革命烽火燃遍了大别山"的观点，使木兰山革命斗争的地位和作用得到了史学界的充分肯定。先后主持编印了《黄陂县党史丛书》一、二、三集，计 65万字。1985 年，在湖北《党史研究》上发表了专论《木兰山斗争的历史地位和作用》。1987 年，为了纪念木兰山斗争和中国工农革命军第七军诞生 60 周年，由他担任副主编，中国文史出版社出版了《木兰烽火》一书，30 万字。1986 年，根据木兰山斗争的历史故事撰写的《木兰山和将军们的传说》一书，由湖北人民出版社出版。1986 年至 1993 年，在县委办公室、政研室工作，在搞调查研究的同时兼做文学工作。几年来，参与起草的文件、报告、调查报告 70 多件，计 40 万字，其中《走出城郊型经济的新路子》《树正气、刹三风、加强精神文明建设》《北部山区的调查》《发展庭院经济》等调查报告曾在省市召开的有关会议上交流。撰写了《赴长江沿线开放城市考察报告》《加快滠口开发区开放的战略构想》《黄陂加快开发建设木兰旅游度假区》等文稿，还草拟关于开放的 3 个文件，并在中央、省、市报刊上发表了一批如《小镇醒来了》《春雾》《牧鸭户》等讴歌改革中农村发展和变化的诗歌。

　　1993 年，撰写的《加快木兰旅游度假区建设》一文在全市评为优秀调查文稿并获二等奖。1991 年，黄陂县开展了农村社会主义教育，他起草了《关于开展农村社会主义教育》的文件，并在土庙镇任社教工作队长，圆满地完成了农村社会主义教育的各项任务，并获武汉市第一期农村社会主义思想教育先进工作队员称号，撰写的《"两田制"是农村土地制度建设的生长点》一文被评为农村社教优秀论文。其间，写的诗歌《山上人家》《锅巴粥》、散文《风物还是天池好》《十里画廊木兰川》、报告文学《师魂》《在这片土地上》等先后在省市报刊上发表。1993 年，《少年文学报》连载了其写作的工农革命第七军军长《吴光浩的故事》。1999 年，他根据传说和故事写成了 41 章回体小说《花木兰传奇》，由武汉出版社出版。尔后《传奇》分别在《楚天都市报》《开发区报》《武汉晚报》连载。同年，诗歌《乡路上，飞行着自行车队》获海南文化城诗歌大赛桂冠奖。2000 年，将散发在各报刊上的诗歌由新疆出版社结集出版了《绿色的希望》诗歌集。2002 年，武汉市举行旅游文学大赛，诗歌《木兰山》获一等奖。2004 年，担任《武汉革命老区》一书责任编辑，35 万字，由武汉出版社出版。同年，担任副主编，编写《黄陂史话》30 万字，也由武汉出版社出版。2005 年，革命历史题材小说《木兰烽火》分 33 回在《长江日报》

连载。同年，《木兰烽火》改编成电影剧本，列为湖北省2005年重点创作剧目。2005年，黄陂文联被湖北省评为"基层文联文艺活动先进单位"。2006年，武侠小说《古门论剑》由《长江日报》文艺副刊连载。

2015年主编《红色姚家山》，由武汉出版社出版；2017年编著《远处的村庄》，由湖北出版社出版；2018年编著《黄陂革命老区》，由长江出版社出版；2021年作为主创人员编印《黄陂一百个红色故事进校园》；2022年3月主编《黄陂旅游传说》，由经济日报出版社出版。

周大望60余年来笔耕不辍，被誉为文坛"常青树"和"不老松"。

裴高才

裴高才（1957~）湖北黄陂（今武汉市黄陂区姚家集街）人。中共党员。作家、文化学者。中国作协会员，中国文字著作权协会会员，湖北省周易学会理事，武汉市社科联全委会委员，黄陂区委统战部副处级干部退休。个人文学创作入编《中国作家辞典》《100个人的中国梦》等，享有"世界杰出华人文艺家""具有突出贡献的作家""全国大中城市社科工作先进个人""武汉最美志愿者"、黄陂区第二届"文人新乡贤"等称号。

1975年以来，历任民办教师、国家教师、李集镇与黄陂县（区）台办公务员。自1990年代初起，相继在海内外发表文学作品，出版图书30余部千余万言，《程颢程颐传》《田长霖新传》《首义大都督黎元洪》等多部作品赴亚非欧美交流，《无陂不成镇》《"铸剑"先驱蔡以忱》于台北首发与研讨，8部作品获国际国内奖。其中，2005年10月，《田长霖传奇》在香港参加第九届世界华人艺术大会展，并获评传记文学类国际文艺金奖；2011年11月，《理学双凤程颢程颐》《辛亥丰碑·首义精魂》赴京参加中华炎黄文化优秀成果精品展，并获优秀作品奖；2013~2020年，《首义都督黎元洪》《"铸剑"先驱蔡以忱》《程颢程颐传》《共和先驱·范熙壬》《胡秋原：从抗战"巨笔"到台海"破冰"人》等5部作品先后获武汉市第十三至十七次社会科学优秀成果二等奖、三等奖等。

裴高才主要作品：《民国第一伟人》《田长霖传奇》《冯铸》《飞翼文集》《首义都督黎元洪》《芳林美韵·长江名女》《木兰古门》《理学双凤·程颢程颐》《玫瑰诗人·彭邦桢》《城市英雄传》《裴氏家乘全书》《胡秋原全传》《无陂不成镇》《名流百年》《辛亥丰碑·首义精魂》《辛亥首义百人传》《首义大都督黎元洪》《"铸剑"先驱蔡以忱》《木兰传说》《黄陂春秋》《程颢程颐传》《孝义感动中国》《高振霄三部曲——传记·史迹·文集》《共和先驱·范熙壬》《中华大学校长陈时》《王文元传》等。

喻之之

喻之之，女，本名喻进，湖北黄陂（今武汉市黄陂区王家河街万寿寺村）人。"80后"。中国作家协会会员，鲁院第32届高研班学员，武汉作协驻会副主席，第七届全国青年作家创作会代表。发表文学作品逾百万字。出版有中短篇小说集《十一分爱》（中国作协"21世纪文学之星丛书"）、《迷失的夏天》和《白露行》。2015年，其作品《十一分爱》获湖北省第九届"屈原文艺奖"优秀作品奖。2016年至2022年担任黄陂文联主席期间，主编出版多部文集。有作品分别获屈原文艺奖、梁斌小说奖、延安文学奖。

《何不顺流而下》获2021年最美作品，入选《中国作家》。现任《武汉作家》主编。

王汉青

王汉青（1957~），笔名寒青，湖北黄陂（今武汉市黄陂区祁家湾街土庙）人。中共党员。中国作家协会会员，湖北省报告文学学会会长。

1973年应征入伍，退伍后曾在《黄陂文艺》《科学与人》《少年文学报》任编辑、记者。1990年毕业于武汉大学，获文学硕士学位。大学毕业后，历任新华社湖北分社记者、主任，《湖北经济报》总编辑助理、总经理、副社长，《人民日报》湖北记者站湖北专版主编，《现代教育报》记者站站长。现任中国文联中联影视中心华中分中心主任。1976年开始发表作品。著有长篇报告文学《大巴山的呼唤》《情憾中原》《火炬，在山乡燃烧》，民间文学"木兰三部曲"《神奇的木兰山》《神奇的木兰湖》《神奇的木兰天池》，纪实文学《柔情的琼瑶》，中篇小说《风流出在葫芦湾》，另有报告文学数篇散见于报纸杂志，共计300余万字。作品曾多次获得省级以上奖励。2022年，长篇报告文学《英雄张富清》在武汉发表，获得中央及省宣传部门的高度评价和肯定。

蔡良村

蔡良村（1888~1919），湖北黄陂（今武汉市黄陂区蔡家榨街道）人。1911年同詹大悲等创办《公论报》《大江报》。辛亥武昌起义后，任湖北军政府军务部秘书长，参与筹办《中华民国公报》，任编撰。后任湖北省教育会会长。1916年参加反袁，随孙中山"护法"，与蔡济民等组织"鄂西靖国军"。1919年遭川军方化南部杀害。

蔡大金

蔡大金（1949~），笔名达进（号金禅子），湖北黄陂（今武汉市黄陂区蔡家榨街樟树湾村）人。1988年毕业于武汉大学中文系专科班。中华灯谜学术委员会会员，湖北省民间文艺家协会会员，湖北省楹联学会常务理事。自1990年以来，发表《曹娥碑蔡邕题字考析》《汉魏隐语辞目考订》《遥对格谜初探》《红楼梦·淮阴怀古解析》《红楼梦与楚俗文化》等论文30余篇，其中论文《汉魏隐语辞目考订》获首届中华谜文大赛"文虎摘锦杯"一等奖。发表中篇小说《巴茅湾传奇》。另有诗词、楹联、篆刻作品散见各地报刊。事迹被收入《当代民间名人大辞典》《当代艺术界名人录》。

叶彩文

叶彩文（1937～），湖北黄陂（前川叶家桥）人。对外经济贸易大学副校长、教授。中共党员。1963年毕业于北京对外贸易学院国际贸易系，后留校任教，任国际贸易系副主任、主任等。1979年至1981年任中国常驻联合国代表团经社组二等秘书。1984年至1990年任经贸部管理干部学院副院长。1990年8月至1994年7月任中国驻荷兰大使馆商务参赞。1994年8月后任对外经济贸易大学（原北京对外贸易学院）副校长。曾兼任中国国际贸易学会副会长、学会基础理论委员会主任委员，中国亚洲太平洋地区国际贸易研究与培训中心主任，经贸部学术职称评定委员会会员。先后编著了《中国利用外资方式》《国际金融》《国际贸易结算》《通向国际市场》等书。

王利芬

王利芬（1964～），湖北黄陂（横店）人。中央电视台原记者、主持人、高级编辑。

曾就读于黄陂一中。1982至1989年，就读于华中师范大学，获哲学学士和文学硕士学位。1994年，北京大学文学博士毕业后，进入中央电视台任《东方时空》《焦点访谈》《新闻调查》栏目调查记者。2000年，创办《对话》栏目。2003年，担任中央电视台经济频道资讯工作室主任，恢复创办《经济信息联播》并成为该栏目和《全球资讯榜》《第一时间》《经济半小时》栏目总制片人。2004年底，作为高级访问学者赴美国耶鲁大学和布鲁金斯智库考察美国电视媒体。2005年，被世界经济论坛评为"全球青年领袖"并参加达沃斯世界经济论坛10余次；同年，创办《赢在中国》并担任总制片人和主持人。2008年，创办《我们》栏目并任总制片人和主持人。2009年底，离职央视创办服务创业者的平台优米。

2019年底，将10年创业画上句号，成为自由撰稿人。著作有《安度人生：每个人都躲不开的创业》《变化中的恒定》《对话美国电视》《穿布鞋的马云》等。

阎志

阎志（1972～），湖北罗田人，现居住武汉市黄陂区盘龙城经济开发区。中共党员。中国作家协会会员，湖北著名诗人，卓尔控股有限公司董事局主席、总裁、卓尔发展集团有限公司董事局主席、总裁，武汉卓尔职业足球俱乐部有限公司法人代表。

阎志聪明好学，16 岁就开始发表作品。27 岁时加入中国作家协会。2009 年，凭借诗集《明天的诗篇》荣获第二届徐志摩诗歌奖。著有诗集《童年的鸟》《阎志诗选》《风铃》《落叶的传奇》，长篇纪实文学《永远的星辰》《时光之光》《天若有情》，散文集《黄昏小礼》，长诗《挽歌与纪念》，专著《阎志论集》等。他在武汉市区建了一座卓尔书店，24 小时对读者和顾客开放，被誉为"文化驿站"。

他是第十三届全国人大代表、湖北省人大代表、武汉市工商联主席。2020 年被中共中央、国务院先后授予"全国扶贫攻坚先进个人""全国抗击新冠肺炎疫情先进个人"称号。

张华荣

张华荣（1926~），湖北黄陂（长轩岭街张家冲上湾）人。大学文化程度。1949 年参加工作，历任河南省驻马店市文化馆馆长、文化局副局长、正处级调研员、驻马店市政协常委、市文联主席，长期从事文学研究工作，出版长篇小说《狐踪狼迹》及《三打乌龙镇》等多部中篇小说。系中国曲艺家协会会员、中国通俗文学学会会员、中国民间文学研究会河南省分会会员。

胡卓学

胡卓学（1947~），湖北黄陂（王家河街道）人。大学毕业后，在黄陂一中任教，后调任大悟一中，是湖北省语文学科带头人，课堂教学颇有建树。潜心研究木兰文化和《木兰辞》，2011 年所写的《木兰诗时代考论》载《中国韵文学刊》（2011 年第 3 期）；《木兰故里考辨》载《中国韵文学刊》（2017 年第 3 期）。这些研究成果印证了黄陂县志的有关记载，与木兰山上的"唐木兰将军坊"相呼应，为研究和弘扬木兰文化做出了一定贡献。

吴庆生

吴庆生（1944~），湖北黄陂（天河街）人。国家一级编剧。中国音乐家协会会员、中国音乐文学学会会员、湖北省音乐文学学会副会长、武汉市音乐家协会副主席。1961 年入伍，先后任图书管理员、放映员、文化干事、俱乐部主任、宣传处副处长。1969 年开始歌曲创作，30 余年创作歌词千余首、歌曲 300 余首，有 400 余件作品发表于报刊，40 余件获全国、全军及省、市级奖励。队列歌曲《扛起革命枪》广为流传，收入军内外汇编的多种优秀歌曲选集；队列歌曲《杀出的军威练出的功》《当个什么兵》（合作），分别于 1994 年、1996 年由总政、文化部列为向全军推荐的必唱曲目。《峡江小幺妹》由两名作曲家谱曲，分别参加第一届、第二届全国青年歌手电视大奖赛决赛。专著有《吴庆生歌词选》《吴庆生歌曲选》《大海的呼唤》《大山情结——吴庆生文艺作品专集》。《解放军歌曲》曾在"音乐家专栏"专题介绍其事迹。同时，发表文艺评论、随笔及各类形式的文艺作品 70 余件。个人简介录入《民族之光——中国专家人才精英荟萃》。

胡洁

胡洁（1969~），湖北黄陂（木兰乡小寨村蔡胡湾）人。武汉当代风文化艺术有限公司董事长，中国市场经合论坛副秘书长，中国《大别山》杂志社副社长，湖北文化产业商会副秘书长，世界胡氏宗亲联合总会湖北胡氏宗亲会会长。成功策划了"湖北省武术表演赛""首届湖北武汉酒吧文化节"；策划组建了武汉市文化产业商会娱乐分会和茶文化分会。其撰写的论文《武汉艺术品市场的发展现状与对策》，入选第二届湖北书法艺术节"第二届荆楚书道论坛"；策划了红色传奇故事片《大别山上红旗飘》；其倡导的《胡氏春秋》电视连续剧，既对文化产业做出了贡献，同时也宣传、传承、发展了胡氏家族文化。

丁建华

丁建华（1964~2020），湖北黄陂（蔡家榨水口寺村丁家大湾）人。中共党员。华中师范大学管理学博士学位。中国注册税务师，武汉市人大代表。曾荣获武汉市"技术能手"、武汉市"劳动模范"等称号；武汉市第九届、第十届、第十一届职业技能大赛地税"征管能手"。历任武汉市汉南区地税局局长、党组书记，武汉市地税局税政管理三处处长，武汉市硚口区地税局局长、党组书记，武汉市税务局财产行为处处长。先后在《中南财经政法大学资讯》《中国财经》《税收经济研究》等刊物发表多篇论文，其中《感悟阳光文化，打造阳光团队》一文入选中央党校《新时期中国共产党人思想宝库》。

胡丹

胡丹（1939~），湖北黄陂人。硕士研究生学历。武汉九州教育书业有限公司董事长、中华宝藏国际股份有限公司董事长、武汉九州文化产业股份有限公司董事长。1988 年 1 月，武汉九州教育书业有限公司（九州书店）创立，以"传播知识、培育英才"为己任，深受广大师生的喜爱。1994 年 3 月被武汉市新闻出版局授予"先进书刊发行单位"称号，发行渠道遍布全国各地。1998 年 7 月被评为全国信誉良好单位。1998 年至 2002 年期间策划出版的《庞中华最新钢笔字帖》《思想品德》以及《英语同步听力》，在书籍销量和社会影响力方面都获得巨大成功。其中《思想品德》一书受到全国人大常委会副委员长雷洁琼的高度重视，并为该书亲笔题词"建设精神文明，争做四有新人"。2007 年 8 月，武汉九州教育书业有限公司被评为湖北省十强发行企业。同时担任全国工商联书业商会副会长、湖北省出版物发行业协会副会长、湖北省民营书业工作委员会主任等职务。2007年4月被湖北省人民政府授予"优秀中国特色社会主义事业建设者"称号。

王士毅

王士毅（1924~2010），湖北黄陂（盘龙城经济开发区黄花涝）人。中国科技大学原中文系教授。

1946年毕业于教育部立武汉临时大学先修班，获保送国立安徽大学。新中国成立后，参加转学考试，被武汉大学法律系录取。1951年考入《长江日报社》（时属中南局）。1952年任黄陂二中副教导主任。1956年评选为高级知识分子，先后调任黄陂函授师范、黄陂一中高中教师。20世纪70年代末，应聘到中国科技大学任教，任中文系教授。曾应邀主编《新评新注幼学故事琼林》《黄花集》等10余部文学、诗词、教育、文史类著作。在《现代教育报》《芳草》《中国企业文化》等10余家报纸杂志上发表文学评论和论文、杂文计达600余万字。曾多次荣获武汉市委办公厅、政府办公厅颁发的老年人教育先进工作者奖、老有所为优秀作品展览奖、老有所为精英荣誉奖等奖项，被《中国科大》评为"教学效果好"的教师。其经历及业绩收录在《世界名人录》《世界华人专家名典》《中国当代文艺名人辞典》等30余部辞书。

彭锡坤

彭锡坤（1939~2021），湖北黄陂（木兰乡刘岗村涂家田）人。著名乡土作家，湖北大鼓《丰收场上》原创作者。

1958年参加工作，历任原长堰公社经营管理站副站长、长堰镇长堰管理区党总支书记、王家河区彭岗乡党委书记、王家河区（镇）党委办公室主任、夏家寺水库管理处副主任和工会主席等职。2000年黄陂区委组织部批文为正处级。爱好新闻报道和文艺创作。

1971年在《湖北日报》发表新闻稿《胜天大队走大寨之路》《胜天大队换新天》《胜天大队小麦夺高产》，在黄陂县广播站播出多篇广播稿。1962年创作湖北道情《庆丰收》并在《黄陂文艺》发表，1963年黄陂县业余文艺会演获创作奖。1963年创作双人快板《大学解放军》参加黄陂业余文艺会演，并在《黄陂文艺》发表。1963年底至1964年春创作以移风易俗为题材的小楚剧《退婚礼》、以水利工程建设为题材的小楚剧《刘杨岗》，以及湖北渔鼓《写家史》，经业余剧团排练演出，受到群众好评。1965年至1970年间，相继创作诗歌《莺歌燕舞气象新》《万水千山架银线》、湖北大鼓《战黑沟》《水的故事》等一系列曲艺节目，在《黄陂文艺》发表或排练演唱。

　　1972 年，创作湖北大鼓《丰收场上》，经集体修改由曲艺表演艺术家李和发同志演唱后，相继在《湖北日报》《孝感文艺》《黄陂文艺》等报纸杂志发表，并被中央人民广播电台、湖北人民广播电台、湖北电视台演出实况录像及录音广播。该节目久播不衰，群众百听不厌，成为孺妇皆能传唱的流行节目。在全省人们心目中，赢得黄陂县为"大鼓之乡"的美誉。该作品被湖北省师范学院收录为教材，并出版单行本。同时获省创作一等奖。

　　1985 年，根据市、县文化部门要求，再次创作湖北大鼓《丰收场上》的姊妹篇《续丰收场上》，在《黄陂文艺》发表，经表演艺术家张明智演唱后，录制影碟。1992 年，创作湖北大鼓《撬剀》，在《黄陂文艺》发表，并排练演唱，为保护水利工程，宣传水法，取得了明显效果和促进作用。大鼓《麻将魔》《钓鱼》以及新闻稿《老年天地帮我度过幸福的晚年生活》《老年人要做和谐社会的带头人》《老年人要带头节约资源建设节约型社会》《养老靠自己》等在湖北广播电台播出。

刘凤章

　　刘凤章（1859～1935），亦名华铨，字文卿，晚年更号耘心、岱樵，湖北黄陂（今武汉市黄陂区盘龙城经济开发区刘集村）人。清朝末年中举，先后在两湖书院、经心书院、文普中学堂及方言学堂执教。曾供职于学务公所，赴日本、上海、南通等地实地考察教育，贯彻以"中学为体，西学为用"的教育方针，并主张在各类学堂中选拔优秀学员出国，学习军事、政治、文化、科学技术。

　　中华民国成立后，历任武昌中华大学教育长、湖北省立第一师范学校校长。曾为一师制定"朴诚勇敢、勤苦耐劳"的校训。1915 年袁世凯称帝前夕，湖北教育界少数人发起"筹安会"劝进，刘拒绝签名，并召开全校师生大会，慷慨陈词："宁为保民国而死，决不偷生拥护复辟"，会后辞卸校长职。1916 年，黄兴、蔡锷相继逝世，刘凤章作挽联："我哭英雄，又哭英雄，英雄有几，英雄有几；创造民国，再造民国，民国在兹，民国在兹。"黎元洪就任总统时，聘为总统府咨议，恳辞不就。总统府照例每月发给薪俸 300 元，亦坚持不收。他将历年存在汉口黄陂实业银行的数千元存款全部用于在武昌南楼创办私立养正小学，教书育人。

　　刘毕生治学严谨，论述颇多，对《周易》阳明学研究尤深，著有《周易集注》《伦理学》《教育学》《东游纪略》等。

萧延平

　　萧延平（1860～1933），字北承，湖北黄陂（武湖高车畈）人。清举人，曾任应城石膏局总办、国会参议院议员。1923 年任武昌医学馆馆长，校勘印行唐代抄本《黄帝内经太素》。著作有《心学平议》。

程翔章

程翔章（1956～），湖北黄陂（蔡店乡石龙社区）人。中国近代文学学会理事。华中师范大学计算机学院党委书记。

1983年毕业于华中师范学院（后改名华中师范大学）中文系并留校从事行政管理工作。曾任华中师范大学中文系主任、文学院副院长，现为华中师范大学计算机学院党委书记，兼任中国近代文学学会理事、湖北省炎黄文化研究会理事等。出版有《中国近代文学》（合著）、《中国近代文学作品选》《柳宗元：郁愤小品》《纵横家智谋》（合著，另有台湾繁体版）、《书画同源》（合作编著）、《中华神童》（合作编著，华中师范大学出版社1998年版；另有湖北人民出版社、九通电子音像出版社2009年修订版）、《中华民族英雄谐》（主编）、《世界著名教育家科学家的命运》（合作主编）、《中国古代文学作品选·明清近代卷》（合作主编）、《中国散文大辞典》（副主编）、《爱国将领的故事》（合作编著）等十几部。发表学术论文、文学评论及鉴赏文章100余篇（多篇文章被《新华文摘》、人大复印资料、《中国文学研究》转载或摘要介绍），另参编著作和教材10多部（曾获各级各类奖项多项）。

余庆安

余庆安（1952～），湖北黄陂（李集街湾钊家砦村）人。研究生毕业。民盟盟员。1970年在原李家集公社红华小学任教师。1976年兼任大队团支部书记。1978年进入华中师范大学中文系学习，1982年毕业后分配到武汉市广播电视大学一冶分校任教。1983年调中南民族学院中文系任教。1985年到武汉大学中文系学习1年。1989年在广州外国语学院涉外秘书系任教师、系副主任。1995年在广东外语外贸大学国际文化交流学院任教师，后任副院长。在广东外语外贸大学工作期间，两次获教学一等奖，两次获校优秀教师奖，一次获校首届科研二等奖。科研成果获中国作协、国家级出版社以及省级奖励。著作有《中国散文大辞典》《近代散文鉴赏辞典》《南粤文化论丛》《心灵与山水》《中国少数民族诗词曲评注》等。论文有《王维诗中的色彩》《山水游记的景物描写方法》等30多篇。

李钦高

李钦高（1931～1999），笔名李岱，湖北黄陂（祁家湾土庙红高村大陈田湾）人。中共党员。1951年参加工作，历任中共黄陂县十四区宣传委员、县委城镇工作部秘书、县广播站站长、县文化教育局副局长、文化局副局长、局级调研员等职，1992年退休。系湖北省群众文化学会会员、湖北省曲艺家协会理事、武汉市群众文化学会理事、黄陂县文学创作学会名誉副会长。李钦高长期从事专业剧团和业余群众文化领导工作，尤其擅长文艺创作。1958年开始，先后创作大、小戏剧 5 部，曲艺 212 篇，被称之为"内行领导"。他创作的曲目合辙押韵、平仄有序，故事情节风趣感人，人物刻画栩栩如生，除较多在县、地、市报刊登载外，大都见于舞台之上。其代表作湖北大鼓《星夜送化肥》《白喜事》《电话专家》、快板《两个队长》等都给观众留下深刻印象，四乡广为传唱。由他终审稿件的《黄陂文艺》作为第一个逾百期的县级文艺刊物，成为湖北省受表彰优秀期刊。由他主持修改、编排的湖北大鼓《丰收场上》、湖北渔鼓《送胶鞋》、湖北小曲《军民桥》、湖北评书《红色邮递员》等在湖北省曲艺会演中全部荣获一等奖和优秀演出奖。《湖北日报》全部以"黄文宣"（黄陂县文艺宣传队）署名全文刊载。省电台、电视台分别录音、录像，向全省广为播映。《丰收场上》《送胶鞋》作为重点节目向省委汇报演出，受到曾思玉、王六生等领导接见。1974年，全组节目在黄陂电影院向时任副总理的陈永贵一行作汇报演出并与首长同台合影。1977 年，该组节目又在孝感地区大礼堂为陈丕显等领导作专场演出。尤以湖北大鼓《丰收场上》红极一时，唱响大江两岸。湖北大鼓《一封信》、快板《老坚决》在省业余文艺汇演中获一等奖，并收入《百花集》。创作的大型楚剧《刘府佳婿》《珠冠记》由县楚剧团演出。个人辞条入编《世界优秀专家人才名典》。

彭光明

彭光明（1933~1997），湖北黄陂人。1949 年秋入伍，后赴朝受伤截去一腿。1951 年至 1953 年在医院疗养。1954 年转业到黄陂县文化馆，从事文艺编辑与创作。1961 年，作为创作人才调县楚剧团任编剧。1983 年调县志办公室后直至退休。其间辅导了大批业余文艺骨干，创作了大量戏剧、曲艺作品，以故事情节曲折、人物个性鲜明、语言生动风趣在业余文艺骨干中有较高威望。代表作品有湖北评书《五子夺父》、湖北小曲《松竹梅》、故事《神枪铁腿女队长》等。参与集体改编了湖北大鼓《丰收场上》、湖北渔鼓《送胶鞋》、湖北道情《军民桥》、湖北评书《红色邮递员》和传统楚剧《四下河南》《卷席筒》《狱卒平冤》等。

丁和岚

丁和岚（1939~2020），号山风，字楚才，笔名老丁，湖北黄陂（蔡店）人。大专文化程度。系湖北省曲艺家协会会员、武汉作家协会会员、武汉文艺家协会会员、黄陂曲协理事、黄陂诗联常务理事。任过代课教师，当过知青，做过工人，坎坷的人生历程中，难舍文字情结。从事业余文艺创作 40 余载，相继在省、市（地）及全国 20 余家报刊发表诗歌、小说、散文、报告文学、民间文学、楹联、曲艺等文学作品 1800 余篇（首、副），约 150 余万字。所创作的湖北大鼓被中国曲艺家协会主办的《曲艺》杂志及省、市、区报刊电台采用 70 余篇，其中《亚贸广场应高歌》和《玉秋订婚》分别荣获《文化报》和《湖北人口报》好作品三等奖，民间文学荣获省《屈原文学奖》三等奖。著有《乡音缭绕》《乡音余韵》等。与刘建新合作编著《中国民间谚语集》（黄陂卷），与胡剑中合编"双凤丛书"之《木兰古门》。其个人传略被编入《中华当代楹联家大辞典》和《世界优秀专家人才名典》辞书。

刘建新

刘建新（1945～），湖北黄陂（王家河）人。中共党员。中专学历。1964年参加工作任税务专管员，1972年调县文化馆，1998年调区文化局，历任文化馆副馆长、馆长兼文物管理所长、副局长等职，系黄陂县六、七、八届政协委员，中共黄陂县第九次代表大会代表。现为区摄影家学会、区曲艺家协会、区诗词楹联学会、区二程文化研究会、区炎黄文化研究会、区老科学家协会等团体名誉会长。是武汉市群众文化学会、市作家协会、市民间艺术家协会、市摄影家协会、湖北省音乐文学学会等理事、会员。几十年来，长期从事业余文艺创作和业务文艺演出活动，先后在横店财贸系统文艺宣传队、横店区毛泽东思想宣传队、区老年大学艺术团任队长、团长，并率队巡回演出。后在横店百花大队、王河刘桥大队、罗汉春晓大队先后举办群众文化活动试点。有400余篇文艺作品分别被省、市、地区有关报刊选载或搬上舞台、银幕，其代表作方言快板《三个代表下基层》、湖北渔鼓《亲上加亲》等数十个节目分别获市以上特等奖、一等奖。主编出版《黄陂民间谚语集成》《黄陂民间故事集成》《黄陂民间歌谣集成》，有多篇论文在省、市有关刊物发表并获奖，著有《黄陂民俗风情大观》一书。曾荣获省、市、区党委、政府、文化主管部门颁发的先进工作者、十佳馆长、优秀党员、模范等荣誉称号。

姜家春

姜家春（1933～2018），湖北黄陂（蔡榨）人。6岁入私塾读书。1950年参军，复员返梓，从事教育工作，后抽身搞农村行政工作。年轻时就爱好曲艺，参加业余剧团演样板戏，先后扮演少剑波、刁德一、黄世仁、南霸天等角色。1980年，拜夏汉武为师改行演鼓书，20年来演过《珍珠塔》《岳飞传》《罗通扫北》《薛仁贵征东》《薛丁山征西》《薛刚反唐》《再生缘》《飞龙传》《大明英烈传》《粉妆楼》《万花楼》等中、长篇大书。活动阵地以农村为主，其次是应城三合镇茶馆、吴家山唐王官等地。2002年秋季到黄陂区老年大学诗词班学习，先后在省、市、区级各种刊物上发表诗词400余首，多次竞赛获奖。系省楹联学会会员、武汉诗词学会会员，区诗联学会理事，"二程"、木兰研究会理事，蔡榨镇老年学校诗词教师。《蔡榨诗词》主编。

张广生

张广生（1943～），湖北黄陂（今武汉市黄陂区蔡家榨街官家河）人。中共党员。主任编辑。

1970年7月本科毕业，先后在湖北省文艺创作室、湖北人民广播电台文艺部、扬子江音像出版社工作。共创作歌曲80多首，撰写论文5篇。《青春是什么》《柳乡》及《我爱家乡风光美》《鲜红的党旗》《走过自己》在省有关评比中分获一、二等奖。发表歌曲《如花的脚印》《土家苗家心一条》《母亲的微笑》《我热爱的好时代》等，为电视剧《大别山我的故乡》谱写歌曲。论文《通俗歌曲的民族性》《通俗歌曲的娱乐性》《电视剧音乐漫谈》、评论《情动于衷》等分别发表于《音乐生活》《长江歌声》《艺术与时代》《湖北日报》等。编辑出版歌集《我们快乐的歌唱》《爱你青橄榄》等，其中《台湾童谣》获中央通美杯金奖。《吉卜赛女郎》《大家跳》《迪斯科皇后》等获琴台奖。

胡中裕

胡中裕（1946～），湖北黄陂（王家河镇胡泰和湾）人。中共党员。1961～1979年在前川钟表厂工作，1979～1998年在前川文体站工作，1998年调至黄陂区财政局工作。

1959年中学时期就在院基寺水库参加文艺宣传队，师从胡志高老师学唱湖北大鼓。1963年参加城关镇文艺宣传队，任队长，参加过历年的黄陂县农村文艺调演，开始创作《壮志压倒万重山》《男做女工》等曲艺节目。

1979年调入前川街（城关镇）文化站工作，任站长。在此期间，积极开展广泛的群众文化体育活动，由他组织的"纪念毛泽东诞辰100周年""纪念抗日战争胜利五十周年""喜迎回归"等万人大型歌咏会，其规模之大、质量之高，在区县级实堪少有。先后组织过"税法杯"风筝比赛，"杏林杯"足球比赛，"城乡建设杯"登山比赛等，以及"十大杯赛"为主线的群众体育活动和"龙年乐"文艺汇演、"副局级以上干部卡拉OK比赛""小学生卡拉OK比赛""三八"女子歌咏比赛、"元宵焰火晚会""威格杯"戏曲比赛等业余文化活动。

胡在文艺创作方面有深厚的功底，先后将黄陂县涌现出来的英雄人物搬上舞台。如歌唱徐运生、管立洲、李先盛等党的好干部、好教师、好民警，歌颂新店储蓄所为保护国家钱财而英勇捐躯的储蓄所营业员《珍萍颂》及一批歌颂改革开放的如《选模特》《局长买酱》等曲艺作品。

在改革的浪潮中，他在黄陂第一个组织乐队，在电影院、县工会的舞厅举办舞会，第一个组织业余个体民间艺术团（即向俊艺术团的前身），第一个把企业与文体活动联姻。如"灿文杯"篮球比赛，打开了黄陂新时期群众文化活动的局面。为此，他所在的城关镇多次荣获先进文化乡镇称号，前川文化体育站多次荣获先进文化站称号，胡中裕也先后荣获区先进文化站长、市十佳文化站长、省百名优秀文化站长称号。

近年来，创作了大量歌颂黄陂、宣传黄陂、赞美黄陂的曲艺作品。湖北小曲《木兰颂》获湖北省百花书会"循礼门杯"一等奖，电视台多次播放；歌舞快板《天池颂》获市"金秋十月"一等奖；《谦森岛之歌》《木兰天池迎贵客》《木兰农家美味多》《古门石景甲荆楚》《清凉寨上好清凉》《家乡山前那座山》《双凤朝阳颂二程》《抗日圣地姚家山》等文艺节目，宣传黄陂的大好河山；《黄陂明天更辉煌》《烽火木兰山》《黄陂豆腐》《无陂不成镇》等节目，宣传了黄陂光荣的革命历史和美好的明天；《两个条例正党风》《警钟长鸣》《旗帜颂》《倾斜》《打起莲湘唱廉政》《反腐群英赞》等廉政节目，宣传了反腐倡廉、立党为公。其中《两个条例正党风》被选送参加全国反腐倡廉文艺节目联展。此外，还为各条战线各个部门创作了大量反映本单位干部职工风貌和勤奋工作的文艺节目。如为防空办创作的《人民防空为人民》，为教育局创作的《黄陂教育谱新歌》，为国税局创作的《国税新风赞》，为工商局创作的《红盾颂》，为信合联社创作的《贷是不贷》，为电信局创作的《电信新风赞》，为交通局创作的《客运新风》，为人民医院创作的《人民医院气象新》，为学校创作的《一小明天更辉煌》等，这些节目绝大多数都在市、区演出中获奖。

在创作中，做到与时俱进，把创作与党的方针政策中心工作结合起来。如在学习贯彻"三个代表"的实践中创作的《"三个代表"在社区》，在税费改革中创作的《税改春风拂山村》《夸夸党的好政策》，在先进性教育活动中创作的《闪光的足迹》《山乡红烛颂》等。除了创作外，还擅长声乐，能拉二胡。在黄陂木兰艺术节上演唱过《彩船》，唱过对唱《五星红旗》，演过小品、大鼓等，堪称群众文化活动的"万金油"。辑有《胡中裕创作节目小集》。

胡中裕是黄陂土生土长为黄陂讴歌的作家。现为黄陂区音乐家协会执行副主席、黄陂区木兰文化研究会副主席、黄陂区文联常务理事、黄陂区老年体协副秘书长、黄陂区曲艺家协会主席、中国音乐家协会武汉分会会员、湖北省中华民族文化促进会会员。

汪季贤

汪季贤（1953~），湖北黄陂（今武汉市黄陂区天河街汪天河湾）人。研究生。北京三联书店总经理、党委副书记。1972年中学毕业后下放到湖北咸宁劳动锻炼。1977年于武汉测绘科技大学（现武汉大学）毕业，就职于武汉测绘科技学报编辑部，先后任副科长、科长、副处长，武汉测绘科技大学出版社常务副社长、总编辑（正处级），中国地图出版社副社长（副厅局级）、总编辑、党委副书记兼测绘出版社社长、总编辑（正厅局级）。1999年至2001年参加北京外交学院研究生班学习。2002年调生活、读书、新知三联书店任职。受聘为武汉大学、同济大学、华中科技大学、河北大学等校兼职教授。是北京宣武区第十届政协委员、中国测绘学会常务理事、中国出版协会常务理事。

朱世安

朱世安（1931~），湖北黄陂（长轩岭镇石门朱家湾）人。大学文化，高级政工师。中共党员。从事过教育工作，曾任黄陂县教育局副局长，县辖区党委书记，县司法局局长。是湖北省和武汉市诗词学会会员，《木兰山诗词集》编审委员会副主任委员。在《华夏吟友》《中国当代诗词艺术家大辞典》《中华经典诗篇》《中华传世诗词选集》等发表诗词200余首，其中部分诗词获奖。作品《清廉颂》获武汉市老年人诗词竞赛二等奖，《沁园春·建国五十周年》获湖北省首届老年大学学员诗歌作品大赛优胜奖，《重阳敬老日有感》获李白杯诗词大赛优胜奖，《鹧鸪天·望月寄深情》获国际华人诗词荣誉金奖。其撰写的人生格言被《中国当代人生格言经典》《新时期中国共产党人优秀格言选集》《中国当代人生格言》等分别录用多条。著有《老树春生》诗词集。

张怡如

张怡如（1930~2015），笔名江石、黄礼福、张敦芳，湖北黄陂（罗汉寺张林森湾）人。中共党员。新中国成立后，由武工队转到地方，先后任区文教股长、工作组长、土改队长、县辖区长、区委书记、县委办公室主任、县委农村工作部部长、县委常委、县委书记处书记、县委副书记及省、地委工作队长等职。在县委工作期间，兼任过团县委书记，分管过《黄陂报》，主要兼任横店区委书记。"文化大革命"后，历任过总经理、董事长、社团的秘书长、理事、董事、顾问，北京龙腾图书编著中心副主任、执行主编、编委。

他是一个文学爱好者，喜欢诗词书法，写过不同体裁的文章，经常在报纸和杂志上发表，有的被收进中学语文课本中，有的在《人民日报》副刊上发表。经常写诗词，1962年冬，诗《送陈叔通副委员长回京》获孝感地区诗词大赛奖。"文化大革命"后，写了近千首诗词在全国诗词刊物上发表，出有专著《春归集》《沧海流云》。作品《观"中国长江三峡大观画卷"题韵并赋画师何去非教授》被评为《黄鹤杯》二等奖，《念奴娇·东湖梅园》获湖北省武汉市首届老年艺术节书法、绘画、摄影、诗词大赛诗词类优秀奖，《缅怀徐海东大将》获《黄陂老区行》和黄陂区诗词联选一等奖，《全球华文诗词艺博奖全书》获优秀奖，《世界汉诗名家作品精选》获优秀作品奖，"环宇杯"中华旅游诗词大赛获优秀作品奖，

"达浒花炮杯"纪念谭嗣同诞生140周年全国诗词大赛获佳作奖。诗词被选入出版的有《"十六大"颂·诗词联大典》《世界华文诗词艺术家大辞典》《环宇吟友》《中华传世诗词选集》《中国当代诗词艺术家作品精选》《中华当代诗词联大观》《中国老年智慧宝典》《中华当代旅游诗词联精选》《世界华文诗词艺术家作品精选》《当代诗人天伦吟赋精选》。与北京龙腾图书编著中心主任彭诚先生合作任执行主编，出版了《中华传世诗词选集》《世界传世诗词艺术家大辞典》《全球华文诗词艺术博览全书》《中华当代诗词家精品大全》。论文被选入出版的有《王良纪念文集》中的《美好的回忆》，《张裕钊国际学术讨论会文选》中的《论张裕钊先生的书艺》。

吴方法

吴方法（1943~），汉阳县（今武汉蔡甸区）人。中共党员。大专文化，高级政工师。现为中国管理科学研究院学术委员会特约研究员，湖北省炎黄文化研究会理事，武汉作家协会会员，武汉市"关心下一代工作委员会"委员，武汉市精神文明建设研究会常务理事，黄陂区"关心下一代工作委员会"主任，武汉地区老年大学（学校）协会常务理事，武汉市黄陂区老年大学校长，黄陂区"二程"文化研究会会长，黄陂区作家协会名誉主席，黄陂区木兰文化研究会顾问。1964年12月从军，历任中国人民解放军孝感军分区政治部电影放映员，黄陂县人民武装部政工科干事、秘书、副科长，孝感军分区政治部理论辅导员，宣传科副科长、科长。1985年后相继任孝感市、黄陂县人武部政委、党委书记，市、县委常委。1993年底任黄陂县委副书记，1999年4月任黄陂区委副书记，2001年10月任黄陂区巡视员（正区级）。

入伍后，在军队长期从事宣传报道、理论教育、政治思想和民兵工作。到地方任职后，先后分管过宣传、文化、教育、卫生、体育、政法、群团、计生、武装、党务、组织、纪检等工作。从1965年开始，在军地报刊上发表新闻报道、理论文章近百篇。作品多次获奖，被《瞭望》《政党干部论坛》《学习与实践》《中国卫生政策》等20多家刊物刊载或收录。是《跨世纪的强大动力》《弘扬传统文化，构建和谐社会》的编委，《武汉黄陂"二程"故里》《黄陂走出的理学家、教育家程颢、程颐》等书的主编。

在工作中笔耕不辍，总结了一些有时代特点和有影响的典型。1980年初总结的湖北黄陂民兵参加两个文明建设的"两带"（一兵带全家，一排带全村）经验，被武汉军区政治部、湖北省委宣传部、解放军总政治部群工部推广。90年代相继在省、市推出宣传优秀小学校长李先盛、模范科普站长钟生文、模范村党支部书记王美满、优秀教师胡贤礼、全国优秀民警程超坤等5位重大典型，产生广泛影响。个人于 1991 年荣立武汉市抗洪抢险二等功，1996 年获武汉市首届思想政治工作（创优）提名奖，1998 年获武汉市"希望工程贡献奖"和全省国防知识竞赛二等奖，1999 年被评为武汉市"关心职工的好领导和优秀治安责任人"，入选《当代中国人才库》，2000 年被评为武汉市"维护妇女权益优秀组织奖"，荣获武汉市"五一劳动奖章"，同时入选《中国百业领导英才大典》，被世界华人交流协会、美国华人海外艺术协会、泰国华夏国际交流中心授予"国际名人"证书，2003 年入选《全国优秀复转军人传略》。个人撰写的《配好军政主管，加强党委建设》和《摆正"四个关系"，增强党委团结》两文分别获湖北省军区征文一、三等奖，《农村精神文明建设的关键》一文获武汉市领导干部征文二等奖和全市调研好文稿奖，以及湖北省社会科学期刊研究会优秀论文奖。近年来，在省、市报刊相继发表《学习党的纪律处分条例，加强党纪党风建设》《建设过硬队伍，促进农村发展》《完善农村义务教育管理体制》和《破解"三农"难题，建设和谐农村》等社科文章，撰写了《"穷理识仁"探源》《"二程"谱系及功绩礼记》《黄陂九佬十八匠及匠师王煜父子考》等学术文章，是《长江日报》连载的历史小说《双凤奋翩》的作者之一。

万葆青

万葆青（1915~2015），湖北黄陂（土庙镇前进村冯李湾）人。毕业于湖北省立武昌第一师范学校。历任祁家湾小学、土庙小学教师。系中国文艺家协会会员。他酷爱诗词，擅长诗联艺术的研究和探索，注重深入实际，感悟人生。其作品以极为凝练的笔墨，烘托出深邃的意境和宽广的情蕴，文字对仗工整，语言质朴明达。多次在《近 50 年寰球汉诗精选》《20 世纪中华诗人代表作》和国际炎黄文化出版社出版的《第二届女性颂歌获奖作品集》等出版物发表作品。2004 年荣获"北京百年汇文文化发展中心"第二届女性颂歌诗词联大赛二等奖，2005 年荣获首届"龙腾杯"全球汉诗大赛金奖，2005 年荣获中国文艺家协会首届中国文艺"金爵奖"文学最佳奖。生平业绩被编入《20 世纪中华诗人传略》《世界名人录》。

江长胜

江长胜（1942~），湖北黄陂（李集镇泡桐店祝家田）人。作家，甘肃酒泉钢铁公司党委宣传部副部长。1960 年 8 月参加中国人民解放军。1965 年到酒泉钢铁公司工作。曾任报社编辑室主任、记者科科长。是甘肃省作家协会会员、中国科学诗人协会会员、甘肃省文联委员、嘉峪关市文联副主席、《嘉峪关报》编委。发表诗文 700 余首（篇），著有诗集《浪花集〈五人集〉》《带火的情书》；散文诗集《太平鼓声声》；报告文学合集《激浪之歌》《西部之光》《明星灿烂》《改革之光》等。作品曾在首届"艾青杯"全国当代文学艺术作品大奖赛、"繁荣杯"世界散文诗大奖赛、《纪念章》全国诗歌大奖赛、中国当代诗人节"飞天奖"等大赛中获奖。

潘安兴

潘安兴（1949~），原名潘兴安，字伯焱，自号木兰山樵，湖北黄陂（长岭镇河东徐冲村潘家湾）人。中共党员。1954年举家迁移汉口，先后就读于武汉市江汉区福建街小学、武汉市大兴路中学。1968年知青上山下乡时，回原籍接受贫下中农再教育。1970年，招工进黄陂县印刷厂，先后被评为先进工作者、优秀共产党员。1996年企业经营萧条，下岗外出打工。2003年招聘至武汉盘龙城经济开发区管委会组宣处机关工作。1973年以来，先后在《黄陂文艺》《黄陂乡音》《孝感报》《长江日报》《东坡壁诗词》《武汉春秋》《湖北诗词》《武汉政协文史资料》《中华诗词》《幸福杂志》、湖南《侨声》、日本《国风吟苑》、马来西亚《新明晚报》、美国《美华工商报》《荆楚联苑》等国内外刊物发表文章、诗词、楹联。其中《大学梦》获《幸福》杂志"当代老三届"征文三等奖，楹联获武汉1999年新春灯联优秀奖，湖北广播电台第二十三届春联大赛优秀奖。1990年以来，先后参加湖北楹联学会、湖北诗词学会和中华诗词学会，系黄陂诗词学会创始人和发起人之一。曾任黄陂诗词学会秘书长、黄陂楹联学会副秘书长，现为黄陂文联理事、黄陂二程文化研究会理事、黄陂诗词楹联学会常务理事、中华诗词文化研究所研究员。主编有《木兰山诗词集》，主持编有《木兰山楹联集》。编审《木兰湖诗词集》《盘龙城辞赋集》。编有《双凤亭诗词集》，已交二程文化研究会待梓。著有《龙腾华夏千秋一统赋》。个人事迹分别收录《中国当代艺术家大辞典》《中华诗词家大辞典》《中国当代编辑家大辞典》《中华当代著作家大辞典》《中国当代文化名人大辞典》诸书辞条。

魏云乔

魏云乔（1957~），湖北黄陂（今武汉市黄陂区祁家湾街道）人。作家、诗人，湖北省作家协会会员。

20世纪80年代在黄陂县文化馆工作，任《黄陂文艺》编辑。历任黄陂县文化馆干部，黄陂县人民政府干部、副科长、科长、副主任，武汉市黄陂区人民政府办公室主任、区政府党组成员，政协武汉市黄陂区委员会党组成员、秘书长，区政协党组副书记，区政协第三、四届副主席。

先后出版《希望的思考》《乡里乡外》《乡愁》诗歌集、散文集7部。曾担任《诗画黄陂》主编，还在《湖北日报》《长江日报》发表作品组诗《大余湾》《乡愁拴着乡愁》《犁耙水响闹春耕》。

吕运斌

吕运斌（1949~），湖北黄陂（前川街道沙畈）人。中国作家协会会员。

武汉大学中文系毕业。曾在黄陂县电影公司工作。20 世纪 80 年代，开始发表《雄鸡寨》《蓝湖》《天馋》《亭亭木兰花》等多部中短篇小说，影响较大。尤其是《汉正街》系列小说，写尽了"汉口第一条街"400 多年的历史，写尽了 80 年代汉正街市民和商人的人生百态，被称为"汉味小说第一人"。2002 年出版长篇小说《中国篮调》，被北京大学读书会评选为大学生必读的作品。长篇小说《无名的小山》与《中国篮调》中的人物命运相关联，作品有着更深力度。

胡炳基

胡炳基（1955~），湖北黄陂（长堰凉亭村）人。中国报告文学学会会员，湖北省作家协会会员，武汉作家协会会员，武汉作家协会全委会委员。武汉大学法律系毕业。工作之余和退休后，发表文学作品逾 60 万字。先后出版《情溢黄陂》《黄陂地名趣谈》《快乐驿站》《黄陂当代人物名录》等著作，主编出版《黄陂社区要览》，主持编印《木兰红枫·百年回响》。《中国共产党百年历史中的黄陂元素》获优质党课二等奖。

四

表演类

　　黄陂作为"楚剧之乡"，有李百川、胡道发、夏青玲等一大批楚剧明星光耀荆楚。

　　黄陂是"湖北大鼓"的发源地，有匡玉山、王鸣乐、吴健探索奉献传承创新。

　　京剧谭派始祖谭鑫培、汉剧表演艺术家刘丹丽、胡和颜誉满华夏。

　　从滠口冯树岭走出的电影表演艺术家谢芳、从长堰玉枝店走出的著名电影导演胡炳榴，在银幕上留给人很多的感悟和文化思考。

　　喜剧表演艺术家田克兢，从长堰走向江城武汉，走进中央电视台，是众人喜爱的笑星。

　　男高音歌唱家蔡大生，雄浑而婉转的歌声，飘荡在北欧瑞典的上空。

谢芳

谢芳（1935～），原名谢怀复，湖北黄陂人。原籍湖南省益阳市，中国内地女演员。

1959年参演个人首部电影《青春之歌》，从此步入影坛。1963年成为北京电影制片厂的演员。1965年主演剧情电影《舞台姐妹》，1976年由其主演的剧情电影《山花》上映，1981年主演人物传记电影《李清照》，1986年主演古装电影《文成公主》，1992年出演爱情喜剧电影《送你一片温柔》，1996年在历史剧《总督张之洞》中饰演慈禧，1999年主演剧情电影《九九艳阳天》，2006年主演电视剧《老人的故事》，2009年主演家庭电影《刘巧儿家飞来个小洋妞》。2015年，获得第15届中国电影表演艺术学会金凤凰奖终身成就奖。2016年，获得第33届大众电影百花奖终身成就奖。2017年，参演的战争电影《烽火芳菲》上映。2018年11月11日，由其出演的青春剧《我们的四十年》播出。

2022年2月2日，参加"百花迎春——中国文学艺术界2022春节大联欢"。

韩菁清

韩菁清（1931～1994），本名韩德荣，湖北黄陂（今武汉市黄陂区六指街郑田村）人。歌星、影星。

韩菁清的父亲韩惠安是湖北的大盐商。她父亲买房子，不是一幢一幢买，而是一条街一条街地买，在上海市中心江阴路买了花园洋房。她6岁时从湖北来上海，由于她的艺术天赋和后天勤奋，参加了上海儿童歌唱比赛荣列榜首。14岁参加上海歌唱皇后大赛，夺得桂冠。后随父去香港，步入影坛，成为香港影歌双栖红星。参演《一夕缘》《女人世界》《近水楼台》等影片，成为影星。

后来前往台湾，成为台湾颇有声誉的歌星。1975年5月9日，她与鳏居的著名作家梁实秋结婚，共同生活了13年。

1967年到台湾灌制第一张唱片《一曲寄情意》（台湾电塔唱片公司），发行达100万张。曾自编、自演、自写歌词、自己演绎4部影片：《大众情人》《一代歌后》《我的爱人就是你》及由陈蝶衣编剧的《香格里拉》。

1994年8月10日，韩菁清去世，年仅63岁。

匡玉山

匡玉山（1877～1965），湖北黄陂大鼓艺人。幼时家贫，8岁帮父亲种佃田。1906年，拜黄陂县湖北大鼓艺人黄国恩为师学唱鼓书。从此走村串乡，足迹遍及汉阳、汉川、沔阳、天门、潜江、钟祥等县城乡。清宣统二年（1910），匡玉山因说书艰难而当兵，闲时到驻地武昌城区茶社听曲艺。他发现城市常年唱曲说书，不像农村有淡旺季之分，只要技艺高，终归有饭吃。于是萌生重操旧业之心，毅然出了清营，暂在茶社里提篮小卖。1918 年恰逢河南来武汉的鼓书艺人丁海洲（丁铁板）在茶社演唱"打鼓京腔"，生意红火，匡玉山便向丁海州诉说身世，求拜门下重新学艺。丁海洲见其语言诚恳，试唱小段以后，接受了他的请求。匡玉山从老师处学会了长篇大书《东周列国》《隋唐》《反唐》《说唐》《天宝图》《地宝图》等。独立行艺演唱时，他将师傅表演"打鼓京腔"的河南语音改为湖北语音，将伴奏乐器由半月形钢镰改用云板，将大堂鼓改为扁圆鼓。敲鼓击板，得心应手。又是本地语音，听着不别扭，听众十分欢迎。从此，匡玉山成为将"打鼓京腔"改造移植为湖北大鼓的第一人。他后来所表演的书目主要为长篇，计有《三国演义》《东周列国》《潜龙走凤》《征东》《征西》《北宋演义》《南宋演义》《金镯玉环记》《西游记》《刘公案》《五老图》《神五义》《五女兴唐》《乌金记》等。1938 年，日本侵略军逼近武汉，匡玉山参加了武汉市民间艺人抗日宣传队，担任第三组副组长。除晚上在茶社演出以维生计外，白天与小组艺人走上街头，演唱《卢沟落日》《血战台儿庄》《夫妻抗战》等短篇湖北大鼓曲目，积极宣传抗日。1945 年，日本侵略军投降，他回到武汉的茶社演出，直至去世。

王明月

王明月（1905～1963），湖北黄陂（蔡店街）人。鼓书艺人，长于说唱劝世文和悲剧书目。他唱演精湛，艺风严谨。所带徒弟胡志高、张玉堂、乐志云、李汉亭等，均为黄陂鼓书艺术名家。

王鸣乐

王鸣乐（1920～1980），湖北黄陂（蔡家榨）人。10 岁拜师学艺，在武汉三镇演唱鼓书。1950 年 5 月 16 日，在武汉人民广播电台演唱《庆祝武汉解放一周年纪念词》时，与电台文艺组共商，将鼓书定名为"湖北大鼓"。曾任武汉市说唱团曲艺队副队长、湖北省曲艺协会理事。

刘丹丽

刘丹丽（1963～），湖北黄陂（蔡店乡双河村）人。湖北省歌剧舞剧院女高音歌唱家、中国剧协理事。

大学文化。中共党员。国家一级演员、女高音歌唱家。1978 年至 1985 年就读于湖北艺术学校楚剧科。1986 年被湖北省楚剧团优先录取，与表演艺术家同台竞技，主演的《打金枝》《赶会》《一瓶茅台》等剧目，受到观众的好评。其中《赶会》还被中央电视台收录到中国戏曲集锦中。在其戏曲生涯中，先后在《吕蒙正》《打金枝》《江姐》《破灭》《悠悠柳叶河》等优秀传统戏和现代戏中，成功地完成了各种角色。1998 年被评为省艺术界最年轻享受国务院特殊津贴的青年艺术家。1997 年，获第 14 届中国戏剧最高奖"梅花奖"和文化部最高奖"文华奖"，被称作"楚剧皇后"。2005 年再次获第 22 届中国戏剧梅花奖，被誉为"歌剧英才"。连续三届为全国人大代表，党的十八大代表。

胡炳榴

胡炳榴（1940～），湖北黄陂（王家河镇长堰胡兴咀湾）人。出生于北京。大约 4 岁时，随父母及全家回到祖籍黄陂。之后，在乡村完成小学教育。1954 年在长堰双鹤乡小学毕业后进武汉市读中学。1964 年本科毕业于北京电影学院，同年分配到广州珠江电影制片厂演员剧团。1970 年调到该厂科教纪录片室任编导。1978 年起任故事片导演，现为国家一级导演。曾历任中国电影家协会理事、主席团成员，中国电影导演学会理事，中国电影基金会理事，广东省电影家协会副主席。1986 年被广东省政府授予"劳动模范"称号，1991 年享受国务院颁发的政府特殊津贴，1992 年被广东省委省政府授予"广东省优秀中青年专家"称号，1998 年当选为第九届全国人民代表大会代表，2000 年被国家广播电影电视总局授予本系统"劳动模范"称号，同年被全国总工会授予"全国劳动模范"称号，2005 年被第五届华语电影传播大奖为纪念中国电影一百周年而评选的内地和港台电影百年内的"中国百位导演"之一，同年 12 月被国家广播电影电视总局为纪念中国电影诞生一百周年授予"优秀电影艺术家"称号。

70 年代拍摄科教片《育蜂治虫》获文化部科教片奖，《女子采油队》获文化部纪录片奖。1978 年执导《春歌》（导演陈岗），1979 年执导《春雨潇潇》（联合导演丁荫楠），获国家青年创作奖。1981 年执导《乡情》（联合导演王进），获文化部 1981 年度优秀影片奖并获第五届大众电影百花奖最佳故事片奖、广东省鲁迅文学艺术奖、1982 年德国柏林电影节参赛提名。1982 年执导《东方剑》（联合导演王进），1983 年执导《乡音》，获文化部优秀影片奖和第四届中国电影金鸡奖最佳故事片奖、广东省鲁迅文学艺术奖。1985 年执导《乡民》、1989 年执导《商界》，获广东省建国 40 周年优秀作品一等奖。1997 年执导《安居》，获中国电影华表奖优秀影片奖、优秀导演奖、优秀女演员奖，获第十八届中国电影金鸡奖最佳故事片奖、最佳导演奖、最佳女配角奖、女演员特别奖，并获第三届上海国际电影节评委会特别奖、最佳女演员奖、广东省鲁迅文学艺术奖和中宣部"五个一工程"奖。著作《乡音——从剧本到影片》1988 年由中国电影出版社出版，《豪华落尽见真淳》（中国电影导演系列丛书胡炳榴研究文集）2003 年由中国电影出版社出版。

颜学恕

颜学恕（1940~2001），湖北黄陂（天河颜家咀湾）人。原西安电影制片厂导演。1960年毕业于北京电影学院。60年代曾任人民日报社编辑。从事电影工作后，导演了《野山》《爱情与遗产》《丝路花雨》《西安事变》等影片。

李百川

李百川（1896~1943），号祖赐，字荫庭，艺名小官宝，后改百川，湖北黄陂（今武汉市黄陂区李家集街道袁李湾）人。幼年爱好灯戏，常抄写唱本自学。14岁时，湾里酿金办"科班"，率先报名，习花旦。次年从师陶阳，续学半年，入"四季班"，从此走乡串岭以献艺为生。1914年到汉口，与夏世燮等人在法租界创立玉壶春茶园（后改名天仙舞台），以小官宝艺名登台献艺。1922年搭班赴沪，1926年进入"血花世界"演出。后仍回玉壶春演唱，并兼任后台经理。曾以通俗演义小说为素材，编写《天宝图》《三门街》《瓦岗寨》《天雨花》《杨家将》等20余部连台本戏提纲本。

抗日战争爆发后，任中华全国戏剧界抗敌协会理事，参加战时歌剧演员讲习班学习及劳军公演、"七七献金"义演等活动。武汉失守后，在汉口美成戏院演唱，因编演《杨家将》受到日伪警告。1943年因病不能登台被辞回乡，同年病故。李擅演小家碧玉，声腔流畅清新，采用黄陂方言，显示地方特色。所创鼻音小花腔独树一帜。其演唱的《酒醉花魁》《送友》《十里凉亭》《卖棉纱》等剧，原上海"百代""高亭"两公司分别灌有唱片。

王丽

王丽，女，湖北黄陂武湖人。陆军总部战友文工团演员、女高音歌唱家。代表作电视剧《蓝盔特战队》《金秋》《洪湖英雄传》。

陈梅村

陈梅村（1906~1972），艺名筱桂香，湖北黄陂（长轩岭方家潭）人。抗战期间，曾加入"问艺楚剧宣传二队"。新中国成立后，在《打豆腐》《血债血还》《葛麻》等剧中均有上乘表演。尤其在《葛麻》中，成功地塑造了土财主马铎的形象，获得好评。该剧由上海天马电影制片厂拍摄制成舞台艺术片。

杨少华

杨少华（1914~1985），湖北黄陂（泡桐店袁李湾）人。1928年到武汉演唱楚剧，工丑行。1943年，参加新四军第五师楚剧队，从事抗日宣传演出。新中国成立后，历任武汉市楚剧团演出队队长、工会主席等职。他的拿手剧目有《巧计救贫》《张古董借妻》《赵义烤火》等。晚年，曾参与《狱卒平冤》和《杨绊讨亲》的演出。

王若愚

王若愚（1890~1964），本名元宝，湖北黄陂（长轩岭方家潭）人。幼读私塾5年，后在汉口邱德茂衣庄当学徒，14岁回乡务农，农闲时玩灯戏。16岁搭班在农村演黄孝花鼓。1908年，拜师陈浩伃，到汉口美丽茶园入茶园班唱"挂衣"。早先工旦，艺名小桂清，后工丑，更名若愚，是楚剧进汉口的早期艺人之一。1912年加入共和异平楼，拿手戏有《游春》《龙凤环》等。

1926年北伐军进入武汉，他积极参与组建楚剧工会。楚剧进化社成立，当选为干事。1928年，汉口公安局召开"禁演剧目会议"，王代表楚剧界出席会议。在会上，他据理力争，逐一申辩《送香茶》《倒栽麻》《乌金记》等可以保留的社会价值，挽救了一批观众喜爱的传统剧目。同年秋，王若愚依托楚剧进化社、湖北剧学总会的组织力量，带领楚剧同仁，向戏院老板提出改革工资的要求，将包银改用银圆支付，使大批演员增加收入。事后，戏院老板勾结当局诬陷王及李百川、章炳炎3人，王等以理抗辩，终以罚洋百元、冤狱一月了事。

1929年，汉口市政府开办楚剧演员训练班，主任李某贪污嫁祸学员，王带头闹学潮，到教育局上诉，迫使当局停学改组。

他与当时武汉剧界名人刘艺舟、朱双云、傅心一、龚啸岚等有着很深的友谊。1933年，川剧名旦薛艳秋旅沪演出失意，途经武汉，王以楚剧同学会名义，宴请川班全体同仁，并挽留赐教授艺，播下友谊的种子。武汉沦陷后，楚剧演员赴渝，川剧同仁则让出赖以谋生的戏院，使楚剧得以立足于重庆。

抗日战争初期，全国剧界名流云集武汉，王代表楚剧界热情接待，扩大了楚剧的影响。他组织楚剧各班编演抗日救亡的新戏，参加各种劳军募捐义演，促进了楚剧的改革与发展。中华全国戏剧界抗敌协会在汉成立，他当选为常务理事。武汉沦陷前夕，他组织楚剧宣传第二队，辗转四川重庆、泸州、内江等地，宣传抗日救亡，同时也扩大了楚剧在四川的影响。

1947年，他写出《楚剧奋斗史》一书手稿，介绍楚剧40余年艰苦创业的历程，呼吁后来者，继续为楚剧事业而奋斗。他参与了楚剧界在20世纪初直至40年代的每一个重大活动，正如他自己所说"阵阵不离穆桂英"。

胡道发

胡道发（1947~），湖北黄陂（罗汉寺街竹林胡湾）人。中共党员。初中文化程度。国家一级演员，享受市政府专项津贴专家。中国戏剧文学学会会员、《中国农民报》联谊会会员、湖北省曲艺家协会会员、武汉市戏剧家协会会员、曾当选原黄陂县第十二届人大代表。1959年7月考入黄陂戏曲学校，1962年到湖北省戏曲学校学习，结业后回黄陂县楚剧团，工丑行。1993 年 5 月调到武汉市楚剧院工作。曾任黄陂楚剧团艺委会主任、副团长，武汉楚剧院一团党支部委员、艺委成员等职。1989 年、1991 年两年被评为黄陂区文化局先进工作者。1991 年评为黄陂楚剧团劳动模范。1996 年、1999 年、2003 年三年被评为武汉市文化局优秀共产党员。并多次评为武汉楚剧院"先进个人"。

胡系集编、导、演于一身的全能演员。市文化局、市剧协、《武汉晚报》联合举办"胡道发小品专场"演出的 5 个小品均由本人创作、扮演，获优秀表演奖和两个创作奖。《武汉晚报》发表评论文章，并为反串表演特色称其为"湖北第一婆"。武汉电视台文艺部文化绿洲栏目还制作题为《丑角笑星胡道发》的专场播放。后又参加北京电视台和湖南经视主办的《南北笑星火辣辣》专场演出和陕西电视台主办的《天下名丑长安乐》演出。编导表演的小品《三媳拜寿》参加文化部主办的金狮奖全国小品大赛，获剧目金奖和导演奖，还获武汉电视台小品比赛银奖，由中央电视台《曲苑杂坛》录播。改编、导演并表演的小楚剧《小姑贤》参加中国剧协主办的"国际小戏艺术节"获剧目金奖、表演金奖和导演奖，又获武汉市第二届舞台新作展演一等奖。编、演的小品《回乡》参加文化部主办的金狮奖第三届全国小品大赛获银奖，并由北京电视台录播。编、演的小品《雨夜》参加文化部主办的第二届全国小品大赛获二等奖和表演奖，又参加中央电视台主办的全国第三届小品大赛获优秀剧目奖，参加湖北电视台全省小品大赛获一等奖，又获市委"五个一工程"提名奖。编、导、演的小品《回家路上》参加中央电视台主办的第二届全国小品大赛获优秀剧目奖，参加武汉市第四届小品大赛获创作一等奖和表演一等奖。编、导、演的小品《领衣》获中国剧协主办的全国小品比赛三等奖，获武汉电视台小品大赛二等奖。编、导、演的小品《麻将圆舞曲》获中国剧协全国小品大赛三等奖，获武汉电视台小品大赛二等奖。编导的哑剧小品《擦皮鞋的姑娘》获中国残联主办的第五届残疾人文艺汇演一等奖和创作奖。扮演《花鼓娘子》中的冯应庚，获湖北省首届楚剧艺术节二等奖。创作的湖北大鼓《游所长戒酒》获武汉金秋文艺汇演创作二等奖。编、导、演的小品《你通他不通》获武汉市第四届小品大赛特别表演奖。编导的小品《排练场上》获市级二等奖。编演的小品《夫妻情》《黄陂情》《谁让谁》等节目获市级三等奖。创作的小品《奖杯给谁》获省级剧本奖。小品《斗地主》获市级剧目奖。另创作小品 120 余个，均由省市电视台录播，或由有关单位演出并获奖。合作改编的《四下河南》获孝感地区传统剧创作一等奖，并由省电视台录音、录像，久演不衰，深受观众欢迎。合作改编的传统连台戏《郭丁香》由扬子江音像社录音。合作创作的现代小戏《双盖印》由湖北人民出版社出版，《孝感报》发表。改编的传统小戏《小姑贤》由省《乡土戏剧》刊物发表。创作的湖北大鼓《战备洞》由湖北人民出版社出版,《孝感报》发表。创作的小品《领衣》《回乡》《雨夜》刊登在《新时期武汉文艺精品丛书》表演艺术卷中。合作创作的大型现代戏《铁嫂》由市楚剧院排练上演深受欢迎。创作和新编的小戏《花老爷拉磨》《叫花子闹年》《打懒婆》《王婆骂鸡》《小姑贤》《讨学钱》《卖棉纱》《王大娘补缸》《寡妇算命》《方言小品专辑》等,由湖北音像社录制光盘发行。创作的湖北大鼓《斗地主》《巧相逢》由张明智演唱并制成光碟和磁带。合作撰写的文章《沉浮知艄公》发表于《中国经济时报》并被评为好新闻二等奖。文章《我在戏坛四十年》刊登在《武汉党建》并获优秀奖。编写的《职业岗位信条》获市优秀信条奖。文章《穿旧鞋,走新路》《唱戏唱情,演戏演人》《找戏、改戏、演戏》《愿做小草的人》《从困境中崛起、在改革中前进》《功碑上应刻上他们的名字》等在《武汉剧坛》上发表。《高台教化与高台叫化》等文章在《文化报》上发表。《文气、土气、洋气》论文发表于湖北省艺研所《楚剧战略研讨》专刊上。

江秋屏

江秋屏(1886~1939),艺名小宝宝,湖北黄陂(今武汉市黄陂区李家集街祝家湾)人。12岁在湾里唱灯戏,崭露头角。16岁搭职业班,随师江长玉到汉口唱戏,与夏世燮等在英租界辟美观茶园,挂衣演唱。1911年已成为汉口租界花鼓戏茶园中的佼佼者。后又与朱福全、胡喜堂等组班,在法租界创立武汉第一家正式花鼓戏院——共和异平楼,花鼓戏由此开始剧场演出。江拿手戏有《王老六吃醋》(饰张二妹)、《酒醉花魁》(饰花魁女)、《蔡鸣凤辞店》(饰胡氏)、《站花墙》(饰王美蓉)、《董永分别》(饰张七姐)等,均以唱取胜。《打莲响》本是早期很平常的歌舞戏,旦角都能应工,但只能用手打满花。唯江能双手打,配以镀铬铜管莲响,边唱边舞,满堂喝彩。1919年梅兰芳来汉公演,看过江演出后,授以化妆艺术,赠送点翠头面一幅及水片等物。从此,花鼓戏艺人开始使用水片和裙、披服装。

北伐军进驻武汉后,江参加共产党人李之龙在汉口举办的中央人民俱乐部,与陶古鹏、李百川3人代表楚剧界向市总工会呈请加入工会组织。"七一五"政变,被迫回到租界。1920年后入汉口天仙戏院演出。1935年因不满前台老板欺辱,愤然组班赴外地巡演。1938年武汉沦陷时,戏班流动到沙市大陆戏院,取班名为楚艺流亡宣传队。后辗转湖南衡阳、常德、澧县等地,宣传抗日救亡。因生活艰难,人员流散,乃与另一支楚剧队合并,改名为曙光楚剧流亡宣传队,由湖南进入桂林。时戏剧家欧阳予倩任广西艺术馆长,为之安排剧场演出,勉强维持一班人生活。1938年初，率戏班流亡到贵阳市，终因无力支撑，忧郁成疾，于同年3月5日在贵阳病逝。

王长顺

王长顺（1908~1978），湖北黄陂人。幼时随父迁居武汉。11岁进长乐戏园学汉戏，拜萧长胜为师，习末行，出科后在汉口献艺。1943年定居沙市。1960年编演现代戏《方烈英》获得成功，被记大功一次。1961年，参加电影戏曲片《留住汉宫春》的拍摄工作，同年加入中国共产党。

谭鑫培

谭鑫培（1847~1917），本名金福，字望重，湖北黄陂（今武汉市黄陂区）人。京剧演员，工老生。谭鑫培是京剧谭派的创立者，有伶界大王之赞。其对京剧艺术的革新，起到了继往开来的作用，对后世影响极其深远，行内有"无腔不学谭"之说。

1905年，谭鑫培在丰泰照相馆拍摄了黑白无声影片《定军山》，该片成为中国第一部电影。

10岁随父到北京，11岁入小金奎科班习武丑，后改武生及文武老生，1863年出科。23岁搭三庆班，以演《神州擂》《三岔口》《白水滩》及"八大拿"等武生戏为主。曾傍程长庚演《青石山》马童，得"大老板"赏识，委以武行头。在《同光十三绝》画中，谭鑫培是唯一的武生演员。

1879~1912年期间，谭鑫培4次赴上海新新舞台演出，始以"伶界大王，内廷供奉"头衔与沪人相见，并正名为谭鑫培，而年已65矣。

1912年，农历壬子年，梅兰芳与谭鑫培首次同台，演出剧目《桑园寄子》。先后在北京庆升园、文明园演出，观者踊跃。

1917年4月14日，谭鑫培最后一次演出。同年因病去世。

胡和颜

胡和颜（1947~），女，湖北黄陂（武湖街）人。一级演员。曾任武汉汉剧院演出团团长，汉剧代表性传承人，中国剧协会员，湖北省及武汉市文联委员，湖北省及武汉市剧协副主席，第六届全国人大代表，第八、第九届全国政协委员。1958年考入武汉市戏校汉剧科，工青衣。毕业后到武汉汉剧院工作。

1981年获省、市中青年戏曲调演出比赛一等奖，1984年主演《亡蜀鉴》获一等奖，1990年10月主演现代剧目《杨开慧》获中青年表演一等奖，1990年12月主演《二度梅》获中国戏剧"梅花奖"，1978年主演的历史剧《闯王旗》拍成电影，主演的《二度梅》《状元媒》等剧目摄制成录像，被收入中央电视台地方戏曲精品库。曾获武汉地区"十佳演员"和省文化厅"劳动模范"称号。享受武汉市政府专家津贴。

田克兢

田克兢（1957~），湖北黄陂（长堰）人。田克兢出身工人家庭。从小聪明灵光，学什么像什么。20 世纪 60 年代末 70 年代初，田克兢读小学时，表演革命现代京剧中的英雄人物郭建光和杨子荣就演得活灵活现；中学时代模仿表演马季的《友谊颂》，模仿得惟妙惟肖。14 岁就是武汉地区小有名气的"故事王"。1977 年考入武汉供销社，任某土产公司仓库陶瓷堆码员。不久因其突出的文艺特长进入工会工作。1980 年他代表湖北省上北京参加全国职工首届文艺会演，第一次进了中南海怀仁堂，为党和国家领导人做出了独特的汇报演出。1992 年"下海"，发挥自己的特长，表演"独角戏"，深受群众欢迎。1994 年，与相声大师夏雨田合作，表演《吃不了兜着走》，一时名声大噪，当年就获得了"首届曲艺小品大赛"金奖。2001 年进入武汉市说唱艺术团。2006 年以小品剧《钓鱼》进入春晚演出，在全国人民的心目中留下了难忘的印象。

田克兢多年以来，以多种方言小品剧，给荆楚大地 6000 万观众带来无比的喜悦和欢欣，其作品已成为湖北人民不可或缺的精神食粮。广大观众都亲昵地称他"是我们喜欢的'岔巴子'"。他的代表作《吃不了兜着走》《麻厂长》《活到就要活快活》《杠上开花》《信了你的邪》等等，都是广大观众、听众越看越爱看、越听越爱听的优秀作品。

武汉电视台每周三都有田克兢主演的《都市茶座》喜剧节目，是广大电视观众的精神大餐。

2021 年 12 月 21 日，方言贺岁喜剧《伸着脑壳接石头》在武汉剧院首演，田克兢带领说唱团中青年演员为观众带来了笑声和享受。

杜银鲛

杜银鲛（1965~），湖北黄陂人。1981 年考入解放军艺术学院萨克斯管专业。1988 年成为最年轻的萨克斯老师。出版了萨克斯实用演奏教程、爵士教程及古典、爵士、流行曲集、重奏曲集和梦的萨克斯等一系列 CD 专辑，获中国唱片奖。近 30 年来，一直活跃在军内外的艺术舞台上，出访过二十几个国家，在意大利和德国成功举办过个人独奏音乐会。参加了香港、澳门回归仪式演出，三次参加国庆大典，多次随总政艺术家小分队慰问革命老区、地震灾区和边防官兵。代表国家为来访的美国总统奥巴马、奥地利总统面对面独奏，得到很高的评价。

蔡大生

蔡大生（1958~），湖北黄陂（今武汉市黄陂区蔡家榨蔡官田）人。瑞典皇家音乐学院终身职业歌剧歌唱家。1988年毕业于上海音乐学院声乐系。1989年报考瑞典皇家音乐学院国际歌剧歌唱家班，在来自世界各地14个国家181名选手的角逐中脱颖而出，成为唯一被录取者。1992年4月获瑞典政府授予的"终身职业歌剧歌唱家"证书。1994年应邀参加中央电视台春节联欢晚会演出，并将晚会组委会付给的出场费全部捐献给"希望工程"。1995年春节参加了中南六省市电视台春节联欢晚会的演出。

胡炳旭

胡炳旭（1949~），湖北黄陂（今武汉市黄陂区长堰玉枝店）人。现任国联交响乐团音乐总监兼首席指挥。

他是当今中国乐坛的杰出指挥家之一，尤其是在现代交响京剧指挥方面有着十分丰富的经验。1997年4月至2000年4月，他应邀到新加坡任新加坡华乐团第一任音乐总监兼首席。胡炳旭早年曾参加过大型交响音乐《沙家浜》及现代京剧《智取威虎山》《杜鹃山》的创编和排演工作，特别是将交响乐队与民族器乐和声腔的结合，在中国戏曲艺术史上是一次大的创新与发展。他善于与表演者配合，尽量将中国民族乐器的表达带到一个新的意境，将民族乐队训练和演奏艺术提高到一个新的境界，也使民乐指挥艺术水平步入到世界音乐指挥艺术的行列。

吴健

吴健（1985~），湖北黄陂（蔡店街鹿角山村下吴湾）人。

现在黄陂区文化馆从事曲艺创作、辅导、演出工作。2006年6月毕业于湖北艺术职业学院曲艺表演专业（大专），2011年6月毕业于华中师范大学汉语言文学专业（本科）。2004年被湖北道情创始人周维先生收为弟子。2009年6月在湖北省文学艺术界联合会举办了由湖北省曲艺家协会、湖北省非物质文化遗产保护中心、武汉市非物质文化遗产保护中心联合举办的"吴健拜著名湖北大鼓表演艺术家张明智与著名湖北小曲表演艺术家何忠华的拜师收徒仪式"，正式成为湖北大鼓与湖北小曲传人。2003年演唱的湖北渔鼓《赔茶壶》荣获"全国曲艺大赛"表演三等奖，该节目曾在2004年中央电视台《曲苑杂坛》国庆特别节目中播放；演唱的湖北大鼓《一盘没吃完的冬瓜》荣获2006年湖北省"百花书会"新人奖和湖北省"新人新作"大赛三等奖；2008年演唱的湖北大鼓《让洞房》和小品《天地姻缘》又获"百花书会"铜奖；2009年演唱的湖北大鼓《木兰情》荣获武汉市"黄鹤群星奖"群星大奖,湖北省"楚天群星奖"大奖,2010年荣获中国曲艺"牡丹奖"节目入围奖,2011年荣获第四届中部六省曲艺大赛金奖;2012年创作并且演唱的湖北大鼓《信义兄弟》荣获第五届中部六省曲艺大赛银奖等。2006年12月,成功举办了"吴健个人专场汇报演出",受到省委、省文化厅、省文联、湖北日报社、长江日报社等单位领导的充分肯定。在《湖北日报》《楚天都市报》《武汉晚报》《艺术》等专业艺术理论杂志上发表曲艺作品、艺术评论近50多篇。创作的武汉说唱《说唱武汉》系列被各大新闻媒体报道并刊登。创作的湖北大鼓联唱《请来湖北走一走》荣获湖北省文化厅、湖北日报传媒集团与共青团湖北省委举办的"改革开放三十年征文大赛"作品奖,2010年获得中国曲艺家协会、江苏省文联与张家港市人民政府举办的"长江颂"作品大赛入围奖。创作的湖北碟子曲《武汉人过早》由著名主持人鞠萍在央视节目中多次演唱,并被西南师范大学出版社选为21世纪高等院校音乐专业教材作品,在全国发行推广。2011年创作并且演唱的黄陂说唱《说唱黄陂》系列,在网络、社会上产生强烈影响,省市文化主管部门领导、知名艺术家给予了高度评价,湖北众多知名媒体进行了专题录制、采访、报道。现为中国曲艺家协会会员、中华文化促进会会员、湖北省曲艺家协会理事、湖北省中华文化促进会理事、湖北省楚剧戏迷协会副秘书长,同时担任湖北经视《哕天》栏目、楚天交通广播与《楚天都市报》特约撰稿人。

余凤霞

余凤霞(1981~),女,湖北黄陂(祁家湾街重光村余家湾)人。武汉市"三八红旗手"。大学文化程度。1991年在武汉市艺术学校学习戏曲表演,主攻青衣、花旦,于1995年毕业分配到武汉市楚剧团工作。1997年至2000年在武汉大学成教院戏剧表演大专班学习戏剧理论及表演。2001年在中国戏曲学院导演系学习,在校期间,自编、自导、自演了喜剧小品《老虎与狐狸》《相公,你别走》等,浪漫音乐剧《红盖头》《泪奠潇湘》,并主演河北梆子小戏曲《麦克白夫人》和毕业大戏《田氏与庄周》。2002年在中央电视台播放的6集戏曲电视连续剧《爹是爹来娘是娘》中,领衔主演桃花、杏花一对孪生姐妹;2003年在中央电视台播放的8集戏曲电视连续剧《彩云》中饰陈蓉蓉。1994年获湖北省首届"翔麟杯"艺术大奖赛新苗奖,1996年获湖北省第三届戏曲牡丹杯奖和湖北省首届"走进荧屏大奖赛"声乐组金奖。1999年在武汉电视台主持人大赛中获"优秀主持人"和最佳配音奖。2000年获武汉市"三八红旗手"称号,系共青团湖北省第十次代表大会委员、武汉市第八次妇女代表大会代表。

陈金鹏

陈金鹏（1926~1968），乳名金狗，湖北黄陂（前川陈草鞋湾）人。9 岁即随父陈月兰浪迹江湖，从习楚剧。十四五岁开始在黄陂、孝感等地搭班唱戏。1946 年后在汉口行艺。解放初，参加省歌剧团当演员，后任导演、艺术委员会副主任等职。1949 年 11 月参加武汉市首届戏曲观摩公演，荣获表演一等奖。1953 年参加赴朝慰问演出。

他敏而好学，刻苦自励，在舞台上创造出一批栩栩如生的艺术形象。在《洪湖赤卫队》中扮演"彭霸天"，受到行家高度赞扬，被观众称为"活彭霸天"。在《夺印》中饰何书记，在《三里湾》中饰范正高，在《葛麻》中饰葛麻，都获得好评。他导演的《洪湖赤卫队》《罗汉钱》《赶会》《刘海砍樵》等剧，均为省歌舞剧团的保留节目。尤其是歌剧《洪湖赤卫队》更是轰动一时，影响深远。

1964 年，被错定为反革命，判无期徒刑入狱。1968 年 1 月病逝狱中。1984 年经湖北省高级人民法院复查撤销原判，予以平反昭雪。

朱尧洲

朱尧洲（1934~），男，湖北黄陂人。新中国第一代著名小号演奏家、教育家，国家一级演奏员，中国音乐家协会会员，北京市军乐艺术学校名誉校长，享受政府特殊津贴。

儿子朱光，毕业于中央音乐学院，小号演奏家、中央音乐学院小号专业教授。2012 年被中央音乐学院特聘为拔尖创新人才培养计划导师，并获中央音乐学院黄源澧优秀专业教师奖教金。同时先后担任中央芭蕾舞团、中央歌剧院、北京管乐交响乐团等乐团的客座小号首席。先后在国内多个城市举办个人独奏音乐会。

2022 年 2 月 4 日晚，北京冬奥会开幕式上，孙子朱德恩站在万众瞩目的国家体育场中，吹奏一曲《我和我的祖国》，清脆悠扬的小号声响彻五湖四海，9 岁的朱德恩也迅速成为媒体的焦点。

夏青玲

夏青玲（1967~），湖北黄陂（横店街道）人。楚剧领军人物。武汉楚剧院副院长、国家一级演员、中国戏剧家协会会员、湖北省戏剧家协会副主席。荣获联合国世界非物质文化遗产保护基金会"国际和平艺术家"荣誉称号。武汉高校大学生戏剧节常任指导老师。

曾获中国艺术节"文华表演奖"，中国戏剧"梅花奖"，湖北省"牡丹花"戏剧奖，湖北省楚剧艺术节"演员一等奖"，博兴国际小戏艺术节"优秀表演奖"，武汉艺术人才"江花奖""江花大奖"等。

楚剧非物质文化代表性传承人、武汉市政协委员、湖北省三八红旗手、武汉市三八红旗手、武汉市劳动模范，获武汉五一劳动奖章，有市优秀文艺家等称号。

享受国务院政府特殊津贴、武汉市著名艺术家津贴、武汉市政府专项津贴，入选市"黄鹤英才（专项）计划"。

担纲"擂响中华"十大青年戏曲、中国梆子十大青年领军、第十届全国小戏小品曲艺、湖北卫视《戏码头》等大赛的评委。

代表剧目《双玉蝉》《潇湘夜雨》《哑女告状》《三月茶香》《万里茶道》《向警予》《推车赶会》《夜梦冠带》《断桥》等。

胡梓煜

胡梓煜（1998~），湖北黄陂（长轩岭街道）人。武汉汉剧院青年演员。

2008年10岁的胡梓煜被招到黄陂艺术学校学习，并是黄陂艺校楚剧班学生和演员，由武汉汉剧院丑家名角杨漠超为其授课。他领悟了丑角要有"高、轻、飘"的基本功，即技巧要有高度，表演动作要轻盈，舞台形体要飘逸。他刻苦学习训练，揣摩丑角表演的诙谐风趣，重做工，注重舞蹈性强的演技演法，使行当虽丑，却呈现出很美的画面。

13岁时在楚剧《双下山》中扮演"猛悟和尚"。2012年14岁的胡梓煜被选入武汉汉剧院中专班，编入武汉汉剧院二团。2022年在湖北剧院演出折子戏《四杰村》担当主演武生，在《状元媒》中饰演小太监，在《打花鼓》中饰演卖艺汉，因表演惟妙惟肖，而深受业内好评。

五

书法类

西陵古邑，已越千年。众多书法家，传承创新，心游万仞，笔走龙蛇，创作了一件件可堪入世的墨宝。

现任中国书法家协会党组书记、驻会副主席李昕，在黄陂出生、成长，如今是中国书法界的"定盘星"和"掌门人"。

黄陂涌现出了一大批成绩斐然、风格各异的书法家。如军旅书法家袁伟、余明海、黄金元、李汉文、冯传生，他们堪称文武兼备；地方知名书法家的代表人物有黄德琳、刘永泽、胡家勇、杨坤秉、孔可立等。

李昕

李昕（1974～），湖北黄陂（盘龙城经济开发区）人。博士学历。中共党员。1992 年由黄陂一中考入上海同济大学结构工程学院建筑工程系。1996 年 7 月毕业后就职于上海市南市区房产管理局上海南房（集团）有限公司，任房地产部经理、综合贸易部经理。1999 年 9 月就读于同济大学经济与管理学院，获工商管理硕士学位（MBA）。2001 年 12 月至 2005 年 4 月历任同济大学团委副书记、书记、学生工作部副部长（兼）。其间，2003 年 9 月就读于同济大学建筑与城市规划学院城市规划专业，后获博士学位。2005 年 4 月至 2010 年 4 月任同济大学党委办公室副主任、主任、党委副书记，兼任普通高等学校学生心理健康教育专家指导委员会委员、全国高校辅导员研究会副会长。2013 年 8 月至 2016 年 9 月，任上海市长宁区委副书记。2016 年 9 月至 2018 年 7 月，任上海商学院党委书记。2018 年 7 月至 2019 年 3 月，任上海市教育卫生工作委员会党委副书记（正局级）、上海市教育委员会副主任。2019 年 3 月至 2020 年 11 月，任上海市教育卫生工作委员会党委副书记（正局级），上海市教育委员会副主任、上海市青年联合会第十二届副主席。2020 年 11 月至 2021 年 1 月，任中国书法家协会党组书记。2021 年 1 月至今，任中国书协党组书记、第八届副主席。是中国文联第十一届全国委员会委员。

曾荣获"全国优秀共青团干部""上海市新长征突击手""上海市新世纪学习成才奖"等荣誉称号。在房地产、城市规划和大学生思想教育等方面发表多篇论文并出版书籍。

袁伟

袁伟（1943～），湖北黄陂人。军事历史学者、国家文博专家、资深研究员、著名书法家。1994 年被授予少将军衔。中国军事博物馆原馆长兼书画研究院院长。现任八一书画院院长，中国红色文化书画家协会主席，中国书协会员。

长期从事新闻写作、军战史研究、文博事业和书画艺术工作，著书立说颇丰。独著和主编《中国人民解放军五大野战部队发展史》《中国战典》《毛泽东军事活动纪事》《朱德军事活动纪事》等军事历史专著和大型画册 30 余部，其中 8 部荣获国家图书奖和中宣部"五个一"工程奖，堪称"红色史学家"。最崇拜毛主席，1993 年，他策划、组织的《毛泽东光辉业绩》大型展览和主编的《毛泽东军事生涯》大型画册并亲自撰写前言，实事求是评价毛泽东一生的丰功伟绩，受到党和国家军队领导人的高度称赞。对毛泽东诗词情有独钟，他的《敬书毛泽东诗词 67 首》由解放军文艺出版社出版，读者争先购买。

被誉为"红色书法家"。其书法作品在全国、全军性展览中多次获奖，并屡见报刊荧屏，被众多博物馆、纪念馆、党政机关、宾馆酒楼、旅游景区、车站机场展出和名人政要、中外书法爱好者收藏。被评为 2007 年度和谐中国十大书法家，2008 年又被评为第三届最具社会责任感艺术家。2009 年 11 月 18 日，应邀书赠首次访华的美国总统奥巴马"观海听涛"，受到多家媒体争相报道，在军内外引起反响。

2016 年 4 月，袁伟自费在自己家乡黄陂区王家河街道高顶村袁家店的祖屋基础上修建"袁家店红色文化博物馆"，共 12 个展室，并对社会公众开放。现已成为湖北省红色文化传承地和省、市革命传统教育基地。

余明海

余明海（1945~），湖北黄陂（木兰乡双泉村）人。1964 年参加中国人民解放军，1966 年加入中国共产党。历任海军训练大队学员、教员，海军直属政治部宣传处干事、副处长、处长。东海舰队 92919 部队副政治委员，1997 年 7 月授予海军少将军衔。自幼酷爱书法，入伍后，坚持业余学习与创作，1980 年开始师从孙其峰先生。书画作品曾多次参加全国、全军大展及国际交流展并多次获奖，有些作品被多种刊物采用及地区、国家美术馆、博物馆收藏。

现为中国经济科技开发国际交流协会理事，中国书法家协会会员，中国美术家协会会员，宁波市书法家协会、美术家协会名誉主席。

黄金元

黄金元（1947~），湖北黄陂人。硕士研究生导师、中国艺术研究院访问学者、军械工程学院原副院长。少将军衔。

现任中国美术院中国小楷艺术研究会主任、中国榜书艺术研究会顾问、中联国兴书画院顾问等职。

书法艺术幼承家学，师从中国艺术研究院博士生导师张荣庆先生。书法作品多次在全国书法大赛中入展、获奖。2007 年出版了中国第一部榜书理论专著《榜书概论》，填补了榜书理论的空白。2007 年 4 月在中国人民革命军事博物馆举办了"黄金元将军《榜书概论》首发式暨书法艺术展"及"黄金元榜书理论及书法艺术学术研讨会"。近期书法作品分别入展 2008 年全军第四届书法展，全国第二届隶书展。2008 年 6 月在湖北艺术馆参加了"我本楚狂人"20 名鄂籍书法家书法作品回乡展，在武汉展览馆举办了"黄金元军旅食文化书法展"。2009 年入展世界集邮展览"千人千邮"书法展，参加了 2009 年"纪念中华人民共和国成立六十周年中国书画名家邀请展"、2010 年"中国当代书画名家邀请展"、2010 年"海峡两岸将军连缘书画展"、2011 年"庆祝建党九十周年书法展"、2012 年"中国美术院揭牌仪式暨中国书画名家作品展"、中国第二届国际酒博会诗书画名家作品展、文化部"走基层·画基层"走进长治书画名家书画作品展。

书法被《中国书法》《艺术评论》《解放军报》《解放军生活》《书法导报》《书法报》《书画名家报》等多家媒体刊用，多幅作品被企事业单位、社会团体、党和国家领导人、书法爱好者以及美国、日本、韩国等国家和香港地区的有关机构和友好人士收藏。2012年10月，当选中国文联主管的《神州》杂志封面人物。

李汉文

李汉文（1946~ ），湖北黄陂（李家集）人。毕业于解放军政治学院，曾任武警黑龙江省总队政委、少将，中共十六大代表，现为中国八一书画院副院长，中国将军书画交流协会副主席。

从家乡黄陂应征入伍，分配到河北省军区独立师步兵第四团开始军旅生涯。军营里，发挥劳动人民的本色，不怕吃苦，积极奉献，入伍的第二年就成为一名光荣的共产党员。

1972年，因工作出色表现突出，被提拔为干部，选调到团政治处组织股工作。1974年，党中央决定组建守备部队，被确定抽调组建守备四师工作。他深知这一战略举措的责任和意义，没有丝毫懈怠和犹豫，接到命令，当即打起背包，按时赴任投入工作。尽管边塞条件艰苦，但他克服各种困难，将工作进行得井然有序、有声有色。就这样，从繁华的省会城市到偏远贫瘠的北方塞外，将军在这里一干就是16年，为了祖国的和平安宁，守卫祖国的北大门，奉献了人生最美的年华，却无怨无悔。

1976年，从副连职干事破格提拔为正营职干部科副科长，并且以副代正，主持科里的全部工作；2年后，被任命为干部科科长。1982年代理团政委并主持党委全面工作，次年5月正式任命为团政委、团党委书记，成为当时全师进步最快的年轻干部。

1990年，所在师改编为武警北京市第二总队，他先后担任支队政委、总队政治部主任、政委，黄金指挥部（正军级单位）政治部主任等领导岗位，并取得很多显著的成绩，被武警部队党委评为先进党务工作者。

2000年12月，被调任黑龙江省总队任政治委员和党委书记，并于次年晋升为少将警衔。2002年11月，光荣地出席了中国共产党第十六次全国代表大会，参加了修改政治工作报告、全会公报和选举新一届中央委员会等盛事。

将军还酷爱书法艺术，尤其对汉隶情有独钟。多年来坚持业余时间砚田耕耘，潜心临习汉碑和清代名帖，同时不断吸取今人之长。现为中国八一书画院副院长、中国将军书画家交流协会副主席，先后出版了《李汉文军旅书法集》《李汉文将军书法诗词选》《李汉文将军书法作品鉴赏》等专辑，作品被《新华电讯》《解放军画报》《人民武警报》等多家媒体刊物登载刊发；还先后参加全国25个省市及中国文联、中国书协、中央电视台书画频道等单位组织的书画展览和书法笔会，同时还有作品分别被选中搭载神舟十号飞船飞上太空，作品还被选为将军书法精品参加联合国展览，受到各界的广泛关注和好评。

冯传生

冯传生（1953～），湖北黄陂（今武汉市黄陂区王家河清河村冯家染坊）人。

中国人民解放军 96351 部队原政治委员。少将军衔。1972 年参加中国人民解放军，1974 年 2 月加入中国共产党，1975 年提升为军官，任该部战勤处司务长、汽车营书记。1972 年 12 月调入中国人民解放军 80303 部队军事法院任书记员，1981 年 5 月任该部政治部干部处干事，1990 年 5 月任该部政治干部处副处长，1993 年 4 月任干部处长。1994 年 11 月升任中国人民解放军 80402 部队政治委员。1996 年 3 月被选送进入中国人民解放军国防大学基本系深造。1998 年 3 月任中国人民解放军 80303 部队政治部主任。2003 年 1 月任中国人民解放军 96201 部队政治委员，7 月被授予少将军衔。2004 年 5 月被选送到中国人民解放军国防科学技术大学学习。2006 年 12 月任 96351 部队政治委员。

他酷爱书法艺术，坚持几十年如一日刻苦钻研，收获颇丰。

童伯超

童伯超（1869～1929），字序埙，湖北黄陂（王家河童家湾）人。光绪十四年（1888）中举人，光绪二十六年（1900）考入两湖书院。毕业后，在武昌高等师范学校执教 30 余年，曾被选为湖北省议员。酷爱书法，行草隶篆俱佳。

冯铸

冯铸（1901～1949），女，湖北黄陂（滠口街冯家塘）人。5 岁从伯父冯家灏习书法，7 岁即能写擘窠大字，书写对联、中堂馈赠亲友。10 岁时即为武汉三镇书写招牌、匾额、楹联、条屏等。武昌起义后，由其父带领，在汉口设摊卖字，将其所得悉数捐献起义军。时任鄂军大都督的黎元洪得知此事，即命侍从召见冯氏父女，命其当面作书。冯从容濡墨铺纸，挥毫写了一轴 16 字的条幅赠送黎元洪。黎元洪见冯铸笔法质朴遒劲，挥洒自如，不禁拍案叫绝，遂收为义女，并亲题"女士义举"匾额相赠。1912 年 4 月，应黎元洪邀请，孙中山与廖仲恺等一行人到武汉，同盟会湖北支部在武昌阅马场举行欢迎大会，会场上布满了各界名流的颂歌赞辞。冯铸出于对革命领袖的敬仰，书写了一副对联："所作空前绝后，其人长乐永康"，张贴于醒目处。孙中山闻悉该联出自年仅 11 岁的女童手笔，赞不绝口："真是书法女神童！"1913 年，冯铸的书法作品被选入巴拿马世界儿童艺术博览会展出，被评为一等奖。为了进一步提高书法艺术，冯铸先赴上海，拜谒当时名闻全国的书法家"清道人"李瑞清，继又去杭州拜谒书画篆刻大师吴昌硕为师，研习魏碑和篆、隶书法。经名师指点，冯铸的书法艺术臻于不拘一格、笔法多姿的境界。冯铸分别写了两幅"寿"字中堂奉赠二位恩师。"清道人"挥毫题写"气可吞牛"，吴昌硕书"篆隶摩空"相回赠。1923 年，冯铸与萧昌林结婚，先后育有 4 子。1941 年丈夫病故，冯铸后教小学养母抚子。由于家庭变故，昔日的亲朋好友后来形同陌路。更有甚者，校方将冯铸解聘，断绝了最后的经济来源。怀着绝望的心情，冯铸于 1949 年 7 月在长江水汛到来之际离家出走，渺无踪迹。

刘永泽

刘永泽（1957~），笔名恒洲，湖北黄陂（今武汉市黄陂区前川街）人。中共党员。

1974 年湖北黄陂插队知青。1976 年应征参加中国人民解放军。1979 年转业后历任武汉市残联副理事长、理事长，中国特殊艺术指导中心主任，中国残疾人艺术团团长，湖北省文联党组书记、副主席。1978 年开始发表作品。2006 年加入中国作家协会任理事。曾策划举办全国首届、第二届长江笔会。著有长篇报告文学《八千里路云和月》《冠军·金木水火土》，编有《走近我的梦》等书，担任徐迟传记艺术片《把太阳拿过来》、电视剧《不凝固的雕塑》等片的编剧。专题片《走近我的梦》和舞台艺术片《我的梦》分获 2004 年首届好莱坞国际电影电视节最佳纪录片奖和最佳舞台艺术片奖。指导推出的聋人舞蹈《千手观音》获 2005 年中央电视台我最喜爱的春节联欢晚会节目评选歌舞类一等奖、晚会特别大奖。

他提出"长江画派""荆楚书道"，从理论和实践两个层面推动湖北美术、书法创新。

他还是中国书法家协会理事，中国作家协会会员，湖北省书法院常务副院长，长江书法研究院名誉副院长，北京大学书法艺术研究所研究员，北京大学艺术学院访问学者。

胡家勇

胡家勇（1954~），湖北黄陂（武湖农场沙口分场胡墩队）人。

省委党校本科毕业。曾任中共湖北省委老干部局巡视员。1970 年参军在中国人民解放军 83018 部队，1978 年 9 月任湖北省建筑工程管理局政治处干部，1982 年 9 月任中共湖北省委组织部干部，1984 年元月起在中共湖北省委老干部局历任办公室副科长、科长、副主任、主任、副局长、巡视员（正厅）。

他热爱书法，学书 50 载，笔耕不辍，务求实功，对书法艺术追求与探索终生不渝。其行草书法作品体现出"清新淡雅，流畅飘逸，雄健丰盈，气韵平和，充满书卷气"的风格。其隶书作品体现出"巧拙相生，秀茂共存，虚实交错，轻重互依，古意盎然"的风格。胡家勇的书法作品见诸报端、嵌入楼亭、刻入碑林、挂于店堂，为一些机关、企业、院校、旅游景区、海外人士和众多书法爱好者收藏。书法作品多次入展全国、全省展览并获奖。

现为中国书法家协会会员、湖北省书法家协会理事、湖北省书画家协会副主席、湖北省葫芦丝巴乌专业委员会会长、武汉海山艺术馆馆长。

黄德琳

黄德琳（1947～），笔名师竹，湖北黄陂（今武汉市黄陂区木兰乡塔耳岗）人。曾为中国书法家协会理事，现任湖北省书法家协会副主席、东湖印社副社长、武汉市文联副主席、武汉市书法家协会常务副主席、湖北省书法篆刻展览评委，为武汉市管优秀专家，享受市政府专项津贴。20世纪80年代中期为全国35名重点推介书法家之一，其作品多被公私家收藏或刻碑。作品曾入选全国第二届、第四届、第六届书法篆刻展，全国中青年书法篆刻家作品邀请展，全国第二届中青年书法展，全国首届篆刻艺术展，首届国际肖形印大展，日本东京中国现代书画美术展，西泠印社评展，国际书法篆刻展。书法作品载入《中国当代名家书画扇集》《中国现代中青年书法篆刻家作品集》《中国日本当代书法作品选萃》及《中国新文艺大系书法集》等。诗词载入中华诗词《金榜集》。出版有《世界美术鉴赏辞典》（合著）。传略收入《中国当代书画家名人大辞典》《中国当代艺术界名人录》《中国印学年鉴》等。

孔可立

孔可立（1948～），字繁儒，笔名孔融，号知勖斋主，现居黄陂区前川街道南城街棉花小区。祖籍山东曲阜，孔子第74代世孙。北京首都师范大学首届书法艺术专业毕业，中国社会科学院研究生院考古与鉴定专业研究生毕业。中国书法家协会培训中心教授，中央文史研究馆书画院研究员，民革中央画院常务理事，民革湖北首义书画院院长，武汉书法家协会顾问，湖北省硬笔书法家协会顾问，湖北省收藏家协会顾问，武汉大学、中南民族大学客座教授，空军预警学院国学导师，孔子美术馆副馆长。从事书法艺术及教学60年来培养学生逾万人，国内外专业场馆举办个人书法展览35次。孔可立爨宝子体已于2020年9月初由中华字库正式上线。孔可立初师鲁颜公，后潜心金文石鼓、小篆、两汉隶书及魏晋六朝摩崖石刻，广搜博采通碑融帖，先后在中国美术馆、上海朵云轩、上海陆俨少艺术院、香港艺术中心、孔子研究院及新加坡、新西兰等国家举办书法作品展。出版个人专辑20册，湖北省唯一被人民大会堂收藏纳入国有资产管理名录的书法家。中央电视台及多省市电视台为其拍摄专题片8部。

杨坤秉

杨坤炳（1946~），又名杨坤秉，号天庐，湖北黄陂（天河街道）人。师承著名金石书画家曹立庵先生。

先生自幼学习、研究诗、书、画、印艺术，书法各体皆擅，得高古纯朴之韵，篆刻有雅逸自然之妙，山水花鸟画浑厚华滋与雄秀恣肆兼得。其作品多次入选国内外一系列重大展览。如全国第二至第六届书法大展，并被聘为全国第五届书展评委，以及历届全国重阳书画展评委；入选全国第一至第五届中青年书法家作品展览，全国第一、第三届篆刻艺术展作品被中南海、刘少奇纪念馆、周恩来纪念馆、彭德怀纪念馆、柳宗元纪念馆、屈原碑林、南岳碑林、甘肃《黄帝内经》碑林等文化单位收藏。有《杨坤炳隶书千字文》书法专集、《朱子家训篆刻集》《杨坤炳印稿》篆刻专集、《采编余墨》论文专集和大型专著《翰墨丹青铸汉魂——武汉已故书画家》出版发行。为国家一级美术师，西泠印社社员，东湖印社副社长，中国书法家协会编辑出版委员会委员，中国书协书法培训中心教授，华中师范大学书法专业硕士研究生导师，武汉市文史研究馆馆员，湖北书画院院士，《书法报》原副总编，现任《书法报》顾问。

柳长忠

柳长忠（1962~），湖北黄陂（木兰乡七里冲村李家田湾）人。哲学研究生。中共党员。1981 年 8 月分配到大悟县工作，在大悟县政府办公室等单位工作 14 年。1994 年调往孝感市政府研究室工作。2002 年调到孝感市文体新闻局工作。1984 年获《浙江青年》杂志社举办的全国青年钢笔书法比赛二等奖，1986 年获中国汉字硬笔书法大赛一等奖（甲组），1990 年获中国钢笔书法大赛一等奖，1997 年毛笔书法作品入选全国第七届中青展和全国第二届楷书展。先后由湖北人民出版社、上海书画出版社、武汉出版社、吉林教育出版社、天津新蕾出版社、天地出版社等出版了 100 余种钢笔字帖。2003 年为河南省小学实验书法教材《书法艺术》的钢笔范字书写者。策划组织中国（孝感）汉字书写节，并成功举办了 4 届。曾担任第一届、第二届全国硬笔书法家作品展览和第一届、第二届全国中青年硬笔书法家作品展览评委。2010 年 5 月 26 日应中央电视台之邀，担任《奋斗》栏目的学术观察员，参与《庞中华》专集的录制。

现为湖北省硬笔书法家协会主席、中国硬笔书协主席团常务委员、楷书委副主任兼秘书长、中国硬笔书协大书法艺术院副院长、中国书法家协会会员、中国楹联学会会员、湖北省书法家协会理事、湖北省传统文化教育研究会副会长、中国硬笔书法网站创始人并任站长兼总编辑。

易新生

易新生（1964~），湖北黄陂（木兰乡小寨村）人。中国书法家协会会员，湖北省书法家协会创作研究员，现就职于武汉市东西湖区政协。曾任武汉市东西湖区文化局副局长、文化和旅游局副局长。书法作品入选中国书协举办的第七届中青年书法篆刻家作品展、全国第三届楹联展、当代中国青年书画展、文化部全国第八届群星奖展。在《中国书法》《书法报》等报刊发表书法文论20余万字。先后出版《湖北省代表书家作品·易新生传》《易新生书法作品集》《借墨还魂》。2022年1月著《写在书法边上》由中国文化出版社出版发行。

陆舍元

陆舍元（1963~），湖北黄陂（六指街甘棠）人。现为中国硬笔书法协会理事、湖北省硬笔书法家联谊会副秘书长、湖北省书法家协会创作研究员、《中国硬笔书法》杂志编辑部主任、孝感市书法家协会副秘书长。其毛法书法作品曾入展由中国书法家协会主办的第五届新人新作展、首届"皖北煤电杯"全国书法大赛（获奖）、首届"走进青海"全国书法展（获奖）、第二届全国行草书大展、首届"三晋杯"公务员全国书法大赛、"高恒杯"全国书法艺术大展、全国第二届扇面书法艺术大展等。硬笔书法作品在第三、四、五、六、七届"文华杯"全国硬笔书法段位大赛、"劲酒杯"公民道德建设硬笔书法大赛、"周国知奖"全国硬笔书法大赛、书法报首届中国硬笔书法大赛、新浪潮首届中国硬笔书法网络大展赛等全国性赛事中获得一等奖。

余中元

余中元（1972~），湖北黄陂（罗汉街花石桥）人。毕业于江汉大学艺术系美术专业，是中国硬笔书法家协会会员、中国书法家协会会员。

毛笔书法获第三届全国正书大展"正书奖"，入展全国第四届楹联书法大展，中国首届书法兰亭奖，参展中国第二届（天津）书法艺术节全国书法百家精品展，入选中国书法家协会主办的"杏花村汾酒集团杯"首届全国电视书法大赛（楷行书两件）。在中国书法家协会主办的建党80周年翰墨颂辉煌书法大展入展，第一届"张旭奖"全国青少年网络书法大赛青年组获提名奖，第二届民族腾飞杯全国书画大展中获一等奖。

雷志雄

雷志雄（1954~），湖北黄陂（六指店）人。湖北美术院书画师、国家一级美术师、原《书法报》副总编。研究生学历。"九三学社"社员。1977年参加工作。其作品及论文发表于《人民日报》、香港《大公报》《中国书法》《书法》、日本《不工》杂志等。著有《日本金石举要》《日本墨迹举》，主编了《中国历代书法精品观止》（5卷书）和《历代书法名迹指导》（30卷）。译著有《中国书法论史概说》《日本历代书法传》《日本历代印人传》。个人系武汉市青年书法家协会副主席、中国青年书法理论家协会副主席、教育部《大学书法教材》副主编、中国书法家协会篆刻艺术委员会委员、全国篆刻展评委、西泠印社社员、省管优秀专家。

李友明

李友明（1954～），湖北黄陂（六指街甘棠李家湾）人。中共党员。大学文化程度。出版有《世纪风书画家作品集》《李友明作品集》。中国书法家协会会员。现任湖北书画艺术专修学院院长、湖北省书画研究会秘书长、湖北省书画家、企业家联谊会常务副会长、湖北省慈善总会常务理事。

宋尚武

宋尚武（1946～2019），字言鼎，别号墨耕斋主、天一堂主，湖北黄陂（蔡家榨街道彭家湾村）人。幼随其父学习古文、书画，后又从师王南舟学书，随黄松涛学诗词书画。1983年参加湖北省中青年书法篆刻骨干研修班学习，师从冯今松研习绘画。为中国书法家协会会员、中国书协湖北分会理事、武汉市书法家协会常务理事、中国书画函授大学教授、国家高级工艺美术师、湖北省长江动力公司美术院雕塑研究所所长。其作品多次参加全国大展，并多次获奖。作品被日本、新加坡等国家博物馆收藏。出版有《中国当代书法名家墨迹——宋尚武》。

汤普汉

汤普汉（1958～），湖北黄陂（郑家湾街汤家湾）人。中国民革党员。现为中国书法家协会会员、中国美术家协会会员、中国楹联学会会员、中国楹联学会书法专业委员会委员、湖北省书画研究会理事、湖北省司法行政书法协会副秘书长、武汉市书法家协会理事、武汉市书法家协会教育培训委员会副主任、武汉月湖书画院副院长。曾潜心研究弘一大师禅书体，被誉为"禅书第家"，作品多次入选全国大展，被许多国家博物馆收藏。

谢宙

谢宙（1935～），又名谢文伦，湖北黄陂人（祖籍浙江余姚）。书画世家。现任深圳东方红书画联谊会会长、翘园笔法传播中心义务教研员、深圳市群艺馆义务书法教师、深圳书画艺术学院义务教研员、中国书画家协会副主席、中国名人书法家协会终身名誉主席。

谢宙书法创作体系有《十体千文》《篆、隶、正楷300品》《深圳颂书法百品》《情系巴格达甲文百品》《建国60华诞口号50品》《谢宙趣书联百品》等。立书法理论体系《毛泽东与书法》《无产阶级文化大革命与书法》《原始公社与书法》《官僚与书法》《农民与书法》等等，对旧社会书法理论作了拨乱反正的论述。创书法教学体系，现有义务书法教学实验田：少儿、老年、书法、师资、职工、函授书法共5类7处，前后受益学员万人以上。并被评为世界教科文组织专家委员会国际特级书法大师、中国华人作家艺术家协会一级书法家、中国书法家协会和中国书画创作研究院中国特级书法师。其作品多次在国内大展赛中参展并获奖，作品远销中国香港、中国台湾、日本、新加坡。2009年被国家授予"共和国60年功勋文艺家"荣誉称号。

陈忠德

陈忠德（1940~），湖北黄陂（长岭镇十棵松）人。从小极具文艺天赋。1953年有画作入选上海举办的全国少年儿童征文画比赛并得奖，登载在当年《儿童时代》6月刊上。1958年考取中南美术专科学校，因家庭非常贫困未去广州就读。1962年到县文化馆任临时工，搞美术。1963年到县剧团帮助绘布景，干了25年。

其代表作是为电视戏剧连续剧《四下河南》绘制的全套布景，受到好评（其中大背景7米×14米的画11幕）。1972年中日建交，书法作品行书郭沫若诗入选中华人民共和国文化部，送到日本展出，后被日本国家收藏。1978年，4幅水粉写生风景（两幅画黄山、两幅画黄陂乡景）被前来观展的瑞典人士收购珍藏。1980年出版春联《千山风和生柳叶》等两件，3次印数达20万张，发行全省各区县。1982年，出版年画《八仙过海》，印数5万张，发行各区县。同年，创作年画《三代园丁》。1984年创作油画《小炉火》参加湖北省美展。1982年行书作品郭小川诗入选省书法展，由孝感地区推荐参加湖北省书法家代表大会，并成为首批中国书法家协会湖北分会会员。1984年书法作品入选四川·湖北联展，分别在两省展出。1985~1988年，连续被中国书画函授大学聘为教师教授书法、绘画。1986年调到武汉老年大学任法、国画教师（副教授，2005年升教授）。1990年由冯今松院长签字推荐加入中国美协湖北分会。1993年书作入选全国新人新作展，同年书法对联刊入权威刊物《书法》杂志封底。此后书法、绘画作品被湖北省政府收藏（原作挂在省政府）。《湖湘诗书画三百家》被军事博物馆收藏，入选浙江省《金鹅杯》获银奖，入选中央电视台书法大赛（获奖），被徐霞客纪念馆收藏，被黄陂县志刊登，被海外爱国人士胡秋原、田长霖收藏。2001年、2004年、2006年先后为三家企业单位书碑《木兰湖赋》700字、《应城汤池赋》400字、黄陂一中《综合楼赋》500字，已刻成揭幕。2005年出版书法集（附有绘画作品）《忠德书法盘龙城》《湖北省代表书法家——陈忠德卷》。

长期以来，他一直为培养新人、繁荣书法文化积极努力，深受敬重。

周云生

周云生（1933~），湖北黄陂人。湖北省书法家协会会员、香港国际书画家交流协会理事、中原书画院研究员、中国老年书画研究会会员、武汉老干部书画研究会理事。

自幼酷爱书法艺术，数十年临习颜贴，勤学不辍。系统地学习书法，从唐楷入手，授课老师有张朴、张霖等，重点是临习碑帖，在欧阳询的《九成宫》上花费的时间最多。

自1987年离休以后，他全身心地投入到书法学习中来。除《九成宫》外，上追钟繇、二王，并对颜真卿、虞世南、柳公权、褚遂良、赵孟頫、魏碑张猛龙及慈寺碑等都做了认真的临习。先求形似，再追神随，同时力争多参加一些书法活动。在长时间的临习和创作实践中，逐步形成了以欧体为主，吸收魏碑及颜柳成分的劲健、清朗、结字严谨的中和书风。追求平淡无奇，潜心继承传统。作品屡在省市和全国性书展中入选、获奖或被收藏。

其书法作品曾在国家、省市书赛、书展中6次获优秀奖、佳作奖，获四川"赤水杯"金奖。作品曾获93河北国画作品大展赛一等奖、中外咏梅诗书画大展二等奖、国际现代书法大赛优秀奖、世界当代书画名家作品展优秀奖、"华夏杯"海内外书法大赛二等奖、云南石林碑林诗书大赛优秀奖等。作品被吉林省博物馆、渤海画院等收藏。词条辑入《中国名人录》《中国当代艺术界名人录》等。

涂光雍

涂光雍（1940~），湖北黄陂（鲁台街涂家大湾）人。华中师范大学中国古代文学教授，著名书法家。

1959年就读于华中师范学院中文系。1964年毕业留校，先后任助教、讲师、副教授、教授。曾师从中国古代文学教育家石声淮教授，并经石教授亲笔致函推荐，赴北京大学中文系研修中国古代文学。涂光雍在书法创作方面以行、草书见长，20世纪70年代曾参与湖北省书法家协会的筹建工作。曾在湖北省首届中青年书法家作品展评中获优秀创作奖，多次参加国内外书法作品展，作品被日、美、英、德等国及中国香港、台湾地区的社会名流收藏。1989年应日本神户大学邀请，以国家公派高级访问学者身份，赴日进行讲学活动。1991年2月应日本书论研究会邀请，赴大阪为日本书法家、书论家和大学教授讲授《汉诗与书法》专题。2010年应邀访台，受到中国国民党名誉主席连战先生的亲切接见。2011年8月书法作品《章开沅先生为纪念辛亥革命100周年题词》应邀参加在台北市举行的"纪念辛亥首义100周年·海峡两岸荆楚名人书画展"。

刘凯

刘凯（1975～），号骋心，湖北黄陂（横店街）人。中国书法家协会会员、湖北省书法家协会创作研究员、武汉市书法院院聘作者、武汉市楷书委员会委员。

书法作品入选中国青年书法作品赴港展，中韩青年书法交流展，世界华人书画展，西泠印社首届书法篆刻展，全国第六、第七届中青年书法篆刻作品展，全国第二届楹联书法展，第四届中国书坛新人新作展，全国首届敦煌杯书法展，全国首届商鼎杯书法展，纪念毛泽东诞辰 110 周年书法特邀展，书法导报国际书法篆刻展，央视第二届杏花村杯电视书法大赛，《中国监察》杂志社举办庆祝建党 80 周年反腐倡廉书画展，中纪委恢复重建 30 周年书画特邀展，"梁披云杯"全国书法展。作品获杨守敬诞辰 170 周年全国书法篆刻展铜奖，湖北省首届临书展一等奖，湖北省第四、五届书法篆刻作品展二等奖。书法作品收入《全国中青年书法篆刻作品经典》《水墨状态全国中青年书法篆刻家邀请展作品集》及各类艺术专辑、刘石于湖南常德诗墙、甘肃黄帝内经碑林及河南三门峡诗墙。有书法作品被中国人民革命军事博物馆和周恩来纪念馆收藏。

梅丽琼

梅丽琼（1964～），笔名琼瑶，湖北黄陂（蔡家榨人）。毕业于武汉科技大学。中国书法家协会会员。现任中国企业报《艺术资本》理事会副主席、中华文化艺术名家联合会副主席、中国书画名家副总编、中央电视台经视栏目文化传媒联盟《金发鸿运》艺术顾问、《作家报》集报专刊《书画世界》副总编、《中国当代将军部长诗书画大典》组委会副秘书长、《中国新农村月刊》文化部主任、中国国画艺术书画院副院长、中国孔子诗书画艺术研究院副院长、中国国际经典书画院副院长、中国将军部长书画院彭城分院副院长、中国渤海书画院副院长兼副秘书长、中国名家画网宣传部副秘书长和中国泰山书画院北京分院执行院长等职。

王栋

王栋（1974～），字子人，号高升，湖北黄陂（祁家湾达义村）人。中国书法家协会会员。

毕业于湖北美术学院、中国国家画院。现为中央国家机关书法家协会理事、中国国画家协会理事、文化部中国书画院院士、北京人文大学特聘教授、中国国家画院书画家、河北美术学院特聘教授等。2002 年与中国书法家协会副主席张建会同时获得全国书法家百杰。2002 年又荣获全国美术家百杰。2002 年荣获首届吴道子美术基金奖。曾多次荣获文化部中国国家画院、中国艺术研究院、中国美术家协会、中国书法家协会主办的全国大奖、全国名家大奖和先进个人奖。作品简介曾入编《著名书画家精品博览大典》《海峡两岸名人大辞典》《中国当代书画家名库》《国际硬笔书法家大辞典》等 10 多部典集。

李青宽

李青宽（1956~），先后担任黄陂区人民政府办公室副主任、区档案局党组书记，一直爱好书法并潜心钻研，是中国硬笔书法协会理事。

汤真

汤真（1938~），湖北黄陂（前川街解放村）人。中华国粹研究协会副主席、中国人民艺术家协会常务理事、宜昌市振苑西算有限公司董事长。1958年至1961年在鲁大学习。2009年至2012年任世界杰出华商协会文艺分会副会长。2013年至今任中国影响力杂志社美术总监。著名书法家、收藏家、评论家、文艺活动家、世界杰出华商协会文艺分会副会长、沈阳神州书商研究院名誉院长，原黄河小浪底对外工程局副局长、高级工程师，《中国创新智库，改革开放35周年推动力人物名典》艺术顾问。荣获"中国书画家""中华当代书画艺术名家""党旗下的艺术家""中国艺术大师""奥运2008特刊艺术家"等荣誉称号。获中国书协六十年"兰亭百花奖"、纪念澳门回归祖国10周年"金莲花奖"、新中国成立60周年全国老年书画金奖等。应邀出版了《风范》二人集、《人民艺术家》《中国书画家365》《中华当代书画艺术名家典藏》等书籍，并著有论文《书法艺术的继承和发展》。

陈永明

陈永明（1962~），湖北黄陂（姚集街长冲村）人。大学文化，是研究员、高级策划师。民盟成员。1977年至1989年任武汉文化用品批发公司股长、副科长。1989年至1997年任武汉市医药公司科长。1997年至2000年任湖北凤凰电视艺术中心副秘书长。2002年7月任武汉威延文化传播有限公司董事长。武汉书法家协会理事、中国女书艺术学会副会长、湖北楚天画院汉口分院院长、湖北书画研究会主席团成员兼女书专业委员会主任、湖北省书法家协会会员。政协湖北省第十届委员会委员，民盟湖北省委经济法制委员会副主任，湖北省性学会理事、常务理事，武汉大学中国女书研究中心副主任，湖北省书画家协会副秘书长。

杨建明

杨建明（1953~），笔名联文，湖北黄陂人。供职于北空四站。中共党员。自幼习书，临池不辍，勤奋好学。在10多岁时就为四邻八乡书写。1987年毕业于中国书画函授大学。擅真、行、草、隶，精行楷，行书师法二王。师古习今，取诸家之长。其字追求欢快明朗，苍劲挺拔，追求书法芭蕾之动感美，备受民众的喜爱。

其字远写新加坡，近传省内外。为多家企事业单位题写了楹联匾额和宗氏祠堂匾额。因在20世纪80年代书写了河北省物资局、宝泉金店、丽华商场、通达商场、通达饭店、永安路步行一条街、物华典当行、香河百货大楼等匾额而名溢冀石。后又书写了石家庄市邮政大楼、交通大厦、水源路商场、华北食品城、财贸眼镜、河北省进出口贸易公司等牌匾。多次参加军地书画展并获奖，入编多本传略。书法作品被新加坡、韩国以及中国台湾等地众多朋友收藏。2015 年书法"志搏云天"被河北经贸大学图书馆收藏。2015 年 10 月书法《家》《虎》榜书作品参加在北京展览馆举办的"首届中国北京国际艺术臻品展"。2016 年 5 幅书法作品被周恩来纪念馆收藏。

现为中书协书法教师、河北省书协会员、河北省拍卖总行特聘首席书法家、河北电视品真栏目特邀鉴赏高级艺术家，并被特聘为国礼特供书画艺术家、河北省工业职业学院客座书法教授、千墨艺术网特邀顾问。

张俊杰

张俊杰（1955~），湖北黄陂（罗汉街潘黄村张家寨湾）人。

毕业于广西工学院建筑工程专业，高级工程师，高级政工师。中国硬笔书法家协会会员、中国人才研究会艺术家学部委员会委员、广西书法家协会会员、广西硬笔书法家协会会员。1976 年 9 月参加工作，1981 年 12 月加入中国共产党。历任冶金部十一冶机械化公司团委书记、工会主席，十一冶工会办公室主任、党委宣传部部长（正处级）、精神文明办公室主任、党校副校长、报社社长、报社总编辑、房地产公司书记兼副经理。参加过贵州铝厂、广西南丹车河锡矿厂、广西来宾冶炼厂、广西平果铝厂、徐州铝厂等国家重点工程的建设。多篇论文在省、市论文征文大赛中获奖以及在国家核心期刊上发表，论文《建设企业利益共同体之我见》在第四届全国劳动竞赛研讨上发表。书法作品多次在全国、省、市级大赛中获奖并展出，同时入选多部书法典集。

徐良法

徐良法（1938~），湖北黄陂（李集街邓江湾）人。大学学历。中共党员。1958 年 9 月至 1960 年 6 月任原黄陂县罗汉区中心小学语文、数学老师。1960 年 8 月至 1963 年 9 月支援边疆，在新疆兵团通用机械厂小学任教。1963 年 9 月至 1974 年 8 月在兵团通用机械厂中学任教。1975 年 8 月在乌鲁木齐市四十二中高中任语文老师。1993 年退休。2001 年在乌鲁木齐市水磨沟区组建书画小组并任组长。2006 年 9 月受到胡锦涛总书记的接见。2007 年受到中共宣传部部长刘云山的接见。2011 年 5 月及 8 月在中国书协副主席张柱堂的带领下，慰问全国政协副主席阿不来提、阿不都热西。现任中国书法家协会理事。

李俊

李俊（1966~），湖北黄陂人。中国硬笔书法协会理事。多年涉身墨池，笔耕不辍，研练历代名帖，包括《兰亭序》《圣教序》《灵飞经》等，书法造诣有了较快的提升。2003 年其作品荣获"万基杯"全国硬笔书法三等奖；2009～2011 年连续 3 年在瓦房店市直机关举办的书法美术才艺展中获得硬笔书法第一名的好成绩；2011 年荣获"相聚金陵"全国硬笔书法二等奖；2011 年、2012 年书法作品获得大连市硬笔书法比赛第一名；2011 年书法作品"涂料市场""重庆校训题字"等软笔书法也先后被广州、四川等地采纳；书法作品兰亭序被中国硬协录入"相聚金陵"精制作品集中，发行到中国台湾地区、中国香港地区、东南亚部分国家及全国各省市书法协会分会中。

陈金纯

陈金纯（1956～），湖北黄陂（横店街大教村陈大湾）人。民盟盟员。与明末"孤峭奇崛"的竟陵派诗家钟惺毗邻而居。现为南京书画院副院长，江苏省书法家协会副主席，全国中青年书法篆刻展览评审委员，中国书法进修学院、中国书法培训中心特聘书法教授，交通部书画协会副秘书长。1991 年入南京艺术学院美术系，受业于博士生导师黄惇教授。先后 14 次入选由中国书协举办的全国书法展、中青展、篆刻展、楹联展、新人展、行草书展等。并分别在第四届中青展、第六届全国展获最高奖，第二届楹联展获铜奖。篆刻作品入选全国第三届篆刻展。1993 年在南京艺术学院举办个人书法展。先后 10 余次在省市级展览中获一等奖。出版有《陈金纯书法集》《陈金纯仿争座位帖》《颜真卿行书技法》等。

王四新

王四新（1948～2008），湖北黄陂（滠口街黄花涝）人。大专文化程度。1979 年进湖北省书画艺术专修学院学习（3 年），1997 年创办四新书法美术社。其书法作品、简介入选《万鹅大观》《中国书法家辞典》，部分作品被颍州西湖碑林和中国国际文学艺术博览馆等单位收藏或在报刊上发表。作品曾获全国金鹅赛三等奖、武汉市"个协杯"书法大赛二等奖、第二届"王子杯"海峡书画大赛银奖。系湖北省书法家协会会员、湖北省书画研究会会员、武汉市书法协会会员、武汉市收藏家协会会员。

喻建华

喻建华（1951～），笔名灵石，原籍安徽省灵璧县。毕业于武汉测绘科技大学，1981 年由部队转业到黄陂供电局，担任党政办公室主任，从此定居黄陂。中共党员。系高级经营师、中国书法家协会会员、中国收藏家协会会员、中国书画艺术委员会委员。几十年来，无论是紧张的军旅生活，还是繁忙的工作节拍，他始终抓紧点滴时间临帖创作从不间断。他是一位多面手，擅长书法、美术、篆刻、摄影，他的大写意动物画，充分发掘了人与动物之间和谐的内涵；他的书法如同他的人格一样，刚直而潇洒。用笔学米芾，偏则峻健，方圆兼施；线条则如黄庭坚老辣而富有弹性，章法大气而富有意趣，日复一日渐入佳境。他主工行草兼习汉隶，刻字艺术时有涉猎，又是盆景艺术、养狗养猫、奇石、玉器鉴赏之高手。他的书画篆刻作品先后在国内外几十种刊物发表，《中国书法》《书法报》等专业刊物发表了他大量作品及论文，作品多次在全国性大展中入选获奖，还被选送日本、泰国、新加坡等国家展出收藏。作品还被国家领导人作为礼物赠送国际友人，曾为美国总统布什、日本首相小泉纯一郎等20多位国家元首雕刻印章。出版有《喻建华书法选》及《建华书画篆刻选》等。在1999年5月泰国举行的第二届"世界华人艺术大奖"评选活动中，他的书法作品荣获金奖，并应邀游览王宫做客。2003年3月应邀在法国、德国等欧洲9国举办书画展，被中欧文化促进会授予"中欧和平大使奖"。还在2003年全国艺术星空评奖活动中被大会组委会评为书法类金奖。他先后被各书画家协会吸收为会员并担任要职，为文化助残捐赠了大量作品，被残联授予"慈善艺术家"称号，还被国内外几十家艺术机构聘为院士、客座教授等。

经几十家新闻机构及世界文化艺术研究中心等单位的推荐，后入编《世界名人录》《世界华人文学艺术家名人录》《中华骄子》等20余种专著辞典。

罗佈依

罗佈依（1962~），字相相，湖北黄陂（前川街道）人。自幼酷爱书画艺术，楷书、草书见长。中国书法家协会会员。先后在政府法制部门、生态旅游区管理部门、经济开发区工作，出版研究文集和书法作品集多部。

王景

王景（1982~），字明甫，号西陵书奴，湖北黄陂（盘龙城经济开发区三店）人。自幼酷爱书画艺术，擅国画、书法，以书法理论、小楷和草书见长。

现为中国书法家协会会员、湖北省书法家协会会员、武汉市美术家协会会员、天河书画院副院长，创立双凤西隅书画艺术工作室。

师从著名书画篆刻家、西泠印社社员杨坤秉先生。

从事书画艺术研究、创作、教育20余年，在《中国书画报》《书法报》《书法导报》等全国专业报刊发表专业文章100余篇约计30万字。

自编《临池幽声》《东汉四家书法理论释读与研究》《唐孙过庭〈书谱〉临摹及其理论研究》等，共计130余万字。主持《中等职业学校学前教育专业学生评价策略研究》《农村初中学生书法能力培养研究》等市、区级书画教育类重点课题4个，编写并出版中等职业学校《幼儿园实用美术》《钢笔书法训练（三册本）》《美术》等多部教材。

工艺美术类

六

　　一张白纸、一张画布能绘出最美的图画，一团泥巴经过揉捏、雕刻、造型就成为一尊艺术品——这就是工艺美术大师的杰作。

　　由前川走出的中国美术界知名人物冯今松，由"黄陂农民泥塑"的爱好者嬗变为国家工艺美术大师的项金国、李三汉，由黄陂走进江西景德镇的陶瓷画高级工艺师李宝华等，20多位工艺美术大师们都有自己的传世之作。

冯今松

冯今松（1934～2010），湖北黄陂人。1957年华中师范大学美术系毕业留校任教，曾任湖北省美术院副院长、院长。一级美术师、中国美术家协会中国画艺委员会委员、中国画研究院院委、湖北省美术家协会副主席、世界华人画家三峡刻石纪游组委会副主任，享受国务院特殊贡献专家津贴。2010年6月10日逝世于武汉武昌。

1947年至1950年就读于黄陂私立前川中学、黄陂县初级中学。后考入湖北省教育学院附属师范学校艺师科（后改为武昌艺术师范学校），并保送华中师范学院音乐系。半年后，转美术系，毕业留校任教。湖北艺术学院成立，"文化大革命"中新建立的湖北美术院改为湖北省美工队，他任副队长兼管全省美术摄影展览办公室美术方面的工作。湖北省美术院建制恢复后，任副院长，1984年任院长，直至1994年退休。曾任第七届湖北省政协委员、多届湖北省美协副主席。1996年被聘任为湖北省人民政府文史研究馆馆员。湖北四老之一（其余三人为鲁慕迅、周韶华、汤文选诸先生）。

项金国

项金国（1950～），湖北黄陂（李家集大彭家寨）人。中国美术家协会会员，湖北美术学院美术系副主任、副教授。1974年参加黄陂泥塑学习班，后选送到湖北艺术学院学习。1979年毕业于美术系雕塑专业。1980年入四川美术学院进修，1981年回湖北美术学院任教。创作的雕塑《操》《冲击》《力》和《中华气功意》分别入选第一、二、三届中国体育美术作品展；室外大型雕塑《飞燕》入选首届全国城市雕塑优秀作品展；《民工潮》一组获全国第八届美展优秀奖。《书记的办公桌》由中国美术馆收藏，石雕《春暖》、木雕《晒场上》分别为菲律宾、台湾地区收藏家收藏。创作的教育家李更先生铜像立于江苏省志诚中学，大律师施洋像立于施洋故乡，贺龙像陈列于监利市"贺龙纪念馆"。

李三汉

李三汉（1954～），湖北黄陂人。民盟成员。1978年12月毕业于湖北艺术学院美术系，并分配到湖北省美术院从事雕塑创作，任雕塑室副主任。现任湖北省美术院雕塑室主任，国家一级美术师、中国城市雕塑设计师、中国美术家协会会员、中国雕塑家协会会员，湖北省美术家协会、雕塑艺术委员会委员，武汉商贸学院美术学院院长，其作品多次获国家级、省部级大奖。

现在武昌昙华林设有"李三汉雕塑"工作室。2020年在家乡王家河街刘桥村李兴二湾建有"李三汉雕塑艺术展览馆"，对社会公众开放。

陈育村

陈育村（1951~），湖北黄陂（李集街丁陈湾）人。湖北省美术学院创作研究室副主任，二级美术师。1981年毕业于中央美术学院雕塑系，分配到湖北美术学院从事专业雕塑，先后完成了大型历史人物雕塑设计。100多个作品入选全国美展，其中《和平使者》入选全国首届体育美术作品展，获三等奖，被中国奥委会收藏。《湘江》参加全国军人美术作品展，获一等奖。

梅俊先

梅俊先（1948~），湖北黄陂（李家集街泡桐店）人。自幼随祖父居住在寺庙中，对雕塑拥有浓厚兴趣。1973年，到文化馆参加培训，师从著名雕塑家钱绍武、朱达成教授。50余年来，其作品曾多次在省、市重大活动中展出。因对泥塑艺术的执着追求，于1995年创办了黄陂泥塑协会专人创作室，专门从事非物质文化作品，另外还从事大型城市雕塑、园林雕塑、神像雕塑等。

2014年3月12日，武汉市黄陂区泥塑协会成立，梅俊先担任会长，为黄陂泥塑的传承、宣传、推广做了大量工作。2021年中国文明网对梅俊先进行了专题采访报道。

胡作林

胡作林（1959~），湖北黄陂（六指街道）人。武汉市泥塑艺术研究会会长、泥塑艺术武汉市非遗传承人、"江城八怪"之一，有着"北有天津泥人张，南有武汉泥人胡"的美誉。

2006年，泥塑入选第一批国家级非物质文化遗产名录，2014年胡作林被评为市级泥塑传承人。

陈德新

陈德新（1948~），湖北黄陂（王家河陈家畈）人。武汉艺术建筑设计院院长、副研究员，中国美术家协会会员。1975年参加黄陂农民泥塑训练班，后到湖北省博物馆从事专业雕塑。先后完成蒲圻赤壁《三国周郎》花岗石雕塑、随州市市标铜雕。1992年参加中国援助乍得共和国专家组，完成了乍得人民宫内国际会议厅、大会堂、宴会厅的雕塑总设计和制作。2010年参与了武汉市黄陂双凤公园的雕塑设计和制作。其简介被收入《中国现代美术家名人大辞典》。

吴大汉

吴大汉（1922~1982），湖北黄陂（环城桃花庙）人。雕花剪纸艺人。所做鞋花、枕花、兜肚花等花样，形象逼真，线条优美。解放初，联络雕花剪纸艺人百余人，组成黄陂县剪纸花样研究会。其作品于1955年被选送罗马尼亚民间工艺博览会。

周分田

周分田（1947～），湖北黄陂（盘龙城经济开发区）人，祖籍河北任丘。中国美术家协会会员，中国工业设计学会高级会员，高级工艺美术师，国际美术家联合会会员，武汉大学广告艺术研究中心特聘教授研究员，中央民族大学商业学院艺术系特聘教授、专家。自幼学画，擅长人物、花鸟、山水、壁画等。其部分作品被日本、美国等博物馆收藏。100多项作品分别获国际金奖、国家金奖、省级金奖。举办个人大型画展5次。

发表《中国包装发展史》等多篇论文。2006年出版发行《周分田艺术世界论纲》专著，载入《中国当代美术家辞典》《中国当代专家名人辞典》。

出版大型个人画册《周分田油画集》《周分田国画集》《周分田壁画集》《周分田C.I.S系统策划》。

周分田吸古人笔墨精华，悟道行道又不僵化，在墨色和传统绘画功底中又洋溢着时代气息。从他的作品中不仅能看到八大山人、李苦禅、齐白石、潘天寿等大师的笔意，也能看到他创新立异、大胆变法的艺术讲究。

田华

田华（1965～），字孟轩，号老轩，湖北黄陂人。湖北省美术家协会会员、湖北省书法家协会会员、武汉美术家协会特聘画家、三楚画社社长、上海艺谷艺术评审委员会委员。先后就读于华中师大中文系、首都师大美术学院。硕士研究生学历。自幼习画，先后师从黄亮、鲁慕迅、刘进安等。诸多作品被国内外艺术机构及私人收藏，并多次在全国各地举办个人画展及联展。

李宝华

李宝华（1946～），湖北黄陂（前川街）人。陶瓷高级工艺美术师。

1956年随父母由武汉迁居江西省景德镇市，60年代师从著名陶瓷美术家陆云山先生，以山水花鸟画见长，同时兼攻瓷像画、书法等。1973年进景德镇工艺美术厂从事陶瓷工艺美术设计创作工作，系江西省景德镇市美术家协会会员。

蔡迪安

蔡迪安（1938～），湖北黄陂（蔡家榨）人。画家、一级美术师。1961年毕业于湖北艺术学院美术系油画专业，后留校任教。1965年调湖北省美术院，历任油画创作研究室主任、环境艺术研究所所长。中国美术家协会会员，湖北省美术家协会理事兼油画艺委会主任、壁画艺委会主任，中国民主同盟湖北省委委员，美术院民盟支部主任委员。油画作品《南下》获湖北省美术展金奖、全国美术展铜奖，被中国美术馆收藏。参与创作的壁画《赤壁之战》被评为全国优秀作品，《华夏戎诗》被中国军事博物馆收藏。

梅御

梅御（1969～），湖北黄陂（盘龙城经济开发区）人。毕业于江汉大学艺术学院，思想型书画艺术家。

其代表作品国画《樊神》。他是书画家、诗人、哲人、公益慈善社会活动家、2012和谐中国年度峰会艺术家、"慈善中国"2012年书画家特别贡献奖获得者、中国长城将军书画院副院长、中国传统文化促进会理事、中华全国高校职场之星顾问委员会委员、中国楹联协会会员、中国诗酒协会会员、中国书画研究院北京创作中心常务理事、中国艺术科学院北京创作中心常务理事、平潭海峡两岸文化交流促进会会长。

刘仲杰

刘仲杰（1943～），湖北黄陂（横店街陈家田）人。中国美术家协会会员、湖北省美术家协会副主席、襄樊市美术家协会副主席、高级工艺美术师。1963年毕业于湖北艺术学院美术系，先后到襄樊市曲剧团、豫剧团、文工团从事舞台美术设计工作。1981年调襄樊市文联从事创联工作。年画《不知从何讲》入选全国第六届美术展览，获优秀奖。水彩、粉画《高原行旅》入选全国第五届水彩、粉画展。

张鸿保

张鸿保（1938～），湖北黄陂（王家河街）人。湖北美术出版艺术发展公司总经理，湖北美术出版社第一编辑室主任编辑、美术副编审。曾在武汉市文化局、武汉展览馆等单位工作，擅长洇画、摄影、展览艺术及装帧艺术设计，作品曾在北京、天津、浙江、福建、河南、陕西等美术出版社出版，并获全国和中南五省区奖。中国美术家协会湖北分会和中国装帧艺术研究会会员、中国出版工作者协会年画艺术委员会和摄影艺术委员会理事。

徐焱洲

徐焱洲（1952～），湖北黄陂（长轩岭街）人。国家一级美术师。湖北日报传媒集团主任编辑。1987年毕业于湖北美术学院中国画专业。作品获奖20余次。其中1976年创作的年画"夺粮站"刊载于《黄陂文艺》，并入选湖北省美术展览；"开拓者"1984年入选湖北省建国35周年美展；"攻读"1986年获全国墨海书西大赛优秀奖；"吴天祥的故事"1998年获全国党的建设刊物优秀稿件一等奖；采编的作品"艺术天地"2001年被评为湖北新闻奖三等奖。其作品多次在《湖北日报》等数十家媒体刊载，撰写的《从艺术欣赏中接受新闻》《谈报纸的现代美化》等论文在有关报刊发表，多套连环画、诗配画、历代名人肖像工笔画、插图等分别由湖北人民出版社、湖北少年儿童出版社、湖北美术出版社出版。个人艺术简历入编多册美术家辞典及两本名人录。

卢斌

卢斌（1964～），湖北黄陂人。湖北美术学院副院长。享受湖北省人民政府专项津贴专家。2007年5月任湖北美术学院党委委员、副院长。主要从事马克思主义理论、文艺美学、艺术管理及策划等方面的研究。主持国家社科基金项目1项，主持省部级人文社科研究项目多项。出版专著2部，先后在《光明日报》《中国教育报》《中国行政管理》《江汉论坛》等刊物上发表科研论文近百篇及大量文艺作品。

陈汉生

陈汉生（1956～），湖北黄陂（六指街道）人。湖北省书法协会会员。书画师承邓少峰、冯今松，雕塑师承杨子详、谢从诗。雕塑艺术作品数次赠送国际友人，多次参加国内外书画大展。成功将《清明上河图》完整地复原在长达17米的玻璃板上，其"大型平板玻璃雕塑创作手法"于1997年获得国家级发明专利。

乐建文

乐建文（1938～），湖北黄陂（今武汉市黄陂区李集镇方安贾家铺）人。1961年毕业于广州美术学院中国画系，并留校任教。曾任湖北美术学院中国画教研室主任。1989年赴德国访问讲学，在波恩和慕尼黑举办个人书画展。1991年再度赴荷兰、德国访问，在阿姆斯特丹、鹿特丹、埃因霍温和慕尼黑举办书画展。1994年赴加拿大安大略艺术学院讲学和举办画展，被授予名誉教授。1997年访问意大利，考察文艺复兴时期美术。

被国务院确定为对文化艺术发展有突出贡献的专家，享受政府特殊津贴。个人传略载入《中国美术辞典》《中国美术年鉴》《中国当代国画家辞典》、美国《世界名人录》、英国剑桥大学《国际名人录》等。

周家柱

周家柱（1936～），湖北黄陂（罗汉寺街周家砦村）人。1958年考入广州美术学院学习，毕业后分配到华南理工大学建筑学院工作，历任助教、讲师、副教授、教授、美术教研室主任。获团中央颁发的"五四"奖章。美术作品油画、木刻板画等10余次获广东省、全国铁路、国家建设部、中南地区美术作品二等奖和优秀奖。其作品和传略被收入《中国当代美术家人名录》《中国现代美术家人名大辞典》《国际现代书画篆刻家大辞典》《世界书画篆刻家通联大全》《20世纪国际现代美术精品荟萃》《中国专家人名辞典》《中国当代艺术界名人录》。

陈祥

陈祥（1949～），曾用名陈传祥，字楚翁，号石泉山人，湖北黄陂（李家集镇四陈家寨）人。深圳书城翠碧轩书画苑苑长、经理，一级书画师，书画篆刻研究员。1984 年创办武汉翠碧轩书画苑，后定居深圳。酷爱诗联，工书擅画，尤以篆刻见长，被誉为"深圳一把刀"。

1980 年开始发表篆刻作品，出版书画作品集 200 余部。其作品先后在"太白杯""羲之杯""井冈山杯""梅花杯""山水杯""大足石刻杯""东方杯""南巡杯""中山杯""中华杯""艺海杯""太阳杯"等近 70 项国际、全国、港、台书画大展赛中分别获金奖、银奖、一等奖、特等奖、特别奖、最高荣誉奖、华表奖等多种奖项。数十家博物馆、纪念馆、美术馆、艺术馆收藏其作品并刻碑刊石。先后受聘为《光明日报》湖北办事处书法篆刻艺术顾问，河南嵩晖印社主任，颍州西湖画院副院长，广东双栖印社名誉社长，中、港、澳、台、日、韩新书画家联盟副主席，国际（台湾）文人画家联谊会常务理事，中国美术家协会常务理事。

梁冲

梁冲（1953~），湖北黄陂（前川街道）人。民间艺术家。

自幼酷爱美术，曾师从多位高师名家，编著《炭精画艺术》一书。

王启新

王启新（1962~），湖北黄陂（李集镇泡桐）人。武汉哥特建筑装饰有限责任公司董事长，高级工艺美术师。

中学毕业后，王启新拜老艺术家刘汉华为师。出师后，被安排到泡桐镇石膏工艺厂模具车间工作，成了"泥人王"。

1980 年，王启新办起了"新兴工艺模具厂"。1990 年，王启新研制出立体蛋糕模具，获得国家专利。1991 年 2 月 11 日，《中国食品报》头版报道了软胶模具发明人王启新的事迹。

杜二凡

杜二凡（1960~），号西陵斋主，湖北黄陂（今武汉市王家河街道大杜湾）人，中国美术家协会会员。深造于原浙江美院，师承王成喜先生。幼承家学，潜心研习中国画 40 余年，一生喜爱画梅，并兼修山水写意。1978 年服役于空军某部，期间作品曾多次刊登于空军报等大小刊物（军旅画家），退役后曾多次参加国内外画展并获奖。现为中国国际友人画院副院长、北京盛世画院副院长、原中国教育网络电视台书面台特聘书画家，现任湖北省书画家协会会员及"墨彩杯"全国青少年儿童书画作品大赛特聘书画评委。

七

教育类

黄陂学风炽盛，杏坛名校众多，教育先贤辈出，创造了教育事业上卓尔不群、异于凡响的辉煌。

胡康民、陈时、余传韬、戴礼彬、李水生、李志祥等40多位教育类文化人物，是中国教育界响亮的名字。

九届全国政协副主席王文元、十三届全国政协副主席辜胜阻，他们从接受教育、从事教育、研究教育到担任分管教育的副省长，进而成为国家领导人。两位全国政协副主席的经历和对教育的贡献进一步诠释了教育具有"培根、铸魂、启智、润心"的社会功能和文化贡献。

王文元

王文元（1931～2014），湖北黄陂（今武汉市黄陂区前川街刘寨村）人。九三学社成员。东北财经学院财政系毕业，教授。曾任辽宁大学经济学院院长、辽宁省人民政府副省长、第九届全国政协副主席。

1953年至1956年，在东北会计统计专门学校会计系、东北财经学院财政系学习，毕业后留校任教。1958年至1988年在辽宁大学工作，历任经济系助教、讲师、副教授、教授、教研室主任、系主任、经济学院院长，沈阳市政协副秘书长。1988年任辽宁省副省长，九三学社中央副主席。中国人民政治协商会议第七届、第八届全国委员会常务委员，第八届全国政协法制委员会副主任。1992年任最高人民检察院副检察长、检察委员会委员，九三学社中央副主席、常务副主席、名誉副主席。1998年3月当选为第九届全国政协副主席，先后担任中国和平统一促进会会长、名誉会长，中国人民对外友好协会顾问等职。

辜胜阻

辜胜阻（1956～），湖北黄陂（今武汉市黄陂区王家河清河村辜家岗）人。经济学家、教授、博士生导师。

在家乡清河学校读完小学和初中，在王家河中学高中毕业。1978年至1982年在武汉大学经济系学习，1986年至1988年在美国密西根大学进修硕士学位，1991年获武汉大学经济学博士学位。1982年至1993年历任武汉大学助教、副教授、教授、博士生导师。1997年至今兼任武汉大学战略管理研究院院长。1998年任武汉市副市长。2002年至2007年任全国工商联副主席。2003年至2005年任湖北省副省长。2008年3月任第十一届全国人大内务司法委员会副主任委员。2013年3月任全国人民代表大会财政经济委员会副主任委员。第十一届全国人大常委会委员、浙江省浙商研究会名誉会长。作为国家有突出贡献中青年专家，其研究领域集中在经济发展与城镇化、创新与高技术产业、民营经济与企业管理、劳动与社会保障、政府与宏观管理、社会发展与教育理论等方面。先后主持6项国家自然科学基金项目、4项国家社会科学基金项目及5项国际合作项目和10余项省部级科研项目的研究工作。先后出版了《中国跨世纪的改革与发展》《新经济的制度创新与技术创新》《政府与风险投资》《非农化与城镇化研究》《当代中国人口流动与城镇化》《中国再就业工程》等10余部专著。在《中国社会科学》《中国软科学》《改革》[美]、《人口与发展评论》等国家级报刊和国外学术刊物上发表论文百余篇。有10多项研究成果获国家级和省部级奖励。曾任第八届、第九届、第十届全国政协委员。第三届"中国十大杰出青年"、孙冶方经济科学奖、国家"五个一工程"奖得主，并获教育部优秀成果特等奖，1996年入选国家"百千万人才工程"，1997年入选国家教委"跨世纪人才工程"，1998年被授予"国家有突出贡献的中青年专家"称号。是武汉大学博士生导师，率先进行人口经济学研究（武汉大学人口经济研究所所长）。

2018年3月当选为第十三届全国政协副主席。

胡康民

胡康民（1880~1953），原名家济，湖北黄陂（今武汉市黄陂区长轩岭街胡家湾）人。7岁启蒙读私塾，天资聪颖，勤奋好学。1900年在本村私塾学堂任教。1904年参加湖北新军，后考入汉黄学堂，学业优秀。毕业后在安徽省宁郡中学暨崇正高小任教3年，后到湖北谷城、咸宁等县执教，曾任高等小学堂监学、堂长。1911年辛亥革命后，回湖北任都督府审计厅科长。1913年辞职回乡经商。1917年任黄陂教育会长，复任劝学所长，在任的6年，黄陂教育有显著发展。他还创办图书馆、半日学校、夜校及简易学塾等。1920年参与创办前川中学，并附设自新小学。在主持校务期间，对校纪校风要求严明，深受师生钦敬。吴光浩、潘忠汝、胡秋原等均曾就读于该校。1927年10月，县长袁国派人查抄前川中学营业部。该部业务人员闻讯后迅急焚烧进步书刊，搜查人员以尚未被焚毁的书籍作为宣传赤化的证据，将胡绑囚于省军法署，后由友人相助出狱。1928年春，县政府迁驻前川中学校舍，前川中学停办。翌年，胡等呈文省府索还校舍未准。1933年，县长华文选以贪污账款为由又将其拘押，意欲加害。经族人多方奔走，方得获释。1934年在县城开设道生糕饼杂货铺。抗战爆发，避居杜家冲。随后，多次接受抗日民主政府邀请，参加黄陂县临时参议会，商讨抗日救国大计。1942年8月，曾偕同陈仇九、赵南山等前往国民党鄂东行署，吁请国共合作抗日，停止内战。1948年去香港，1952年移居台湾，次年因患肺癌辞世。

黄陂民众认为胡康民的一生有三大特点：一生以办教育为己任，教育救国，爱国心强；关心群众，爱民为怀；有远见，有卓识，高瞻远瞩，乐观豁达。

陈时

陈时（1891~1953），字叔澄，湖北黄陂（今武汉市黄陂区前川桃花庙陈家中湾）人。1907年赴日本留学，先后在日本东京宏文书院、中央大学、早稻田大学、庆应大学学习，获庆应大学法学士学位。在日期间加入中国同盟会。1911年学成回国后，立志创办学校，教育救国。武昌首义后，任湖北军政府财政司秘书。1911年底，和父亲一起变卖家产，所获钱款用于创办我国第一所私立大学——武昌中华大学，由其父陈宣恺任校长。1917年父死继任校长。他四处奔走求援，远至南洋向华侨募捐，学校规模不断扩大，附设小学、初中、高中三部；大学先后办有文、理、法、商及师范专修等科，全校学生近2000人。

陈时的办学理念是"兼容并包",坚持"教育独立"原则,以"成德、达材、独立、进取"为校训,先后聘请康有为、梁启超、章太炎、李大钊、杜威等中外名流、学者到校讲学,聘著名学者黄侃等到校任教。鼓励学生努力读书,追求进步,支持恽代英等在校从事革命活动。1922年,省女师发生学潮,夏之栩、徐全直等5名进步学生被勒令退学,陈将她们接至家中居住数月,并设法为之补课。1925年,武汉各教会学校学生反对帝国主义文化侵略,不少人被开除,陈将被开除学生收入中华大学。次年,青年党头目陈启天到校讲演,当场引起学生冲突,湖北督军陈嘉谟逮捕5名进步学生,陈出面斡旋交保获释。抗战初期,其日本同学重光葵(时任日本国驻英大使)写信劝其留武汉办学,并许以优厚条件。陈严词拒绝,将学校迁往重庆。1940年,湖北省主席陈诚派人到重庆劝他将学校迁往恩施与省政府合办,陈婉言谢绝。抗战胜利后,中华大学迁回武昌原址。陈曾担任教育部特种教育委员、世界教育会议委员、中国教育学会理事、湖北省议会议员、国民参政员、国大代表。解放战争后期,张群劝其去台办学,亦遭拒绝。武汉解放前夕,他参加湖北和平运动,与张难先、李书城等一起劝白崇禧"联共反蒋",敦促释放武大7名被捕学生。

中华人民共和国成立以后,1950年加入中国国民党革命委员会。1951年参加湖北省第二届各界人民代表会议,并当选湖北省人民政府委员。在土改中,被错判刑12年(缓刑2年)。1953年在武昌病故。1984年6月平反昭雪。陈一生矢志教育,不谋官禄,生活俭朴,有"清苦的教育家"之誉。遗著有《政党论》《南洋游记》。

余传韬

余传韬(1928~),湖北黄陂人。生物化学家、教育家。

1947年考入北京大学,1949年随父余家菊到台,台湾大学毕业后,赴美留学,获加州大学生化博士学位。先后在加州大学、哈佛大学和耶鲁大学等美国名牌大学任研究员,任波士顿大学副教授、台湾大学客座教授。后应邀返台任职,在1972年至1979年担任台湾嘉义农业专科学校(现嘉义大学)校长期间,开创了该校的全盛时期。余先生利用他的影响力,率领弟子们曾多次穿梭于海峡两岸,为农业科技交流与合作做贡献。

卢琼

卢琼(1968~),湖北黄陂(姚家集)人。黄陂一中原校长,全国优秀教育工作者,中学高级教师。大学文化程度。中共党员。1990年毕业于武汉大学分校数学系,分配到黄陂一中从事教育教学工作,先后任班主任、教务主任、副校长。所辅导的学生有的在全国高中数学联合竞赛中获二等奖和三等奖。任班主任期间，所带班级多次被评为"武汉市优秀班集体"。其事迹被录入《武汉市教师风采录》《木兰山下园丁曲》。先后被评为"全国优秀教育工作者""国家级骨干教师""湖北省骨干教师""武汉市学科带头人""武汉市十佳班主任""黄陂区十大名师""武汉市优秀青年教师""黄陂区学科带头人"。先后在《中学生数理化》《数学通讯》《湖北教育科学》等学术刊物上发表学术论文30余篇，其中多篇获奖。参编的书目有《青少年自学丛书数学分册》和《高中数学节节练》。湖北省数学学会会员、湖北省信息技术专业学会会员、武汉市教育管理委员会委员、武汉市数学学会会员、武汉市数学学会青年委员会委员、黄陂区数学学会理事长。

柳野青

柳野青（1902~1988），曾名柳启鋆，又名柳植，湖北黄陂（木兰乡）人。1919年就学于中华大学附中，受恽代英影响，接受了反帝爱国、崇尚工农劳动思想。提倡新人生观的教育，并参加进步社团"互助社"。作为战士，他早在20世纪20年代初期就参与恽代英创办的"利群书社"，积极倡导社会主义。1924年入黄埔陆军军官学校。后积极勇敢地参加了浴血的北伐战争。

1931年，在武昌艺术专科学校任教。创办革命文艺刊物《煤坑》，积极宣传抗日爱国。"一二九"运动后，参加上海文化界救国会活动。创作《中华民族不会亡》歌词，由吕骥谱曲，成为流唱全国的抗日名歌。

1941年，在抗日战争最艰苦的时候，参加新四军。历任鄂东公学首任校长、鄂豫皖边区鄂东办事处教育科科长、副主任、边区行署司法处处长、鄂中区专员、苏皖边区临时参议会参议员、皖北行政学院副院长等职。

1924年考入黄埔军校第一期学习。1926年任罗田县教育局局长。1941年任鄂东公学首任校长。后任鄂东办事处教育科长、皖北行政学院副院长。1949年下半年任湖北省文教厅副厅长。1950年后，曾任湖北省教育厅第一副厅长、厅长，省人民政府委员，省人民政府文教委员会委员，全国政协第三、四届委员。

对湖北的文教事业做出了巨大的贡献。

何延凯

何延凯（1957~），湖北黄陂（蔡榨街何家下湾）人。1978年至1982年就读于湖北大学数学系。1982年7月至1993年在黄陂县任教师、教研员。1993年至2006年任华中师大一附中考试研究中心主任、数学指导丛书总编、华一集团总经理。2006年至2011年任湖北大学《中学数学》杂志社主编、社长，中原省级示范高中联合体总负责人。2012年起，为教育部考试中心《大学入学与命题》课题组成员、湖北大学数学与计算机学院教授、湖北省国家级培训计划专家组成员。主要成果《高中数学的科学学习方法》在全国22个省市报告交流，主编、策划专著《张文娣讲数学》《话说万尔遐》，分别获得北京市海淀区 2011 年创新科技一等奖和中学数学界和平奖。

喻艳霞

喻艳霞（1940~），女，湖北黄陂（长堰大喻湾）人。1961 年在新疆参加教育工作。1978 年调回黄陂。曾多次被评为省、市、县先进工作者和优秀班主任。1984 年被评为全国优秀班主任，并出席北京召开的全国优秀班主任大会，获金质奖章。1985 年被评为武汉市劳动模范，并当选为武汉市人大代表。

彭南生

彭南生（1963~），湖北黄陂（今武汉市黄陂木兰乡）人。博士研究生学历，历史学博士，博士生导师。

华中师范学院（今华中师范大学）毕业后留校工作。长期从事教学与科研工作，主要研究方向为中国近代经济史、辛亥革命史。主持多项国家级和教育部人文社科重点研究基地重大项目，学术成果颇丰。出版专著《中间经济、传统与现代之间的中国近代手工业（1840—1936 年）》等 5 部，在《历史研究》《近代史研究》《史学月刊》等权威与核心期刊上发表学术论文百余篇。

湖北省"楚天学者"特聘教授，华中师范大学"桂子学者"特聘教授，湖北省有突出贡献中青年专家，入选教育部新世纪优秀人才支持计划，享受国务院政府专家津贴，现任华中师范大学党委常委、副校长。

冯友梅

冯友梅（1958~），湖北黄陂人。研究生学历，教授、博士生导师。中共党员。1998 年 3 月起先后任同济医科大学基础医学院党委书记、教务处处长、副校长，2000 年 5 月起先后任华中科技大学党委副书记、党委常务副书记兼纪委书记，2012 年 5 月调任武汉大学党委常委、常务副校长，2013 年 1 月起任武汉大学党委常委、常务副校长兼医学部部长。曾任中共湖北省委第七次党代会代表、第十届湖北省政协委员、第十一届湖北省政协委员、湖北省妇女联合会第十届执行委员会委员。主要从事心血管疾病的发病机制研究，在老年病、肿瘤及卫生体制改革等方面有一定研究。先后主持国家及省部级课题 20 余项，曾获省、部级教学科研成果奖三项。兼任教育部基础医学教育指导委员会副主任委员、全国高等医学教育学会教学管理研究会理事长、全国高等医药院校教材工作委员会副理事长等。

戴礼彬

戴礼彬（1935~），湖北黄陂（罗汉戴家湾）人。1949 年参加工作，1954 年加入中国共产党。

1965 年毕业于武汉大学理化系。1976 年起任武汉大学副校长。获得过全国青年社会主义建设积极分子、武汉市特等劳动模范、湖北省特等劳动模范、全国建筑业劳动模范、全国劳动模范等光荣称号。在担任武汉大学副校长期间，主持武汉大学校区总体设计和建设管理，主持邵逸夫赠款建设项目并获一等奖。主编和参与编写了《国家公务员实用大辞典》《中国高等学校后勤管理学》《当代湖北基本建设》等书。

陈浩武

陈浩武（1952~），湖北黄陂人。毕业于湖北省金融专科学校（现湖北经济学院）。武汉大学经济学博士。1990 年参与组建湖北证券公司。1991 年 3 月 18 日，39 岁的陈浩武正式出任湖北证券公司董事长。2000 年后任北京大学光华学院教授，现任中国"石门坎教育基金会"会长。

2022 年，向母校黄陂一中捐赠价值 10 万元的图书，并向他居住生活过的长堰社区居民委员会捐赠各类图书 570 册。

萧伯符

萧伯符（1955~），笔名高歌、高天、毕耕、秦耕、肖旗、希真等，湖北黄陂（武湖农场高车分场旗杆湾）人。中共党员。1983 年毕业于湖北财经学院（法学学士），1997 年毕业于中南政法学院（法学硕士）。1998 年被评为编审，2000 年评为法学教授。曾任湖北财经学院法律系团总支书记，中南政法学院《学报》副主编，中南财经政法大学法学院党委书记兼副院长，全国文科学报宣传委员会副主任，湖北省社科期刊研究会常务理事，湖北省妇女理论研究会常务理事，湖北警官学院党委委员、副院长、学报主编、法治研究所所长、法学学科带头人，中南财经政法大学法学院教授、法律史专业和法律硕士专业硕士生导师。兼任中国法律史学会理事、中国儒学与法律文化研究会理事、中国行为法学会理事、中国法学会董必武法学思想研究会理事、中国国情研究会研究员、中国高教学会高教管理分会理事、湖北省法学会副会长、湖北省高教管理研究会副理事长、武汉市法学会副会长、中共武汉市委政法委法律咨询顾问、武汉市人大常委会地方立法研究会理事等职，是中国法学会会员、湖北省诗词学会会员。

先后在《法学评论》《法学》《法律科学》《政法论坛》《法商研究》《中国法学》《美中法律评论》等学术期刊上发表论文 50 余篇（20 余次被转载或获奖）。其成名作是 1984 年发表的《〈春秋〉决狱初探——兼与两本统编教材中某些观点商榷》，被中国人民大学《复印报刊资料法律》《高校文科学报文摘》《中国史研究文摘》《中国法制史研究综述》等转载，并获湖北省法学会优秀科研成果奖。1994 年发表的《〈论语〉与中国社会治理模式探讨》，于 1996 年获武汉市优秀法学研究成果奖。1995年发表的《儒家义利观与市场经济论纲》，获湖北省委宣传部优秀论文奖，并收入日本东京法思株式会社、中国儒学与法律文化研究会《儒家义利观与市场经济》文集等。《儒法两家的治国主张与现代法治方略比较研究》于1998年在《中国法学》发表后，被人大复印资料《法理学法史学》全文转载并分获司法部部级优秀论文奖和武汉市第7次社科优秀成果奖；《商鞅法治理论及其现代借鉴》获武汉市第9次社科优秀成果二等奖。

发表了《执法为民的法理与历史之初步思考》等文，主持了司法部项目《法治之下的警察行政权的合理构建》、公安部项目《基层警务绩效评价》和湖北省教育厅两个重点项目《公安执法与人权保障》《警察职能由管理型向服务型转变的制度保障研究》的研究任务。

同时，还参编《中国法制通史》《中国法律思想史》，主编《中国法制史》，参编或主编了《法学概论简明教程》《公民的权利义务》《中国刑法原理》《法治理念与实务》等著作、教材计26部，其中，有多部获部省级奖。

在完成《中南政法学院学报》（现名为《法商研究》）的复刊筹备任务后，又一人承担了学报的组稿、审稿、编辑加工、版式设计至文字校对等工作，为"学报"工作做出了拓荒性的贡献。因此，被全国文科学报研究会评为"优秀学报工作者"。如今，他将自1973年至今的诗作汇编成集《心潮吟稿》。其传略，先后载入《中国当代高级专业技术人才大辞典》《中国社会科学家大辞典》《黄陂当代人物名录》等近10部大型人才辞典。

李明

李明（1958~），女，湖北黄陂人。北京医科大学党委书记、教授、研究员。

胡树祥

胡树祥（1958~），湖北黄陂人。教授、博士生导师。中共党员。研究方向为马克思主义哲学、思想政治教育。1987年起历任武汉大学学工部（处）长、管理学院党委书记、校党委副书记，1990年在美国约翰·霍普金斯大学哲学系进修访问，2001年任电子科技大学党委书记，2009年任中央财经大学党委书记，同时担任全国高等学校思想政治教育研究会副会长。

曾参编全国通用教材《思想道德修养》（罗国杰主编），任全国重点推荐教材《思想政治教育方法论》（郑永廷主编）副主编，任湖北省统编教材《思想道德修养》主编，在《中国高等教育》《青年研究》《思想教育研究》《思想理论教育导刊》《学校党建与思想教育》等刊物上发表多篇论文。1997年、2005年两次获国家级教学成果二等奖。第十一届全国人大代表。

李志祥

李志祥（1946～），湖北黄陂（黄陂祁家湾土庙罗李湾）人。1965年考入北京理工大学车辆工程学院，毕业后留校任教，先后任讲师、副教授、教授。1985年起任北京理工大学党委副书记、副校长，北京市高校德育研究会理事长、兵工院校思想政治研究会常务副会长，北京市青年研究会副会长。曾获北京市劳动模范称号。

王一鸣

王一鸣（1906～1990），湖北黄陂（武湖农场高车畈）人。1927年毕业于北京铁路大学管理专科。1930年至1937年，共捐资银圆20万，先后在家乡办起了3所小学，名"成三小学"，分一、二、三部，共开设18个班，学生达1060人，教职员工36人，课桌凳530套，校舍66间，面积2000平方米。1949年9月，应邀参加中国人民政治协商会议第一届全体会议。先后任中南军政委员会土地委员会委员，武汉市工商联第三届主任委员，全国政协第二届委员会委员，政协湖北省委员会委员，政协武汉市第一届委员会副主席，第三、四、五、六届委员会委员，民主建国会中央委员，民主建国会武汉市第一、二、三届委员会副主委，1957年任武汉市副市长。

李水生

李水生（1945～），湖北黄陂（祁家湾街建设村敬堂湾）人。中共党员。大学学历。武汉睿升学校校长，武汉华师一附中名誉校长。

2002年7月创办武汉睿升学校，并任董事长、校长。2002年后，分别任湖北省人民政府参事，武汉市名人协会常务理事，湖北省中小学校长协会副会长，湖北省和武汉市第八、九、十届人大代表。长期从事教育工作，在全国率先进行课程改革，首创素质学分制，引起全国教育界的高度关注。所领导的华师一附中由普通中学发展为全国知名重点中学。被授予全国教育界劳动模范、全国优秀校长、全国知名教育家等荣誉称号，获得香港柏宁顿（中国）教育基金会第二届"孺子牛"金球奖，享受国务院专家津贴。

在2009年新中国成立60年之际，湖北省23位有杰出贡献的人士荣登"经天纬地六十年"人物榜，教育界仅4位大师获此殊荣：著名历史学家章开沅、法学泰斗马克昌、著名教育家杨叔子、功勋中学校长李水生。

余家菊

余家菊（1898～1976），湖北黄陂（木兰乡大余湾）人。1919年武昌中华大学毕业后，在长沙第一师范任教，并由王光祈介绍加入中国少年学会，常在学会机关刊物《少年中国》上发表文章。1920年考取北京高师研究生，开始翻译西方哲学著作。1921年入伦敦大学学习心理学。1923年转爱丁堡大学攻哲学。同年与李璜合著《国家主义的教育》，提出"收回教育权"的口号，鼓吹国家主义。1924年夏回国，任武昌师范大学哲学系主任。次年进中华书局，并加入中国青年党，任《醒狮周报》教育专刊编辑。1926年在南京东南大学任教。此后到北方各地宣传国家主义。1928年在沈阳私立冯庸大学教国文，主编《东三省民报》副刊。1935年任北平中国大学哲学系主任。抗战胜利前后，曾任多届"国民参政会"参政员、国大代表、国民政府委员、总统府国策顾问。第三次国内革命战争时期系青年党党魁之一。1949年去台湾。主要著作有《国家主义的教育》《国家主义概论》《孟子教育学说》《孔子教育学说》《荀子教育学说》《陆象山教育学说》《人生对话》《教育与人生》《回忆录》等。

李先盛

李先盛（1941~1993），湖北黄陂（石门山乡竹园村李家山）人。1961年毕业于孝感师范学校，1969年调石门山乡任教，曾先后担任中学教导主任、小学校长、学片党支部书记等职，多次被评为县、乡优秀教育工作者和优秀共产党员，1985年被市教委授予德育先进工作者称号。1993年10月21日上午，他在主讲六年级思品公开课时，因心肌梗塞突发而殉职于讲台。

中共黄陂县委追授他为"优秀共产党员"，黄陂县人民政府追授他为"模范小学校长"称号；中共武汉市教育工委、武汉市教委追授他为"扎根山区、献身教育的好校长"荣誉称号。

李克容

李克容（1948~），湖北黄陂人。中共党员。中学高级教师。1969年3月参加教育工作，历任中小学教师、中学团干、教导主任、副校长、乡教育组辅导员、中学党支部书记兼校长，乡教育办公室党总支书记兼办公室主任，黄陂区教育局、体育局勤工俭学办公室党支部书记。1993年被评为全国教育系统劳动模范。

袁隆兴

袁隆兴（1936~1996），湖北黄陂人。大专文化程度，中学高级教师。曾任武汉市黄陂县高级职业中学校长，是"武汉市学习科学研究会"会员、"武汉市教育系统劳模联谊会"理事。

1990年8月，袁调到县职高任校长。年底该校经省教委验收，达县级重点职业高中标准。

他撰写的论文，先后有10余篇在各种会议上交流或在刊物上发表。

多次获得各种奖励和荣誉。1988年，他被评为湖北省中小学德育先进工作者；次年被评为全国教育系统劳动模范，并先后当选县党代会和人代会代表。

1989年《长江日报》以《为了王家河的未来》为题报道了他的事迹。其生平简介被《中国当代教坛名人辞典》《中国当代教育家大辞典》收录。

陈益斌

陈益斌（1958～），湖北黄陂（今武汉市黄陂区木兰乡七里岗村）人。中国人民解放军原总参谋部国防信息学院院党委常委、科研部部长，大校军衔。1980年入伍，经过重庆通信学院、军事教育学院、军事参谋学院、国防科技大学等军事院校的多次学习深造。

长期从事军事教育工作，受总部指定起草的《军队院校教学保障改革意见》，下发全军执行；撰写的《名校、名著、名师、名徒与校风、教风、学风、考风建设》，被"中国当代国防文库"收录，同时在《军事》杂志发表并获二等奖；撰写的《军事高科技知识课教学实践与思考》，在《军事》杂志发表，并获三等奖；撰写的《装甲兵指挥学院初步建立军事高科技课程体系》《装甲兵指挥学院建立"一条龙"淘汰制》《解训练难题，促教学改革》、通信指挥学院教学科研与新装备发展同步《抓战法研究，促教学改革》等重要新闻，被《解放军报》发表，并获新闻报道一等奖；撰写的《毛泽东军事教育思想初探》《继承和发展毛泽东军事教育思想，培养政治合格、军事过硬的合格人才》《弘扬毛泽东关于启发式教学思想》《优化教学过程，提高教学质量》等多篇有价值的学术论文，被军内外刊物发表并获优秀教学科研成果奖；主持研制的"军地应急指挥信息系统"设备，顺利通过国家和军队验收，并投入使用，为国防建设和军事教育事业做出了应有的贡献。

在近40年的军旅生涯中，两次荣立三等功，多次受到各种表彰奖励。

陈发智

陈发智（1941～），湖北黄陂（蔡店乡马鞍村）人。天津军事交通学院军事交通系原主任、教授，享受国务院政府特殊津贴，文职少将军衔。研究生，中共党员。1963年9月大学毕业后参加中国人民解放军，1975年加入中国共产党。先后在铁道兵科研单位和总后勤部院校从事国防交通和军事交通运输的科研和教学工作。2002年晋升为技术三级，授予文职少将军衔。先后荣获铁道兵先进科技工作者、全军优秀教师和全军院校教书育人优秀教员、总后勤部优秀共产党员等荣誉称号。1项成果获1978年全国科学大会奖，5项成果获军队科技进步二等奖，3项成果获三等奖，1项成果获军队教学成果二等奖。发表学术论文30余篇，主编或参编学术专著和教材8部。

吴仁彪

吴仁彪（1966～），湖北黄陂（今武汉市黄陂区横店街土庙村）人。教授、博士生导师、中国民航大学副校长。高中毕业后，免试特招进入西北工业大学首届教改试点班学习，并用 5 年半时间（提前一年大学毕业）同时取得该校通信工程专业学士学位和信号、电路与系统专业硕士学位。

1994 年获西安电子科技大学该校信号与信息处理专业（国家级重点学科）博士学位。1995 年 12 月破格晋升为副教授。1996 年在西北工业大学航海工程学院博士后毕业，导师是中国工程院马远良院士。并先后在美国 Virginia Tech 大学智能交通运输（ITS）研究中心、美国 Florida 大学电子与计算机工程系攻读博士后。1999 年 10 月在中国民用航空学院电子工程系破格晋升为教授。历任中国民用航空学院（现为中国民航大学）空中交通管理学院副院长、院长。2012 年至今，担任中国民航大学副校长。

共发表学术论文 160 余篇，其中在国际刊物和重要国际会议发表论文 70 余篇，被国际著名的检索工具 SCI 和 EI 收录 90 余篇，10 多次荣获全国性学术会议优秀论文奖。教育部科技论文在线在"优秀学者"栏目中为其建立了个人学术专栏。第十二届、第十三届全国政协委员。

宋友好

宋友好（1964～），湖北黄陂（六指街建民村墩子湾）人。1983 年 9 月至 1987 年 7 月在天津轻工业学院化工系学习，任系学生会学习部部长。1995 年任天津轻工业学院宣传部政工师。1995 年任天津轻工业学院校办副主任、政工师、高级政工师。1997 年在天津市委党校学习，研究生毕业。1999 年任天津轻工业学院校办高级政工师。2001 年任天津市教委国际交流处、校产处、基建处处长，高级政工师。2011 年任天津市教育委员会基建管理中心书记。2011 年任天津外国语大学校党委常委、副校长，高级政工师。

2016～2019 年作为天津市对口扶贫甘肃省甘南自治州的总领队，担任甘南自治州常委、副州长。2020 年任天津市供销合作总社党委书记。

万由祥

万由祥（1958～），湖北黄陂人。中共党员。研究员、教授。历任孝感市教委办公室主任，孝感市政府办公室科教科科长，孝感教育学院副院长，孝感市农科教办公室副主任，孝感职院教育分院党委书记、院长，孝感职业技术学院党委委员、副院长，湖北职业技术学院党委委员、副院长。2011 年 9 月任湖北职业技术学院院长、党委副书记。

长期从事教育管理工作，参加了孝感市教育事业"八五""九五"规划起草工作，在学校管理活动中进行理论与实践的总结，取得了一定的成果。先后在《中国教育报》《职业技术教育》《湖北社会科学》《咨询与决策》《湖北日报》

《湖北教育》《学校党建与思想教育》《湖北教育工作》《孝感学院学报》上发表论文 30 余篇。与人合作编写的《多思的年华》《周情教育常识》《记忆》等书分别由华中师范大学出版社、新华出版社、湖北科技出版社出版。

邓明燃

邓明燃（1953～），湖北黄陂（长轩岭街仙河店村邓家湾）人。武汉理工大学管理学院院长、教授、博士生导师。

1978 年进入武汉工学院（现武汉理工大学）学习，1982 年毕业后留校任教。2000 年晋升为博士生导师，后任武汉理工大学管理学院院长。主持科研项目 50 多项，曾获湖北省科技进步二、三等奖，河南省科技进步二、三等奖，武汉市科技进步二等奖。在国内外学术刊物上发表学术论文 100 余篇。其中《企业理财系统柔性的基本理论研究》《企业理财系统柔性的预警管理研究》等 20 多篇文章被 ISTP 收录。出版《企业理财系统柔性和理论与方法研究》专著 1 部，出版《公司理财学》《高级财务管理》等教材 16 部，其中主编 10 部，参编 6 部。主持和参与国家级、省部级科研项目 30 余项、获奖 3 项。2008 年被授予"湖北省有突出贡献中青年专家"称号。

曾任中国会计学会高等工科院校教学专业委员会副会长、中国企业管理研究会常务理事、中国机械工程学会管理分会常务理事、湖北省跨世纪会计学科带头人、湖北省县域经济研究会副会长、湖北省行政管理学会常务理事、湖北省经济界团体联合会常务理事。

赵文正

赵文正（1953～），湖北黄陂（天河街珍珠村）人。1978 年 6 月毕业于武汉师范学院孝感分院并留校工作。1984 年任孝感师范专科学校人事处副处长。1987 年任孝感师范高等专科学校人事处处长。1992 年任孝感师范高等专科学校党委组织部部长。1993 年任孝感师范高等专科学校党委副书记、纪委书记。2000 年任孝感学院副校长。2004 年任孝感学院党委副书记、纪委书记。2011 年任孝感学院正厅级干部。2012 年任湖北工程学院正厅级干部。工作期间在各类期刊上发表学术论文 32 篇，出版专著 3 部，主持省级科研项目 4 项。

焦跃华

焦跃华（1961～），湖北黄陂（木兰乡马鞍寨村弯塘堰）人。博士，教授、博导。九三学社成员。

1983 年到中南财经政法大学任教，历任助教、讲师、副教授、教授、博导、教研室主任、系副主任（主持工作）。2002 年任武汉市江岸区政府副区长。2009 年 7 月任湖北省审计厅副厅长。2001 年 1 月至 2011 年 12 月任武汉市政协委员、常委。2010 年至今任湖北省政协委员。2011 年至今任湖北省政协常委。现任九三学社湖北省委员会副主委。

谭之平

谭之平（1971~），湖北黄陂（长堰社区）人。第十届全国人大代表。

在读大学期间悉心照顾病重的母亲，2007 年，谭之平被评为孝感市"十大孝子"。

2008 年 5 月，谭之平被授予"湖北省五四青年奖章"金奖。

2008 年 8 月，教育部授予谭之平"全国自强不息优秀大学生"称号。

2009 年，谭之平被评为全国道德模范。

2010 年 9 月起，谭之平留在湖北职业技术学院宣传部文明办工作，业余时间在湖北中医药大学进行自考本科的插班学习。

周焕章

周焕章（1897~1973），字子文，湖北黄陂人。1918 年入北京工业专门学校。五四运动时为学生代表，因参加火烧赵家楼，被军警逮捕，由教育部保释。1920 年就读于北京工业大学。1924 年回湖北，先后任武昌第一师范、第一女中教员。1927 年任湖北省立汉阳高级工业学校校长，因用人唯才、经济公开、整顿改革教学、开办实习工厂，为时人所称道。1930 年自费赴美留学，获密歇根大学化学硕士学位，后任伊利诺伊大学研究员。为对抗宋子文组织的学生团体"兄弟会"，与留美同学王竹停、丁绪淮等组建以研究学术为宗旨的"协建社"，入社者达 100 多人。

杜青钢

杜青钢（1959~），湖北黄陂（王家河街杜家大湾）人。教授、博士生导师。法国第八大学文学博士、加拿大蒙特利尔大学博士后、法国波尔多三大特聘教授、法国米修诗歌研究会副会长、全国高等学校外语教学指导委员会委员，现为武汉大学外语学院院长。两度获国务院政府专家特殊津贴。主持完成国家重点项目 1 项，国家社科基金项目 2 项，省部级重大项目 2 项。出版学术专著 3 部、译著 3 部，在国内外核心、权威期刊发表论文 56 篇。《雨果诗选》获四川省文学翻译一等奖。法文小说《毛主席逝世了》入选 2002 年度法国 20 部最佳图书，在法国学术界有较大影响，是国内外语界的知名学者。

涂光禅

涂光禅（1937~），湖北黄陂（今武汉市黄陂区前川涂家大湾）人。中国民主促进会贵州省副主委、全国政协第七届委员会委员，曾被评为全国先进教师。

1959年贵州地质学校大专班毕业，同年参加工作。1962年至1986年任贵阳市新建小学、环西小学、花肖中学教员，创办贵阳清华高考补习学校并任校长。1986年后任民革贵州省委副秘书长、副主委。

童中仪

童中仪（1945~），女，湖北黄陂（今武汉市盘龙经济开发区丁店村童家湾）人。台北市金瓯女中校长。

早年进入国立台北商业专科学校从事教育工作，历任副教授、训导主任、国际贸易科主任等职务，有57年的教学生涯。2000年退休后，被臻理技术学院延聘为教授。2005年5月获金瓯女中董事长邀请，担任该校第九任校长。

在宏观经济与国际贸易方面曾有专著《国际贸易情报资讯架构之研究》《贸易纠纷之解决机制》《国际贸易法规与税法》《中国大陆与南非经贸关系之探讨》《现阶段南非经济发展状况》《南部非洲经济共同体组织形态核之概分析》《总体经济理论》《发展国际贸易与建立市场情报系统之研究》等出版。

蔡国强

蔡国强（1946~），湖北黄陂（蔡家榨蔡官田村）人。台胞"蔡勋奖（助）学金管理委员会"秘书长。1995年与胞弟蔡国栋根据蔡勋意愿，先后在黄陂与武汉设立"蔡勋奖（助）学金"。每年秋季奖励黄陂一中、蔡榨中学、蔡榨小学与武汉一中优秀或贫寒学子。

郑平生

郑平生（1946~），湖北黄陂人。1955年随家人由黄陂迁往重庆居住。1965年至1970年在重庆大学电机系电力专业就读，大学毕业后分配到部队。1983年转业到重庆建筑高等专科学校，1993年任副校长，1996年任党委书记。2000年5月高校管理体制改革，重庆大学、重庆建筑大学、重庆建筑高等专科学校三校合并，任重庆大学党委副书记、纪委书记。2006年离任，专职担任重庆大学资产经营公司董事长。

李凤鸣

李凤鸣（1953~），湖北黄陂（武湖农场）人。一级教师。中师文化程度。1971年任教于武湖农场沙口小学，1976年调武湖沙口中学任英语教师，1981年调武湖中学任英语教师，1985年加入中国共产党。曾3次当选为武汉市劳动模范，3次当选为湖北省劳动模范，3次被评为学科带头人。曾获全国单列城市英语竞赛辅导教师一等奖。

张启翔

张启翔（1956~），湖北黄陂（祁家湾街平安村张大湾）人。北京林业大学副校长。博士学历。中共党员。1977年考入北京林业大学园林专业，1993年晋升为教授并担任博士生导师，兼任中国园艺学会观赏园艺专业委员会主任，北京市人民政府专家顾问。先后主持国家自然科学基金、国家"十五"攻关计划、国家"十一五"支撑计划、国家"863"等科研项目。有4项成果分别获得国家和省部级科技成果奖。获波兰国家花卉博览会市长特别奖，霍英东教育基金会优秀青年教师奖，国家人事部、教育部有突出贡献回国留学人员，林业部有突出贡献的中青年专家等称号。科研成果：1989年获林业部科技进步一等奖，国家科技进步二等奖，北京市科技进步二等奖，中国花卉博览会一等奖、二等奖等。

八

文博考古类

历史研究、考古、民俗、文博、档案等领域都活跃着黄陂人的身影。

国家文物考古专家王劲是武汉之根——盘龙城遗址发掘工作的参与者；湖北省博物馆馆长方勤是中国"最美文物保护人"；著名历史学家刘绪贻是我国研究美国历史的权威；著名民俗学家徐明庭，文博专家刘庆平、王瑞华、冯明珠等在传承中华传统文化、促进社会文明进步中都做出了自己的贡献。

徐明庭

徐明庭（1927~2019），湖北黄陂（蔡家榨姜徐家湾）人。武汉市文史研究馆研究员。大学文化程度。1951 年参加工作，先后在武汉市文学艺术界联合会、市文化局、武汉图书馆工作。退休后被聘为武汉市文史研究馆终身馆员，并担任湖北省炎黄文化研究会理事、武汉市历史学会理事、武汉市历史文化名城委员会委员、武汉图书馆学会理事等职。主要编著有《武汉抗战史料选编》《汉口竹枝词校注》《黄鹤楼古楹联选注》《武汉风情》等，参与编纂《武汉市志·人物志》，并在各种报刊上发表数十篇文章。

周君亮

周君亮（1895~1989），又名均量、傥、双照，湖北黄陂（前川内正街周家老屋）人。幼承家学，少年聪悟，对佛学、诗文、辞赋造诣较深。1930 年起，先后担任武汉警备司令部秘书、秘书处长，武汉市政处秘书，湖北省政府主席秘书，外交部机要秘书、秘书处长，四川省政府秘书主任，西南军政长官公署秘书长。周从政之余，为很多报纸写稿，抗日期间，为西南多家报纸撰文，曾任《华北日报》总编，并为迁成都的燕京大学新闻系开设时事分析课。1949 年 12 月由香港赴台北。在台期间，曾在松山化工厂做文书工作，后改任中央信托局秘书处长，直至退休。

周曾任台北黄陂同乡会会长，生前常思念祖国和大陆亲人，曾数次赴香港与大陆子女短暂团聚。生前是台湾《中国时报》的终身主编，曾出版了《坠尘集》（回忆录）、《捐梦记》等 4 部著作。

周君适

周君适（1903~1988），湖北黄陂（前川内正街周家老屋）人。为周君亮之胞弟。幼承家学，从长兄君亮课学，聪颖好学，喜文史，能诗词书画，擅弈，爱好京剧。1943 年，君适辞职入关，回黄陂老家定居。1947 年，迁汉口居住。新中国成立前，曾任重庆纺织工业公会秘书、重庆记账虹商联副科长、《重庆工商》杂志编辑等职。1957 年，反右运动中内定"右派"，1960 年下放农场劳动改造。1963 年移居成都，时以对弈、作画、作文、著书自娱。1979 年摘帽后家居。同年，著《伪满宫廷杂忆》，在国内外受到普遍好评。1981 年被聘任为四川文史馆文史研究员。1984 年，该书由日本东京恒文株式会社日译出版，译名为《悲剧的皇帝》。还著有《瞿秋白同志在黄陂》。其诗文陆续在四川《龙门阵》、贵州《山花》《晚晴》杂志发表后，受到中国社科院文研所和中共中央党校的重视。2001 年 7 月，四川美术出版社出版《中国跨世纪美术家画集》第四集，《周君适诗书画选集》由赵朴初题写书名出版。

王劲

王劲（1932~2020），女，湖北黄陂（今武汉市黄陂区六指王家稻场）人。湖北省文物考古研究所研究员。全国"三八"红旗手。

1949年毕业于湖北省第二女子师范学校，同年进入湖北人民革命大学第一期学习，后曾在湖北省文联文工团、《湖北文艺》编辑部、长阳县文化馆等单位工作。1954年后从事文物考古工作，曾在北京大学历史系第三届考古训练班学习，中央文化学院文博研究班进修。历任湖北省文物考古队队长，省博物馆副馆长、顾问，中国考古学会理事，湖北省考古学会理事长，湘鄂豫皖四省楚文化研究会秘书长。主持发掘了江汉地区具有代表性的新石器时代"屈家岭文化""石家河文化"遗址、黄陂盘龙城商代遗址、大冶铜绿山矿冶遗址、江陵马磴一号楚墓，发现大量丝绸，被誉为"楚国丝绸宝库"。发表考古论文数十篇。1987年获湖北省劳动模范称号。离休后仍从事江汉地区新石器时代考古研究。

方勤

方勤（1969~），湖北黄陂（木兰乡姚湾村季田湾）人。大学文化。中共党员。1991年毕业于北京大学。1997年在湖北省文物管理委员会、湖北省文物局工作。2007年任省文物管理委员会办公室副主任、湖北省文物局副处长。2008年任湖北省赤壁市政府副市长。2010年任省文物局处长。先后承担或主持过多项文物工作，如赤壁之战专题展览、木兰湖古民居园建设等。发表文章多篇。2013年5月任湖北省博物馆馆长、湖北省文物考古研究所所长，他还将湖北省文物考古基地建在家乡木兰湖畔。主持的郭家庙墓地发掘获得2015年全国十大考古新发现；主持的苏家垄墓地发掘获得2017年全国六大考古新发现；主持的黄陂郭元咀铸铜工艺遗址获得2020年度全国十大考古新发现。中国共产党第二十次代表大会代表。著有《紫砂壶艺》《文化湖北》之文物篇等专著。策划和参加《湖北历代书法名家》《湖北文物典》等重要文化项目。

现在还担任中国博物馆协会副理事长，中国考古学会理事，鄂、湘、豫、皖四省楚文化研究会常务副理事长。被评为国家"最美文物安全守护人"，2021年10月被授予"第六届全国杰出专业技术人才"称号。

冯明珠

冯明珠（1950~），湖北黄陂（盘龙城经济开发区冯家榜）人。台北"国立故宫博物院"院长。

1970年考入台湾大学历史系。毕业后赴屏东县玛家国中任教一年。考入台大历史研究所攻读硕士学位。1978年毕业即进入"国立故宫博物院"工作。历任约聘研究人员、助理干事、编辑、编纂、研究员、科长、处长，2008年任常务副院长，同时兼任"中华民国"博物馆学会理事长、故宫学术季刊主编等。作为闻名两岸三地的学者与作家，在清史、藏学研究方面颇具特色，其代表作《清史稿校注》享誉海峡两岸。致力维系台北故宫博物院的国际级博物馆地位，开发典藏、研究、保存、展览、教育及娱乐等现代化博物馆功能。启动"大故宫"计划，该计划预计耗资近 300 亿元新台币，使在外双溪的台北故宫展馆面积增加 5 倍。并在附近另开发 4.8 公顷土地建设文化创意园区，积极推动故宫南院（台北故宫在嘉义兴建南院）的软硬件建设。同时积极推动台北故宫与湖北省博物馆洽谈合作项目，为黄陂盘龙城遗址博物馆献计出力。

李芳馥

李芳馥（1902~1997），女，湖北黄陂人。上海图书馆馆长。1927 年大学毕业后进入北平图书馆供职，先后任秘书、文书组长、采访组长，后赴美国留学。1935 年获美国哥伦比亚大学图书馆学硕士学位，并在芝加哥大学图书馆学研究院深造，修完博士课程。1941 年回国，在北平图书馆上海办事处任编辑。从 1942 年 9 月起任上海沪江书院图书馆主任。1945 年抗日战争胜利后，北平图书馆上海办事处恢复办公，仍回该处任主任。1946 年兼任苏州国立社会教育学院图书馆系教授一年。中华人民共和国成立前夕，听到北平图书馆寄存该处的一批珍贵善本和唐人写经欲被运往美国和台湾时，和同仁挺身而出，坚决抵制，使这批遗珍典籍得以全部保存下来，为保护文化遗产做出了重大贡献。1952 年 7 月 22 日，由先生担任馆长的上海图书馆正式对外开放。她为中国文博事业做出了毕生努力，1997 年病逝。

柳届春

柳届春（1911~1983），字叶祥，湖北黄陂（今武汉市黄陂区王家河）人。1933 年黄埔军校毕业。1946 年陆军大学毕业。1947 年参加革命工作，历任西北军区炮兵教练团军事主任教员、参谋长。中华人民共和国成立后，历任西安炮兵学校射击系主任、南京军事学院主任教员、宣化炮兵学院高教五级研究员、北京炮兵史料处研究员。1966 年至 1970 年在蔚县"五七"干校劳动。撰写并出版了《炮兵参考资料》，在《解放军报》《人民炮兵》等报刊上发表多篇学术论文，曾获炮兵学院三等功勋章和积极分子称号。1983 年病逝，其骨灰安放在北京八宝山革命公墓。

潘新藻

潘新藻（1902~1983），字泮池，湖北黄陂（今武汉市黄陂区五通口）人。毕业于武昌中华大学中文系。1926 年起，先后任中华全国总工会宣传部文书主任、湖北省济难会秘书、党务指导委员会宣传部编审科主任、第一女子中学教员、武昌高级中学教员。1937年底任成都中央空军军士学校政治主任教官，中央陆军军官学校政治教官，成都光华大学教授，中华大学中文系教授、系主任。1945年底任国立安徽大学中文系教授。中华人民共和国成立后，历任湖北省政协办公厅秘书、中南民族学院教授、湖北省文史馆副馆长、湖北省政协委员、湖北省地方志编纂委员会委员、《湖北地理志》特约编辑。

他长于史地之学，所著《湖北省建制沿革》一书，始撰于1962年，历时6载，全书分13篇，79万余字，由湖北人民出版社出版。还著有《武汉市建制沿革》《湖北省自然灾害历史资料》《先师黄季刚之革命与治学简述》等。

刘绪贻

刘绪贻（1913~2018），湖北黄陂（今武汉市黄陂区木兰乡刘咀村）人。著名社会学家、历史学家，武汉大学教授。

1938年就读于昆明西南联合大学，后转入清华大学就读。1947年在美国留学并获芝加哥大学学士，学成回国后在武汉大学任教。中华人民共和国成立后，先后担任武汉大学协助接管委员会主席、武汉大学校务委员会委员兼代理秘书长，1953年加入中国共产党。1964年任美国史研究室主任，1989年离休。

刘绪贻是中国美国史研究的重要奠基人之一，是中国美国史研究会创立者之一，曾担任中国美国史研究会副理事长兼秘书长，湖北省社会科学院特邀兼任研究员，中国美国史研究会、中国社会学学会、天津市社会科学院顾问，《美国历史杂志》国际特约编辑。多次获得国家级及省部级奖项。主编和参与撰写的美国史专著有《美国通史》（6卷本）、《富兰克林·D.罗斯福时代（1929—1945）》等多部，相关译著有《注视未来——乔治·布什自传》等10余部。在社会学方面独撰、参撰和主编的著作有《改革开放的社会学研究》等。出版有6卷本《美国通史》、回忆录《箫声剑影》《中国的儒学统治：既得利益抵制社会变革的典型事例》等。

刘庆平

刘庆平（1957~），湖北黄陂（前川街）人。毕业于湖北大学历史专业，1973年参加工作。中共党员。博物研究馆员（二级）、武汉博物馆馆长。长期从事文博工作。2005年起享受国务院政府专项津贴，2012年获得"武汉市五一劳动奖章"。

自2000年担任武汉博物馆馆长以来，主持完成了《历代文物珍藏》《古代陶瓷艺术》《明清书画艺术》《武汉古代历史陈列》《武汉近现代历史陈列》等50余个展览的总体设计。《武汉古代历史陈列》荣获第五届"全国博物馆十大陈列精品"奖。2007年被国家文物局授予"文化遗产保护工作先进个人"称号。主持了"武汉博物馆馆藏文物保存环境标准化达标试点项目工程""文物调查及数据库管理系统建设""洋务运动时期武汉地区工业遗产调查""汉水文化史""国家公共文化服务体系制度设计——博物馆免费开放机制研究""武汉博物馆馆藏青铜器保护修复""武汉博物馆馆藏书画保护修复""武汉博物馆预防性保护""武汉城市史"等近20个省部级以上重大项目。

参与编撰论著20余部,其中《武汉史稿》《武汉抗战史》分获武汉市第五、六届社会科学优秀成果一、三等奖,《毛泽东与武汉》《武汉市志·科学志》分获湖北省第四届优秀图书一等奖、全国新编地方志优秀成果奖三等奖,担任副主编的《中国的租界》荣获上海市2004年度社会科学优秀成果奖。近年主编了《图说武汉城市史》《新武汉史记》《南土遗珍——商代盘龙城文物集萃》《年轮——武汉博物馆新馆开放十五周年纪念图集(2001—2016)》等论著,撰写《抗战初期国共两党的政治、经济关系》《略论武汉国民政府的集中现金政策》《中共"二大"之前与共产国际的经济关系》《追寻武汉城市的源头》《论清末湖北新军》《当代中国博物馆向何去》《试论木兰文化的创造与创新》等学科论文60余篇。

王瑞华

王瑞华(1964~),湖北黄陂(祁家湾街道)人。中共党员。文博专家,现任武汉博物馆(武汉市文物交流中心)党委书记、馆长、主任、文博研究馆员。从事文博工作30余年,在市文化系统从事流散文物管理及文物缉私工作10余年,在武汉市中山舰博物馆任馆长近10年,在文物鉴定与保护、博物馆管理、展览交流等方面均取得丰硕成果。被聘为省、市政府文物保护、展陈类采购评委专家,享受武汉市人民政府专项津贴。

出版专著《中国青花瓷鉴定》,我国著名的文物鉴定权威张浦先生作序,该书部分内容分别被《中国文物报》和《收藏》杂志转载。近几年,陆续出版专著有《武汉民间文物藏品赏析》《辨识清代民窑青花碗》《中山舰出水文物图说》《百年名舰风雨兼程:中山舰工作实录》《中山舰打捞与文物保护利用》《江城遗珍》及《百馆之城——武汉地区博物馆(纪念馆)巡礼》等。2019年3月,《青花瓷器鉴定》一书在武汉市第十六次社会科学优秀成果奖评选中荣获优秀提名奖。

近年来,组织、策划博物馆专业人员出版的专著有《武汉地区摩崖石刻调查》《让博物馆的藏品活起来》《中山舰与萨师俊》《舰影——中山舰》《舰证——中山舰陈展历程》《为学之履——武汉博物馆"行走的课堂"公众教育研究》等十几部。此外,在学术刊物发表研究论文几十篇。

彭朝喜

彭朝喜(1934~),湖北黄陂人。

1962年毕业于华中师范大学。先后担任武汉市12中教师，中共武汉市江汉区委宣传部干部，江汉区委副书记，江汉区人民政府党组书记、区长。1986年任市档案局党组书记、局长，市档案馆馆长。1991～1994年评为"武汉市目标管理先进个人"。湖北省档案学会副理事长，武汉市档案学会理事长。

郑远华

郑远华（1963～）湖北黄陂（盘龙城经济开发区叶店村）人。研究员、盘龙城遗址博物馆副馆长。

大学毕业后，在著名考古学家王劲、陈贤一的带领下，参与盘龙城遗址的考古发掘工作。主持编制了《盘龙城遗址保护规划》。

先后记录整理出《杨家湾清理地面建筑采集的文物》《卓尔建筑工地考古发掘简报》《童家嘴遗址勘探简报》《杨家湾地面建筑采集文物简报》等重要文史资料。编著的《盘龙城与长江中下游的采矿业》一书，揭开了这座商代古城的供给、运输的路线图。所著《盘龙城出土土陶初探》，管窥蠡测盘龙城陶器纹饰、工艺、形制在华夏大地上的滥觞。

先后参加熊家冢国家考古遗址公园、屈家岭考古遗址公园、石家河考古遗址公园、铜绿山考古遗址公园、龙湾考古遗址公园、苏家垄考古遗址公园的文物调研活动。

由武汉出版社出版的个人专著《武汉之根——盘龙城》获2007年社会科学优秀成果奖。

张文保

张文保（1948～），湖北黄陂（王家河街燕窝张湾）人。1968年参加中国人民解放军，同年加入中国共产党。历任副政治指导员、组织处干事、营教导员、团政治处主任等职。1985年转业到武汉市文物系统工作，先后任市文物管理办公室副科长、市文物商店党支部书记、市晴川阁管理处主任。1991年任市博物馆党委书记、市文物办党组成员，兼任武汉市文物博物馆学会常务理事、武汉晴川书画家联谊会理事等职。多次被上级评为"优秀党务工作者"和"优秀领导干部"，被武汉市委、市人民政府授予"全市落实党风廉政建设责任制先进工作者""武汉市宣传思想工作先进个人"称号。

蔡华初

蔡华初（1956～），湖北黄陂（蔡家榨村榨北）人。本科学历。中山舰博物馆文博文物研究员，武汉大学特聘文博导师，国家文物局专家库资深文物专家（业绩入编《国家文物局专家库》），湖北省书画网首席鉴定专家，湖北经视、武汉电视台和武汉教育台首席鉴宝专家。

1978 年在盘龙城考古工作站从事考古工作。1979 年底调至湖北省博物馆考古队，从事《江汉考古》创刊、《楚古都考古资料汇编》以及《隋唐考古报告》整理等工作。1982 年特招到武汉市文物管理处。先后筹建和创建了武汉市考古队（现考古研究所）、武汉市博物馆、晴川阁管理处、中山舰博物馆等重要文博机构单位。先后主持发掘数百座（处）古墓及古遗址。曾参与或主持盘龙城商代古遗址、武昌龙泉明代楚王墓发掘、武汉地区历次重大考古项目、三峡地区考古发掘和古建筑、古民居的考察测绘等。先后在《考古》《文物》《考古报告》《中国文物报》《文物天地》《瞭望周刊》《人民日报海外版》《中国收藏报》《今日湖北》等国家级学术刊物发表重要学术报告和科研论文数十篇，另有百余篇文章先后在《武汉春秋》《湖北文史》《武汉文史》《湖北民革》《武汉文博》等刊物上发表。曾出版 40 万字专著《古瓷鉴定研究》、60 万字武汉地区古代摩崖石刻调查研究专著《千年石刻话遗珍》。擅长文物及古玩鉴定，爱好书画。作品入编《中国当代美术家作品选集》《21 世纪中国书画名家精品选》《中国当代书画作品博览》《中华文艺画报书画专刊》《世界知识画报美术专刊》等。

杨国安

杨国安（1971~），湖北黄陂（蔡家榨周梅家田村杨馆）人。历史学博士，武汉大学历史学院教授、中国经济史学会副会长、中国社会史学会理事、中国商业史学会常务理事、湖北省中国经济史学会副秘书长。2012 年入选教育部新世纪优秀人才支持计划。主要著作《明清两湖地区基层组织与乡村社会研究》《国家权力与民间秩序：多元视野下的明清两湖乡村社会史研究》《明清以来的国家与基层社会》《明清两湖地区乡村社会史论》等。

童启祥

童启祥（1920~），湖北黄陂（今武汉盘龙城经济开发区丁店童家湾）人。早年赴美国留学，获尼布拉斯加州州立大学哲学博士学位。回国后，先后在重庆市广益中学、湖北省立第四师范学校任教员，在汉口导言新闻通讯社任记者，采访部主任及社长。后赴美国，先后任密苏里州州立师范学院成人教育中心讲师、尼布拉斯加州州立大学成人教育辅导中心讲师兼副主任。抵台后，先后任台湾中国文化大学社会学教授兼系主任、台湾淡江大学教育心理学教授、台湾省国立政务大学心理学教授兼国中教师训练中心副主任、台湾台北市院辖市教育局高教科长、处长、台湾中山文化讲座总召集人、台湾教育部国立国父纪念馆馆长。

陈贤一

陈贤一（1935~），男，广东潮安人。湖北省文物考古研究所研究员。由于考古工作需要，他长达四十年的时间一直居住在黄陂盘龙城，自称"我是身在黄陂、心在黄陂、情在黄陂的黄陂人"。曾任湖北省文物考古研究所第一研究室主任兼盘龙城工作站站长，长期从事盘龙城遗址发掘与研究。主持编写 60 万字鸿篇巨制《盘龙城一九六三年——一九九四年考古发掘报告》，于 2003 年由中国文物出版社出版问世，为考古学家、历史学家将盘龙城定位于"华夏南方文化之源，九省通衢武汉之根"提供了雄辩有力的论据，全面代表盘龙城考古发掘整体水平。撰写盘龙城考古发掘论文 20 余篇，较为全面阐述盘龙城建城年代、发掘情况、考古价值。更难能可贵的是，在 1983 年夏秋之交，府河水涨，防汛民工大军蜂拥盘龙城遗址取土，其发现后，极力劝阻，跪地为盘龙城遗址求情。在劝说无效情况下，奔波 10 余里，找到当时任黄陂县副县长张文波，请其出面干预制止，为避免盘龙城再次遭到人为破坏做出了不懈努力。

张文惠

张文惠（1937~），湖北黄陂（研子岗）人。1957 年 12 月加入中国共产党。同年考入北京大学中文系新闻专业，1961 年毕业于中国人民大学新闻系。曾任中国科学院（国家科委）机关党委副书记、教育部办公厅负责人。后任全国政协文史委员会办公室主任，中国文史出版社社长兼总编辑、编审。享受国务院专家津贴。撰有《最后一个太监》等，主编大型资料图书《中华文史资料文库》等，主编出版《文史资料选集》。

王式金

王式金（1943~），湖北黄陂（今武汉市黄陂区六指街）人。中共党员。原军事科学院正师职研究员、《军事历史》主编、军事历史研究会《兵家史苑》主编。

1965 年应征入伍，1970 年调军事科学院，先后任院首长秘书、学术秘书、副研究员、研究员、主编等。先后在广州解放军体育学院和北京高等军事学院（今国防大学）进修学习。著有《吴子导读——与孙子兵法媲美的兵学经典》，主编《中外军事历史博采》《中外军事历史采风》《军事秘闻》（1~3 册）和编辑《国防科技工业群英谱》等书。发表《六韬述仪》《林则徐军事思想简论》等学术论文和文章 50 余篇。曾被聘为电视文献片《南昌起义》军事顾问、大型图书《世纪的步伐——中国人民解放军全录》编委会编委、《中国百科辞典》文化艺术编辑部副主任、环宇文化有限公司图书编辑部总编。与人合著《吴子浅说》，参与撰写《中国历代战争战例选编》《中国近代战争史》《中国魂》《兵书观止》和《中国大百科全书·军事卷》《中国军事百科全书》《军事教育大辞典》等学术著作和辞书条目。参屯编辑《兵家史苑》《名将成长探秘》《孙子新探——中外学者论孙子》等书。特邀编辑《宿北大战》《大将许光达》《兵败大陆》《血火三千里》等纪实文学作品。

中国军事历史研究会理事、副秘书长，中国军事科学学会会员，中国未来军事学会会员，中国《孙子兵法》研究会会员。

九

新闻摄影类

　　新闻就是对自然世界和人类活动的文化记录，摄影就是把有意义的瞬间变成文化的永恒。

　　黄陂籍新闻工作者罗辉、胡烈斌、张颖生、余良军等把最新信息传达给读者。

　　中国摄影家协会会员李作描、李敦复、夏保松通过自己的摄影作品，定格最美丽影像瞬间，带给人们文化享受。

罗辉

罗辉（1963～），湖北黄陂（今武汉市黄陂区蔡店街双河村独屋咀村）人。中共党员。新华社高级记者。第十届全国人大代表。

1985年毕业于湖北大学中文系，分配至新华社湖北分社工作，历任政治文教部记者、电视新闻采访部主任、经理室经理、社长助理、党组成员。2007年10月任西藏分社社长、党组书记。2011年1月起任河南分社社长、党组书记。2013年任新华社机关党委常务副书记。

胡烈斌

胡烈斌（1940～），湖北黄陂（王家河街道长堰凉亭村大胡湾）人。中共党员。新华社高级记者。1952年参加工作，一直从事新闻报道和社会人物采访。1979年在人民日报头版头条发表了题为《人努力、天帮忙、政策带来丰收粮》的长篇报道，介绍家乡湖北省黄陂县农村改革后带来的巨大变化。1983年，深入黄陂采访一个星期，在人民日报发表专题文章《黄陂县兴起的新型产业——农村沼气服务业》。他通过调研写出新闻报道《记者笔下的朱伯儒》，为全国推出"军队活雷锋"典型做出贡献。他在湖北省随县通过调查研究社会实情而写出的新闻调查《"苦头"与"甜头"》，作为重要内参送中央领导，为进一步完善农村改革政策措施提供了有益的参考。

夏保松

夏保松（1957～），湖北黄陂（王家河街道）人。中共党员。中国摄影家协会会员、中国摄影艺术学会会员。

历任王家河镇教育办公室党支部书记、主任，黄陂区实验中学党支部书记、副校长，区职业技术学校校长、副书记，区人民政府教育督导室副处级督学等职。湖北省优秀教师、武汉市教育专业委员会第五届理事会理事、中国西部地区教育顾问。有多篇论文在教育学术刊物发表。1987年结业于中国摄影函授学院，创办编辑的《武汉1098影像》微刊，在全国摄影界有一定的知名度。摄影作品被《中国摄影家》等多家专业媒体选用，有8幅摄影作品被建川博物馆展出、收藏，有30多幅摄影作品在全国、省、市级影赛影展中入选、获奖。组织发起区级影赛影展10余次，为促进黄陂摄影发展、丰富黄陂文化生活做出了贡献。

李作描

李作描（1968～），湖北黄陂人。中国摄影家协会会员、中国新闻摄影学会会员、中国艺术摄影协会理事、新华社签约摄影师。

毕业于华中师范大学信息技术学院影像专业。1990年，李作描在中铁建第十一工程局工作，历任领工班长、宣传部新闻干事、主任干事、《中国铁道建筑报》

驻局记者站记者。

从 1991 年开始从事专职资信摄影报道工作。1993 年第 31 期《瞭望》海外版以《建设中的南昆铁路》推出李作描反映中国铁路建设的 6 幅彩片,这组图片同时被评为中美杯全国新闻摄影大赛铜奖。2020 年在《中国摄影家》杂志发表文章《追光逐影三十年》。

他先后在中央、省部和地市级报刊台发表新闻摄影、消息、通讯 12000 多篇(幅),其中 600 多篇(幅)获中央、省部和地市级奖,多次被中铁建系统评为对外宣传优秀干部、优秀记者,连续 19 年获全国地市报新闻摄影比赛金、银、铜奖。

张颖生

张颖生(1941~),湖北黄陵(今武汉市黄陵区横店街张家大湾)人。中共党员。新华通讯社主任编辑。

1961~1965 年就读江西大学新闻系,大学毕业后分配到新华通讯社工作。历任国内部记者、国际部编辑、新华社驻科威特分社记者、新华社驻坎帕拉(乌干达)分社首席记者、新华社驻渥太华分社首席记者、人事局国际处处长等职。30 多年中,采写和编发大量新闻稿件。

李敦复

李敦复(1943~),湖北黄陵(黄花涝)人。中专文化。中共党员。曾任洪山区文教局干部、文化馆副馆长、区政协台港澳侨暨海外联络委员会主任。个人简历曾入选《中国当代艺术界名人录》《中国摄影家全集》《中华人物辞海·当代文化卷》。

钟国伟

钟国伟(1954~),湖北黄陵(祁家湾街)人。湖北广播电视台电视经济频道副总监、高级编辑。1998 年加入中国民主同盟,2002 年加入中国共产党。1971 年下放武汉市革命委员会"五七"干校(国营羊楼洞茶场)。1975 年进入湖北艺术学院学习,1978 年分配到湖北电视台工作。1987 年参与湖北江汉经济电视台的筹建,任总编室主任、台长助理。1993 年任湖北经济电视台副台长兼新闻中心主任。2002 年任湖北电视经济频道副总监。2007 年任湖北广播电视台电视经济频道副总监、高级编辑。省第九届政协委员,第十、十一届政协常委,民盟湖北省委委员、常委、副主任委员,中国电视艺术家协会会员,湖北省广播电视学会理事。曾担任电视剧《法门众生相》责任编辑,获第十四届全国电视剧"飞天奖";组织译制 30 集电视系列片《神勇斗士》,任责任编辑,获第二届中国广播电视译制节目奖;组织译制 20 集英国电视剧《五月花》,任总导演,获第三届中国电视译制节目奖;担任电视连续剧《徐海东大将》监制,获全国及湖北省"五个一工程"奖、第20届全国电视剧"飞天奖"、第十八届中国电视"金鹰奖"等。先后发表《戏曲电视剧创作上的几个问题》《电视新闻的影响力》《激烈竞争的台湾传媒业》等30余篇论文。参与"节目主持人艺术丛书"编撰工作，任执行主编。已出版著作《主持人文化底蕴》《主持人心理素质》等。参与湖北电视台与民盟中央联合摄制反映闻一多、李公仆先生事迹的电视剧《血土》，任制片人。组织策划湖北经视与人大、省政协联合开办的电视专栏节目《代表心声》《提案追踪》。《提案追踪》栏目荣获全国电视百佳栏目称号。

余良军

余良军（1955~），湖北黄陂（前川）人。经济日报社副总编辑。1973年到第二炮师总字184部队当兵，1978年复员到黄陂县民政局，同年7月考入中国人民大学新闻系新闻写作专业，1982年毕业后分配到经济日报社工作。其间，到中国社会科学院研究生院投资专业学习两年。2000年获得高级记者（正教授级）职称。出版有经济行业研究专著《加入WTO后的行业走向及命运》、报告文学和散文集《面对三峡的挑战》。报告文学《First One，Bs—111》，获《青年文学》三等奖；记中国光学之父王大珩的长篇通讯"光学之歌"，被《读者文摘》全文转载；登载在经济日报上的通讯"马胜利一席谈"获全国好新闻二等奖。率先在经济日报上开设关于台港澳的经济热点分析专栏，是经济日报关于台港澳政治经济方面分析评论的主要作者，主管经济日报和香港经济导报社合作的中文对照周刊《中国经济新闻》撰稿、翻译工作。该周刊全球发行，订阅对象包括国内一些律师事务所、会计师事务所、大学研究机构、跨国公司、外国语大学、外国驻华大使馆等部门。

周幼非

周幼非（1933~），又名自立，湖北黄陂（横店街）人。1949年参加青年军去台，后任台湾《人权论坛》杂志社社长兼总编辑。1988年3月回祖国大陆，采访全国人大第七届第一次会议和政协全国第七届第一次会议，是中华人民共和国成立后台湾记者赴祖国大陆采访的第一批人。返台后，作了比较客观公正的报道。

此后，他几乎每年都采访"两会"。在采访八届人大一次会议后，他又在其主办的《人权论坛》杂志上发表专访《朱镕基是怎样的一个人》，图文并茂地刊发了党和国家领导人的简历、讲话与图片。杂志因此遭到李登辉当局的查封，被停刊一年。

胡秋原

胡秋原（1910~2004），原名胡业崇，又名曾佑，笔名未明、石明、冰禅，湖北黄陂（今武汉市黄陂区木兰山下大胡家湾村）人。著名史学家、政论家和文学家。中国国民党党员。台湾地区民意代表、《中华杂志》发行人、中国统一联盟名誉主席。曾任上海东亚书局编辑、同济大学教授、《文化批判》《思索月刊》总编辑。参加"福建事变"（又称"闽变"），出任福州《人民日报》社长等。著作达 100 多种 3000 余万字。1989 年，美国传记学会将胡秋原列入《国际著名领袖人名录》，并颁发奖状。2004 年 5 月 4 日，时年 94 岁的胡秋原荣获"中华文艺终身成就奖"。为纪念胡秋原、敬幼如夫妇，武汉大学设立有"胡秋原·敬幼如奖学金""胡秋原·敬幼如藏书室"。

他在台湾地区是最早坚持祖国统一、反对"台独"的领军人，是"中国统一联盟"的创始人和名誉主席。他在海峡两岸隔绝 40 年之后首先访问大陆，为祖国的统一进行交流，被誉为"破冰之旅"的第一人。

王惠超

王惠超（1928~ ），湖北黄陂（王家河镇长堰田铺咀）人。中共党员。大学文化。曾任《长江日报》主任编辑、武汉新闻志主笔、《长江日报》报史编委，武汉市政协文史委员。

1951 年初考取中原大学财经学院本科，同年 5 月考取汉口《大刚报》编辑部助理。在中共武汉市委机关报工作了 48 年，经历公私合营《大刚报》《新武汉报》《长江日报》《武汉晚报》等阶段，担任过练习记者、记者、编辑、检查员（清醒头脑）、版面编辑、武汉新闻志主笔、主任编辑等职务。

所写的通讯《技术革新者——陈后维》于 1954 年 4 月 29 日在《长江日报》发表后，被中南人民出版社编入《技术革新者的事迹》一书出版。他写的著名京剧表演艺术家赵燕侠《谈继承和发展京剧问题》于 1981 年 4 月 17 日在《长江日报》发表后，被上海《文汇报》5 月 11 日摘要转载。他访问新当选全国杂技艺术家协会主席夏菊花，撰文《杂技要给人以美感》于 1981 年 11 月 15 日在《长江日报》一版发表后，增加"倡议大陆台湾杂技艺术交流"内容，供对台宣传广播。湖北和全国获奖剧目京剧《徐九经升官记》、汉剧《闯王旗》、楚剧《狱卒平冤》和杂技演员李莉萍的"顶碗"，都是他首先在报纸上报道或评介的。他撰写了不少有史料价值的报刊介绍、人物传记和新闻事件。所写的《轰动全国的"景明大楼事件"》在《武汉新闻史料》刊载后，被中国社会科学院新闻研究所主编的《新闻研究资料》1983 年第 22 辑全文转载。他为《当代武汉》（武汉出版社 1989 年出版）撰写的"报纸、刊物"章节，被武汉新闻工作者协会主办的《交流与探讨》和《长江日报通讯》以"武汉报刊四十年"为题，提前刊登。他负责《武汉市志·新闻志》当代条目的撰写，成绩显著，1991 年被评为武汉市优秀修志工作者。《武汉市志·新闻志》被评为武汉市和全国地方志一等奖。他参加编写的

《长江日报五十年》1999年由武汉出版社出版后，获武汉地方志优秀成果奖。曾被评为长江日报先进工作者和优秀共产党员。1986年、2000年先后获中华全国新闻工作者协会和中共武汉市委宣传部、武汉新闻工作者协会颁发的荣誉证书。1994年入选《中国当代著名编辑记者专集》。

方小翔

方小翔（1955～），湖北黄陂人。中共党员。新华社新闻研究所副所长、高级编辑。

1969年在内蒙古生产建设兵团参加工作，先后任小学教师、团新闻干事。1978年调新华社内蒙古分社任记者，1981年调《瞭望》杂志任记者，1988年于中国社会科学院研究生院新闻系毕业，获硕士学位，同年分配到新华社新闻研究所工作。曾任《世界报刊选萃》丛书副主编、常务副主编，新闻理论信息室副主任、主任。曾采写了大量新闻作品和新闻研究文章，并有多篇获奖；与人合著《邓小平论新闻宣传》《舆论引导艺术》及《中国报纸总量结构效益调查》；参加了"舆论引导艺术""社会主义新闻学与西方新闻学的界限"等多项重点课题研究。

十

宗教文化类

宗教是一种客观存在的文化现象。

万昭虚、谢宗信等大师用实际行动践行了"爱国爱教""向上向善""关切社会"的文化品质。

万昭虚

万昭虚（1893～1974），湖北黄陂（今武汉市黄陂区长轩岭街道万家湾）人。出生于木兰山下万家湾一个贫苦的农民家庭，7岁入木兰山玉皇阁当道童，1925年被举为玉皇阁住持。大革命时期，曾就任长岭区木兰农民协会秘书，参加罗家岗暴动。土地革命失败后，返回木兰山主持道教事务，多次掩护中共党员吴光浩、吴光荣、陈再道、王树声等人，后因被人告密，以"串匪通匪"罪被捕，押武昌集中营一年余，获释后重返木兰山。抗日战争期间，冒险刺探敌情，为新四军传送情报。

中华人民共和国成立后，响应政府号召，领导木兰山各庙观道徒僧众建立新兰农业生产合作社，从事生产劳动，自食其力。1954年被选为黄陂县首届人民代表大会代表。1956年被推选为县政协委员。1957年出席全国道教协会成立大会当选为理事。1959年当选武汉市道教协会会长、湖北省政协委员。1974年在武昌莲溪寺羽化，年81岁。

谢宗信

谢宗信（1914～2005），俗名谢仁铭，湖北黄陂（今武汉市黄陂区前川街下石港）人。1931年在黄陂木兰山祈嗣顶出家修道，为全真龙门派第23代玄裔弟子。曾任祈嗣顶住持、汉口同瑞庵当家。1950年参加武汉市中医联合会，任宗侨联合诊所主任、所长。1983年任武汉市道教协会副会长、中国道教协会理事。1988年应加拿大多伦多市道家太极拳社及蓬瀛阁道观邀请，赴加拿大讲授道家哲理及养生功法，为现代道教学者。1989年参加北京白云观传戒盛典，为白云观第23代方丈。1992年在中国道教协会第五次代表大会上当选为常务副会长，1993年在湖北省道教协会第一次代表大会上当选为会长。政协湖北省第五、六、七届委员会委员。

释明贤

释明贤（1973～），湖北黄陂人。1992年发心到江西云居山真如寺求道出家，于弥光老和尚座下剃度，获赐法名"明贤"。习禅，亲近依止中佛协原会长一诚老和尚。1993年于九华山仁德老和尚座下受比丘戒，返云居山继续参修戒定慧三学，进学佛教造像及般若中观。1997年于江西庐山闭关完成《入中论讲记》。次年接一诚老和尚沩仰宗法脉，接灵意老和尚法眼宗法脉。1999年应聘为江西省佛学院讲师、教研主任。2006年分别于本焕老和尚、佛源老和尚、海音老和尚座下受持临济宗、云门宗、曹洞宗法脉。同年6月启程，与台湾慧在法师共同圆满完成"重走唐僧西行路"的国际文化交流活动。2012年出版专著《三宝论》。2013年受聘为中华文化促进会佛教文化中心副主任。2014年出版专著《中观见与道德经》。12月，申报并获得批复，武汉石观音寺为宗教活动场所，并任住持。2015年出版专著《佛教世界观》。圆满海上丝绸之路（南海道）七大海洋古佛国巡礼。当选为武汉市佛教协会副会长，同年受聘为武汉市委统战部智库专家。2016年出版专著《禅要》，同年当选为武汉市政协委员。2017年当选为湖北省佛教协会常务理事。2019年9月18日当选为武汉市黄陂区佛教协会副会长。2021年8月出版专著《大乘菩萨行》。2021年10月受聘为武昌佛学院教授，担任武昌佛学院副院长、教务长。2021年11月当选为武汉市黄陂区人大代表。2022年1月连任武汉市第十四届政协委员。

郑和甫

郑和甫（1885~1983），湖北黄陂人。

早年毕业于武昌文华大学，1915年任基督教中华圣公会传道部总干事。1923年获美国费城大学博士学位。1926年赴苏联游历。1929年后任中华圣公会河南教区副主教、主教。1947年当选为基督教中华圣公会主教院主席。1949年9月在加拿大以主教院主席名义致函国内全体主教，表示拥护中国人民革命。1952年回国。生平简介被收入《中国人名大辞典当代人物卷》。

十一

科技类

科技文化的对象和内容是存在的而非虚构的。

"批判""创新"是科技文化的核心和生命。

黄陂科技巨擘、两院院士在科技界蜚声中外，在很多科学领域登峰造极，功勋卓著。黄陂走出了共和国"两院"（中国科学院、中国工程院）院士8名，不同领域的知名科学家20多位，他们注重发掘中华文化传统对科技发展的引领作用，构建修复、导向、启示的积极作用，厚植"勤学苦练""刻苦钻研"的科技文化精神，取得了骄人的业绩，并有学术专著。他们是文化自觉、文化自信、民族自信的典范人物。

涂治

涂治（1903～1976），又名涂允治，笔名波克，湖北黄陂（鲁台涂家大湾）人。1910年入黄陂县望鲁高等小学堂。1916年8月考取北京清华学校半公费生。1919年参加五四运动。1921年6月清华大学毕业后，留学美国明尼苏达农学院。1929年获明尼苏达大学研究院博士学位。同年8月回广州私立岭南农学院任副教授。1932年应聘河南农学院任教授、院长等职。1934年应武汉大学邀请，帮助筹备农学院兼办湖北棉花试验场。1935年任西北农林专科学校教授兼教务长。后受爱国学者、新疆学院院长杜重远先生之聘，去新疆工作。不久任新疆维吾尔自治区建设厅技师兼高级农业学校教务长。

1944年，新疆军阀盛世才制造一起另立"天山共和国"的暴动案，因涂在《新疆日报》上写过署名"波克"的文章，而被捕入狱，严刑逼供，要他交代与陈潭秋、毛泽民的关系，涂坚贞不屈、守口如瓶。1945年，获保释放。旋即就任新疆维吾尔自治区建设厅技术顾问，兼血清制造厂厂长。1946年，任新疆学院教授、副院长，并参加共产党外围组织"战斗社"，经常利用夜间收抄延安新华社电讯，印发各地，振奋民心。1949年9月，随同赛福鼎代表新疆人民赴北京参加第一届中国人民政治协商会议，受到毛泽东、刘少奇、周恩来、朱德等中央领导人的亲切接见。同年12月，新疆维吾尔自治区人民政府成立，被任命为自治区人民委员会委员兼农林厅厅长，荣获西北野战军颁发的毛泽东奖章和西北解放纪念章。1950年加入中国共产党。1952年任八一农学院院长。1954年12月被选为政协第二届全国委员会委员。1955年任新疆农林牧科学研究所所长，同年当选中国科学院生物地理学部委员（院士）。1957年任中国农业科学院学术委员会委员。1959年当选为政协第三届全国委员会委员，6月任自治区科技委员会副主任。1960年任自治区科协主席，9月任中国科学院新疆分院副院长。1964年任新疆农业科学院院长。1976年3月逝世，享年73岁。

涂光炽

涂光炽（1920～2007），湖北黄陂（鲁台涂家大湾）人。涂治的弟弟，同为中国科学院院士。涂光炽毕业于昆明西南联大，后留学美国获理工学博士，1949年8月，涂光炽在美国纽约加入中国共产党，回国后在清华大学工作，又被派往苏联莫斯科大学进修3年，历任中国科学院地质研究所研究员、副所长、所长、名誉所长。1980年，涂光炽当选为中国科学院院士（学部委员）。涂光炽曾担任中国科学院地球化学研究所所长，他还担任中国科学院主席团成员（主席团负责主持中科院日常工作），并是俄罗斯科学院院士、第三世界科学院院士。

涂光炽于20世纪50年代参与和领导祁连山综合地质考察。20世纪60年代提出了铀矿地质改造成矿理论，并推广到其他一些矿床。20世纪70～80年代参与和领导地球化学所华南花岗岩类地球化学研究。20 世纪 90 年代以后从事超大型矿床及低温地球化学研究。2003 年提出了"比较矿床学"。学术论著有《干旱和极端干旱气候条件下硫化物矿床氧化带发育特征》《七十年代自然科学领域中一个新生长点——环境科学环境地质与健康》《叠加与再造——被忽视了的成矿作用》《华南两个富碱侵入岩带的初步研究》《花岗岩地质与成矿关系》《一些金矿床地质问题的讨论》《中国南方几个特殊的热水沉积矿床》《中国原生金矿类型的划分和不同类型金矿的远景剖析》《地球化学走向何方》《于砂金矿床形成条件及砂金矿床与厚生金矿床空间关系的讨论》《疆北部固体地球科学新进展》《回顾 30 年来的矿床学》《中国地质学科发展的回顾》《初议中亚成矿域地质科学》。

1982 年，华南花岗岩类地球化学，国家自然科学奖二等奖。

1987 年，中国层控矿床地球化学，国家自然科学奖一等奖。

1993 年，中国金矿主要类型、成矿模式及找矿方向，国家黄金管理局一等奖。

2007 年病逝，被评价为我国有突出贡献的地质学家、矿床学家、地质化学家。

陈庆宣

陈庆宣（1916~2005），湖北黄陂（前川街道桃花庙村老陈家湾）人。地质学家、中国科学院院士。1941 年，毕业于西南联大地质系，1979 年加入中国共产党，先后在兰州地质研究所、中国地质研究院力学研究所、中国科学院工作，任室主任、研究员、博士生导师。长期担任《地质学报（英文版）》《中国科学》《地质经济》《地质力学学报》主编，为攀枝花铁矿选址做出了重大贡献，为我国地学基础理论和地质力学的发展做出了开拓性贡献。1991 年，陈庆宣当选为中国科学院院士。

肖培根

肖培根（1932~），湖北黄陂［武湖街道高车社区（分场）高车畈］人。中国工程院首批院士，药用植物学家。1953 年毕业于厦门大学生物系，1980 年加入中国共产党，先后任厦门大学、北京中医药大学、成都中医药大学、香港理工大学、香港浸会大学教授，担任中国医学科学院药物研究所植物研究室主任，药用植物开发研究所所长、研究员，卫生部医学科学委员会委员，卫生部药典委员会委员，中国药学会北京分会副理事长，世界卫生组织传统医学咨询团顾问。他于1959 年发明原色体标本速成干燥法，1964 年发现毛茛科内一个包括 16 个种的人字果属，创建药物亲缘学新学科，是中国药用植物中药研究的主要奠基人。1996年当选为中国工程院院士。

梁骏吾

梁骏吾（1933~2022），湖北黄陂（前川街道梁港村梁家港）人。中共党员。我国半导体材料专家、中国工程院院士。1955 年毕业于武汉大学，1956 年至1960 年赴苏联科学院莫斯科巴依可夫冶金研究所攻读副博士学士，并于 1960 年获科学技术博士学位。1960 年进入中国科学院半导体所工作，1964 年获国家科技成果二等奖，1980 年获中科院重大成果一等奖，1988 年获中科院科技进步一等奖。他突破了我国多年来未能生产的低阈值量子阱激光材料的局面。1997 年当选为中国工程院院士。2005 年，他和另外两位院士的建议得到国家高度重视，从而开启了中国光伏电池产业的发展新篇。

李明

李明（1936~），湖北黄陂人。1958 年从部队考入中国人民解放军军事工程学院空军工程系，1963 年毕业于中国人民解放军军事工程学院，1995 年当选为中国工程院院士。李明先后实现了纵轴模拟式和数字式电传操纵系统的试飞验证，亲自组织自动飞行系统规律的研究与仿真。他主持设计研制的某系统在系统综合和验证技术上有重大突破，使这项技术首次应用于改型飞机。

陈松林

陈松林（1960~），出生于湖北省黄陂县长堰镇（今武汉市黄陂区王家河街道长堰社区）堰南街 86 号。中国水科院生物技术领域首席科学家、中国水产科学研究院黄海水产研究所研究员。1977 年考入上海水产大学（今上海海洋大学）养殖系水产养殖专业，毕业后分配到中国水产科学研究院长江水产研究所工作。发表论文 400 余篇，第一通讯作者 SCI 论文 190 篇，含 Nature Genetics 2 篇；第一发明人授权发明专利 35 件；主编中英文专著 5 部。以第一完成人获国家技术发明二等奖 2 项，第二完成人获国家科技进步二等奖 1 项。曾获光华工程科技奖、全国首届创新争先奖等奖项，获得全国优秀科技工作者、全国农业先进工作者、中华农业英才奖等荣誉称号。2021 年当选为中国工程院院士。他系统开展了鱼类种质冷冻保存、发掘、创制与利用的全链条创新研究，将我国海水鱼类基因组研究提升至国际领先水平。

韩德乾

韩德乾（1939~），湖北黄陂（长轩岭街道韩畈村韩家畈）人。1963 年毕业于华中农学院（现华中农业大学），参加工作后一直从事农业和教育管理工作，先后任华中农业大学党委书记（兼任中共湖北省委农村政策研究室副主任、湖北省农业委员会副主任），农业部党组成员、纪检组长，国家科委副主任，中国科技部副部长等职。中共十四大当选为中央纪律检查委员会委员。曾到 40 多个国家讲学或访问，被非洲尼日利亚科学院授予院士。

何传启

何传启（1962~），湖北黄陂（长轩岭镇李家港湾）人。中国科学院综合计划局研究员。毕业于武汉大学。曾任中国驻美国大使馆科技二等秘书和中国科学院计划财务局规划处处长。1996 年提出我国基础研究的国家目标（4 个子目标）和战略性基础研究，参加起草国家科委《关于加强国家重点基础研究和高技术产业化的汇报提纲》，1997 年主持并策划中国科学院"国家创新体系"专题研究，提出并设计我国国家创新体系的 4 个子系统，主持起草的《迎接知识经济时代，建设国家创新体系》研究报告，受到中央政府的高度重视。1998 年 2 月，国家主席对该报告批示"知识经济、创新意识对于我们二十一世纪的发展至关重要"，引发 1998 年中国知识经济热潮。发表学术论文 50 余篇，出版专著《效益管理》和《第二次现代化》，合著《国家创新系统》和《创新与未来》，译著《怎样当一名科学家》等。1989 年获中国科学院科技进步三等奖，1991 年被评为中国科学院"七五"重大科技任务先进工作者，1994 年被评为中国驻美国大使馆先进工作者，1997 年被评为中国科学院机关先进工作者，1999 年入选美国纽约科学院院士。中国科学院政策与管理研究会副理事长、《世界科技研究与发展》副主编。

田长霖

田长霖（1935~2002），湖北黄陂（前川街桃花村田家大湾）人。原美国国家科技委员会委员。1959 年获美国普林斯顿大学物理学博士学位。1961 年获美国柏克莱大学最佳教授奖。至今仍保持着全美最年轻教授和最年轻大学系主任这一纪录。1976 年当选为美国国家工程研究院院士。1992 年任柏克莱加州大学校长，是美国第一位亚裔人士大学校长。1998 年应香港特区政府行政长官董建华邀请，出任香港创新科技委员会主席。1998 年 10 月和 1999 年 1 月，美国总统克林顿两次提名田长霖出任国家科技委员会委员。1999 年 5 月，美国参议院通过了这一任命，7 月 29 日，田长霖正式宣誓就职。田长霖多次回祖国和家乡访问，并在华中理工大学讲学。2000 年 4 月 7 日，经国际小行星命名委员会批准，中国科学院将国际编号为 3643 号小行星命名为"田长霖星"。2002 年 10 月 30 日病逝。11 月 5 日被安葬于美国加州圣马刁百龄园。

叶聪

叶聪（1979~），湖北黄陂（前川街）人。大学文化。高级工程师。中共党员。蛟龙号首席潜航员、全国"五一劳动奖章"获得者、"载人深潜英雄"。

1997 年由黄陂一中考入哈尔滨工程大学船舶工程学院学习，2001 年大学毕业参加工作后，一直在中国船舶重工集团第 702 研究所水下工程研究开发部工作。参加了国家"863"计划重大专项蛟龙号深海载人潜水器的立项、论证、研制及试验的全过程，为该项目的主任设计师、质量师、建造师、潜航员教官和试航员。在蛟龙号 1000 米级、3000 米级、5000 米级、7000 米级海试中，担任现场指挥部成员、深潜部门长。蛟龙号深海 51 次下潜任务中，承担了 39 次，屡创我国载人深潜新纪录，为我国载人深潜领域潜航员专业的开拓者和创始人、万米深潜设计师和导航。

中国船舶集团有限公司第七〇二研究所副所长。先后担任"蛟龙"号主任设计师和首席潜航员、"深海勇士"号副总设计师、"奋斗者"号总设计师。全国青年联合会副主席、江苏省青年联合会副主席。先后获江苏省科学技术一等奖、中国造船工程学会科学技术特等奖、国家科技进步一等奖等多项科技奖励。2013 年 5 月 17 日，被中共中央、国务院授予"中国载人深潜英雄"荣誉称号，2018 年被中共中央、国务院授予"改革先锋"称号，获全国五一劳动奖章、中国青年五四奖章、中央企业青年先锋等光荣称号。享受国务院政府特殊津贴。2022 年 2 月，第 24 届中国科协求是杰出青年成果转化奖揭晓，全国仅 10 人获此殊荣，叶聪榜上有名。

田长焯

田长焯（1928~），湖北黄陂（今武汉市黄陂区前川街桃花村田家湾）人。1939 年，随父母离开武汉到上海。1949 年随家人到台湾。1954 年从台湾大学毕业后，借钱只身赴美求学打拼。此后，其弟田长霖也赴美求学。美国著名侨领。在波音公司工作 34 年，商用飞机颤振和振动设计的首席设计师，被称为波音的"设计巨匠"和"活字典"。1995 年退休后，任美华航天工程师协会全美总会理事长。2003 年以来连续出席武汉市举办的"华创会"，为文化和科技交流做出自己的努力和贡献。

范忠志

范忠志（1911~1989），湖北黄陂（天河街道）人。1953 年加入中国共产党。历任汉口江岸车辆厂工人、工程师、副总工程师、技术顾问。长期致力于技术革新，取得较大成果。60 年代初，制成当时国内铁路车辆修理急需的 32 毫米轮缘靠模。1956 年获全国劳动模范称号。第四届全国人大代表、第五届全国人大常委。

喻大昭

喻大昭（1956~），湖北黄陂（天河街大喻村）人。湖北省农业科学院院长。

1982 年毕业于华中农学院植物保护专业，随后分配到湖北省农业科学院植物保护研究所工作。1987 年任该所植物病理研究室主任、助理研究员，1992 年 5 月赴荷兰瓦赫宁根开展合作研究，同时开始博士学位学习。1993 年 7 月任湖北省农业科学院植物保护研究所副所长、副研究员。1995 年赴瑞士联邦理工大学学习兼合作研究。1997 年任湖北省农业科学院研究员。1999 年赴荷兰瓦赫宁根大学及英国约翰依利斯中心学习，获得荷兰瓦赫宁根大学博士学位。2000 年任湖北省农业科学院植保研究所所长，后改任植保土肥研究所所长。2005 年任湖北省农业科学院副院长。

叶作舟

叶作舟（1916~1991），湖北黄陂人。高分子灌浆材料专家，原广州化学研究所副所长、研究员。

1943 年毕业于浙江大学化学系。新中国成立后，历任中国粮油进出口公司湖北省分公司化验室工程师，中国科学院武汉化学研究所、中南化学研究所副研究员，广州化学研究所副所长、研究员，中国文物保护技术协会副理事长。为我国高分子灌浆材料研究和应用领域的开拓者。1944年，发明用稻草制赛璐珞透明薄膜获新型专利。1959年后，主持、指导研制成功以环氧树脂、丙烯酰胺、甲基丙烯酸酯等为主剂的10种灌浆材料，广泛用于铁道、水电、港口、石油、采矿、建筑及文物保护等部门防渗堵漏、补强加固，填补了我国材料科学领域里一项空白，取得重大经济效益。1978年，获全国科研成果奖。他还成功地解决了用化学灌浆办法加固工程建设中常遇到的低渗透性泥化夹层这个当时国内外尚未解决的难题，在安徽陈村大坝、青海龙羊峡大坝和四川二滩坝基的加固处理现场试验中取得良好效果，1987年获中国科学院科技进步一等奖。

王国鼎

王国鼎（1935~），湖北黄陂（今武汉市黄陂区蔡家榨屋基湾）人。武汉市城市建设学院教授、硕士研究生导师，全国著名桥梁专家。

1960年毕业于湖南大学桥隧系，后留校任教。1984年调到武汉城市建设学院任教。数十年来从事桥梁工程教学、科研和设计工作。发表论文20多篇，出版专著过百万字。《拱桥边拱计算》一书获全国优秀科技图书奖，参编的《桥梁工程》获国家教委全国优秀教材奖。全国高等院校路桥及交通工程教学指导委员会委员、土木建筑大辞典《桥梁卷》编委、湖北省公路协会常务理事。

蔡礼鸿

蔡礼鸿（1949~），湖北黄陂（今武汉市黄陂区蔡家榨蔡官田村）人。中国民主同盟盟员。1978年考入华中农学院园林系。1982年本科毕业后留校任教，历任助教、讲师、副教授、教授。2000年毕业于华中农业大学果树学科，获得农学博士学位。为华中农业大学科技咨询专家组成员、规划项目督查评估专家组成员、本科教学巡视员，武汉生物工程学院教授、园林系主任。发表的研究论文《中国枇杷属种质资源及普通枇杷起源研究》获中国园艺学会举办的《园艺学报》创刊30周年优秀论文评选一等奖，并获得农业部科学技术进步奖三等奖。专著《甜樱桃标准化栽培技术》获评湖北省优秀科普作品。被民盟湖北省评为优秀盟务工作者、湖北省优秀盟员，2008年被湖北省教育工会委员会授予"优秀工会积极分子"，2009年被中国国家科技部授予"全国优秀科技特派员"称号。

蔡汉明

蔡汉明，湖北黄陂（蔡榨街白家湾）人。青岛科技大学机电工程学院CAD中心主任、教授。大学本科学历。中共党员。1978年2月至1982年1月在华中科技大学机一系机制专业学习。1982年到青岛科技大学工作。为青岛科技大学本科生开设课程11门，主讲机械制造工艺、金属工艺学、pascal语言程序设计等；其中5门是青岛科技大学的首开课程，为研究生开设课程3门。曾获得山东省教学成果三等奖两次，本院教学成果奖两次。为工厂编写软件《线切割自动编程软件》《矩形样件自动排料软件》《帐篷计算机辅助设计软件》等。参与完成了国家自然科学基金一项，山东省自然科学基金两项，主持完成了青岛市科协项目两项，横向项目11项。获山东省机械厅科技进步奖一项，山东省高等学校优秀科研成果奖二项和青岛市科技进步奖一项。发表论文40多篇，其中多篇被EI收录。主要著作《计算机绘图原理与程序设计》《交互式微计算机图形学》《工程师的助手AutoCADR14》《AutoCAD三维造型实例详解》《数控编程MasterCAMV8.0实用教程》等，其中《机械CAD/CAM技术》被评为山东省优秀教材。

詹正茂

詹正茂（1977~），湖北黄陂人。1990~1992年就读于中国科技大学少年班。1995年毕业于中国科学技术大学管理科学系，获工学学士学位。1997年开始从事管理咨询工作。1998年毕业于中国科技大学商学院，获管理学硕士学位（技术创新管理方向）。2001年毕业于北京大学光华管理学院，获应用经济学博士学位（区域发展方向）。年仅24岁，是北京大学百年历史上最年轻的经济学博士。2001~2003年，在北京大学从事企业管理研究与咨询工作，任北大纵横管理咨询公司创始合伙人、副总经理，北大纵横管理咨询丛书执行副主编。

2003~2007年，于清华大学新闻与传播学院从事文化产业的教学与研究工作，历任清华大学新闻与传播学院讲师、副教授、院长助理。2007年至今，在中国科学院从事科学传播研究工作，任研究员，中国科学传播研究所执行所长。《中外管理》《中国经营报》《IT经理世界》专栏撰稿人、《科文媒体管理》译丛主编、北京市注册咨询师《咨询项目管理》课程主讲教师、中国人才学会超常教育委员会理事、第7届世界传媒经济学术会议组委会副秘书长。

王术

王术（1925~1997），湖北黄陂（黄花涝）人。原中国科技大学教授。1949年毕业于上海交通大学航空工程系。同年6月参加中国人民解放军空军，到北京参加航空工业建设。1953年被国营211厂评为劳动模范。1956年调入中国科技大学，任精密机械系教研室主任兼中文教研室主任。中国工程图学会第一届理事、安徽省工程图学会第一届副理事长、中国作家协会安徽分会会员、中国科普作家协会会员。编著出版过5本制图书，在报刊上发表文学与科普作品百余篇，与人合作出版一本科幻小说集和一本童话集。晚年研究计算机绘图，已编绘图程序200件。

1992年赴澳大利亚出席国际计算机绘图学术会议并宣读论文，将其新发现的一种曲线命名为"王氏玫瑰线"（wang's rose cur-ra）。个人简历被收入《科学家人名录》。1997年病逝，骨灰安放八宝山革命公墓。

戴礼智

戴礼智（1907~），祖籍湖北黄陂（今武汉市黄陂区罗汉街道兴隆村戴家大湾）。出生于四川万县。磁学家、冶金学家。

1925年进入武昌师范大学（后改名为武汉大学）学习，后转入中央大学。先期主修化学，后改修物理。1932年加入了中国物理学会，不久，被中央大学聘为物理系助教。1934年和1937年作为公费留学生，分别到英国、到德国亚琛工科大学学习冶金理论，同时进行低碳钢深冲性能及汽车、锅炉用钢的研究。1939年回到祖国，到重庆兵工署材料试验处工作，率先成功地研制了钨钢永磁材料。1941~1944年到綦江电化冶炼厂工作，试制了耐热钢，用铝钢代替铬钢，解决当时进口铬的匮乏。1946~1947年到南京，在资源委员会钢铁管理处工作。编写并出版了《磁性材料》一书。于1948~1949年到美国卡内基学院从事磁性材料研究，利用X射线分析方法研究软磁合金磁场热处理后的结构变化。

1949年，他怀着报效祖国的赤诚，再次从国外归来。当年5月上海解放。此时，美国麻省理工学院（MIT）汇来旅费，邀他到该校由比特教授主持的磁学实验室工作。他谢绝了邀请，接受上海华东工业部矿冶局的聘请，负责筹建上海矿冶局试验室（即上海钢铁研究所的前身）。该试验室成立后，为当时上海和华东地区的冶金企业解决了生产中出现的许多技术问题，对上海和华东地区的冶金企业恢复生产及提高产品质量，起到了一定作用。1953年他受邀出任重工业部钢铁工业试验研究所（冶金部钢铁研究总院前身）副所长。他还亲自参加与主持冷轧硅钢片等有关金属磁性材料的研究课题。1958年该所扩建为冶金部钢铁研究院，他负责筹建精密合金研究室并任室主任，直至1966年。他对该室磁转矩和x射线衍射等实验技术的建立，起到了重要作用。

他是国内享有盛名的磁学专家之一，也是学术团体的热心参加者，在长达60年的工作中，直接、间接地培养了众多的冶金人才，特别是金属磁性材料的开发与研究人才。

李海波

李海波（1969~），湖北黄陂人。博士、研究员、博士生导师。

1992年毕业于郑州工学院（现郑州大学），获水利水电工程专业学士学位；1995年和1999年毕业于中国科学院武汉岩土力学研究所，分获岩土工程专业硕士和博士学位。1998年至2000年在新加坡南洋理工大学土木与工程学院任研究助理。2003年3~4月于日本京都大学土木与工程系任高级访问学者（JSPS），先后应邀到韩国汉城大学、香港大学、香港理工大学和香港科技大学进行短期学术访问。2009年至2016年，任中国科学院武汉岩土力学研究所所长。2016年，任中国科学院武汉分院分党组书记、副院长。2019年，任中国科学院武汉分院直属单位党委书记。

2021年辞去政协武汉市第十三届委员会常务委员职务，现任中国岩石力学与工程学会常务理事。

中国岩石力学与工程学会岩石动力学专业委员会主任委员、湖北省地震学会副理事长、国际杂志《Geomechanics and Geoengineering：an International Journal》和国内杂志《岩石力学与工程学报》《岩土力学》《防灾减灾学报》编委。主持国家自然科学基金重点项目2项、青年基金和面上项目3项、国家重大基础发展规划项目（973）课题2项，以及国家重点工程研究项目30余项。发表论文200篇，其中SCI收录论文52篇。2003年获得湖北省自然科学二等奖1项（排名第二），2005年获国务院政府津贴专家称号，2006年获湖北省第七届青年科技奖，2007年获第十届中国青年科技奖，2007年获得湖北省科技进步一等奖，2010年获得国家科技进步二等奖。

中国共产党第二十次代表大会代表。

王学新

王学新（1963~），湖北黄陂（王家河街凤凰山村）人。本科学历。中共党员。1981年至1991年在黄陂矿山机械厂工作。1992年至今在武汉市黄陂新隆建筑机械有限公司工作，任董事长。研发生产的"安发"牌系列建筑施工升降机荣获国家级发明专利，设计的同步自锁安全钳和CAQ30防坠安全器同时获得国家专利，被同行业广泛应用。中国工程机械工业协会检测技术工作委员会会员。

侯明生

侯明生（1952~），湖北黄陂（王家河街长堰侯家冲）人。1972年至1975年就读于华中农学院植物保护专业，毕业后留校任教。工作期间曾在复旦大学、华南农业大学和武汉大学进修学习。主讲的"农业植物病理学"专业课程，曾获华中农业大学教学质量优秀一、二、三等奖，该课程先后入选湖北省教育厅高等院校"省级精品课程"和教育部首届"国家精品课程"。结合教学和科研工作，主编出版国家级规划教材及相关专著9部。主持完成的有关农业领域重点科技攻关项目，曾获湖北省人民政府科技进步奖7项，发表本专业相关基础与应用研究方面学术论文40余篇。1997年被授予湖北省有突出贡献中青年专家称号。博士生导师、中国植物病理学会副理事长、湖北省植物病理学会名誉理事长、教育部国家科技进步奖评审专家。

邱继明

邱继明（1950~），湖北黄陂（李集街民安集村）人。本科学历。中共党员。1968年参加中国人民解放军。1970年加入中国共产党。1971年进入航天部101研究所工作。1976年毕业于哈尔滨工业大学，在101所历任助理工程师、工程师，1993年晋升高级工程师，同年任测控技术中心室副主任。承担了各型号的课题研究工作，荣获部级科学进步二等奖2次、三等奖2次，研究院科研一等奖1次、二等奖 5 次。荣立三等功 2 次。在部级刊物上发表多篇论文和研究报告。1996 年至 1999 年，随院专业科学技术考察团先后赴俄罗斯、加拿大和美国进行学术考察和技术交流，并成功完成多项技术合作。1999 年被评为行业最佳岗位能手和优秀共产党员。

柳清菊

柳清菊（1966~），湖北黄陂（今武汉市黄陂区木兰乡）人。云南大学教授、博士生导师。

1987 年华中师范大学物理专业毕业并获学士学位，同年考入华中理工大学（现华中科技大学）光电子专业。1990 年获得硕士学位并留校工作，1995 年调入云南大学，2003 年获得"材料学"专业博士学位。多次赴美国、欧洲、日本的相关研究机构及大学进行学术交流与访问。近年来，主持了包括国家"863"计划重大及专题项目、国家自然科学基金项目、教育部及省级重点项目等在内的 10 余个科研项目的研究工作，已在国内外学术期刊及学术会议上发表论文 160 余篇，有 12 项专利获得授权，出版教材一部。获得省部级科研教学奖励 7 项、全国第三届巾帼发明家新秀奖，入选教育部首批"新世纪优秀人才计划"，中国化工行业专业委员会学术带头人。

中国材料研究会环境材料分会常务理事、云南大学校学术委员会委员、《MaterialsResearchBulle-tin》《MaterialsChemistryand-Physics》等国际期刊审稿人及《功能材料》《中国材料科技与设备》编委。

周同和

周同和（1939~），湖北黄陂（今武汉市黄陂区蔡榨街周李家田村）人。原上海柴油机股份有限公司高级工程师。

1965 年毕业于武汉工学院机械系，分配到上海柴油机厂（现柴油机股份有限公司），从事铸造工艺设计、铸造设备设计等工作。20 世纪 70 年代参加我国首批援外（朝鲜人民民主主义共和国）建设项目的设计工作。该项目建成后，获金日成功勋奖。80 年代担任上海柴油机厂重点建设工程第二铸工车间清理工部、涂漆工部的总设计师。工程竣工后，获中华人民共和国机械工业部"工程设计一等奖"。所设计的"15 吨冲天炉固定式爬式加料机"设计资料被收入《世界优秀专利技术精选》（中国卷）1997：香港回归纪念版和《95 中国实用科技成果大典》。主持设计了新一代"喷漆净化设备——欧米茄漆雾净化机"。曾在国内有关杂志上发表《中国远红外保温电炉》《大型铸造车间清理工部的设计》等 10 多篇论文。上海市杨浦区科协委员、铸造学会秘书长、专家委员会副主任委员、上海市（离）退休高级专家协会会员。

杜劲松

杜劲松（1970~），湖北黄陂（滠口街青峰村人）。1996 年参加工作，现任中国科学院沈阳自动化研究所自动化系统研究室主任、辽宁省雷达系统研究与应用技术重点实验室主任，硕士研究生导师、博士副导师。主要从事电子测量技术与仪器、自动化控制系统方面的研究。2011 年获国防科研项目一项（合作），2012年获国家自然科学基金一项。主持完成数十项企业委托项目，各项课题获资助金额 2 亿多元。2004 年获中国科学院与省市企业合作先进个人二等奖；2005 年获辽宁省科技进步二等奖一项、三等奖一项，沈阳市科技进步二等奖一项。2006 年作为中科院高级访问学者赴英国利物浦大学学习交流。目前已获得国家专利 20 余项，发表文章 30 多篇，是中国自动化学会遥控、遥感、遥测委员会成员，中国机电一体化技术应用协会常务理事。2007 年入选辽宁省"百千万人才工程"的百人层次，2008 年享受国务院政府特殊津贴。

姜海峰

姜海峰（1950~），湖北黄陂人。大学学历。中共党员。重庆市第二届人大代表、第二届人大民宗侨外委员。1989 年任四川齿轮箱厂厂长助理兼生产科科长，1990 年任厂长助理，1991 年任四川齿轮箱有限责任公司副总经理。1999 年至2004 年任重庆齿轮箱有限责任公司董事长、总经理。在担任公司主要领导职务期间，公司工业总产值由不足 1 亿元发展到超过 10 亿元大关，主要经济指标年均增长速度超过 30%。公司 2001 年至 2006 年连续 6 年跻身重庆工业企业 50 强。2002年获重庆市劳动创新奖章，首批国防科技工业"511 人才工程"高级管理人才，获重庆市职工信赖的好厂长（经理）称号。2003 年获"重庆船舶工业突出贡献者"称号。2004 年获中央企业劳动模范及"国防科技工业有突出贡献中青年专家"称号。2005 年被正式入选中国优秀企业家数据库，并获重庆市首届创业优秀企业家称号。2006 年获全国"五一劳动奖章"以及工业强市突出贡献奖。主要论著《质量、环境、职业健康安全三大管理体系的整合与实施》。

陈裕启

陈裕启（1963~），湖北黄陂（长轩岭街院子村院子湾）人。1983 年毕业于四川大学物理系。1988 年在清华大学物理系获硕士学位。1992 年在中科院理论物理研究所获博士学位。其后在中国高等科学技术中心做博士后研究，1994 年被聘为中科院理论物理研究所副研究员。1994 年至 1996 年在美国西北大学开展合作研究，1996 年至 1999 年在美国俄亥俄州立大学开展合作研究，并于当年 9 月被中国科学院理论物理所聘为研究员、博士生导师。主要从事粒子物理和量子场论方面的研究工作。1996 年获中科院自然科学一等奖，1999 年获吴有训物理学奖。

万恒奕

万恒奕（1935~），湖北黄陂（武湖街五通口社区肖咀湾）人。大学学历。海军工程大学蒸汽燃气核动力高车教研室副主任、教授。1975 年从烟台航空学院选调到海军工程学院任教，技术六级，副教授。先后完成5次重大的舰艇应急抢修任务，主持完成了10项科研课题，获得军队科技进步奖一、二、三等奖各一项，某舰动力装置监控系统国产化研究获得国家科技进步二等奖。1992年作为海军的唯一代表出席全国科技表彰大会，接受江泽民总书记亲切接见。

艾世勋

艾世勋（1920~），湖北黄陂人。美国哥伦比亚大学麻醉学系教授兼系主任。从事神经波呼吸系统及麻醉学的研究。1974年当选为台湾地区研究院院士。

艾生文

艾生文（1947~），湖北黄陂（前川街孙教村）人。大学本科学历，高级工程师。中共党员。1963年8月参加中国人民解放军，1964年被选送到解放军宣化通信兵学院学习无线电报务技术，1966年分配到总字172部队，历任无线电报务员、代理电台台长、电台报务主任、团司令部通信参谋等职。1974年调任总字121部队司令部通信参谋。1978年调北京第二炮兵第二研究所任科技处参谋、研究室副主任、科技处副处长等职。1988年调任装备技术部正团职助理、处长。1993年任第二炮兵装备技术部办公室副主任（副师职），大校军衔。1997年任第二炮兵军事代表局局长（正师级）。全军企业政治研究会常务理事，参与编著《科技干部管理概念》一书。曾先后三次执行特殊任务，历任专家组组长、总顾问等职。荣立三等功一次、二等功一次。2010年12月被调整为技术3级，享受军职干部待遇。

夏年生

夏年生（1944~），湖北黄陂（今武汉市黄陂区前川街解放村夏家湾）人。科技翻译家。北京外国语学院（现北京外国语大学）法语系毕业后，分配到国家第一机械工业部直属大型央企哈尔滨锅炉厂科技情报处，从事国外引进设备资料翻译工作，从此开始了他半个世纪科技领域翻译生涯。

20世纪80年代中期，奉调到中国广东核电集团有限公司，历任中广核集团合营公司工程服务合同经理、中广核集团合营公司驻欧洲行政经理。他译介了核电站建设所需技术资料，为我国改革开放后引进法国技术设备建造的首座核电站做出了开拓性贡献。曾两次担任时任国务院总理李鹏接见法国核工业科技代表团的口语翻译，两次担任法国总理在大亚湾建设现场考察的口语翻译，以及三任法国驻华大使和18位中法政府部长为大亚湾核电站建设的口语翻译。

在《中国翻译》等杂志发表80余万字科技译作。2011年中国翻译协会特授予其"资深翻译家"荣誉称号。

十一　医卫类

从"悬壶济世"到"救死扶伤"，黄陂医卫界不乏医术高超、医德高尚的医界名流。全国政协委员、武汉协和医院院长胡豫，全国"三八红旗手"、原301医院内科专家张薇薇，全国抗疫先进个人、武汉第六医院院长刘建华，他们是这个群体中的杰出代表，他们的医术、医效、医著都对中华文明进步、中国医学发展的探索做出了贡献。

刘济川

刘济川（1907~1976），又名刘行义，湖北黄陂（今武汉盘龙城经济开发区刘集）人。1920年去汉口天和堂药店从父刘善学习中医中药。1923年随父回乡开设慈济堂药号学医制药。1945年后回家下乡行医。

在抗日和解放战争时期任联保主任，其家为共产党地下联络站。常前厅接待日伪，后厅接待共产党人，对共产党包接包送。曾将共产党地下负责人安全送到茅庙集。与武汉第一刀、武汉协和医院教授裘法祖交情笃厚。

中华人民共和国成立后，先后在黄陂县人民医院、黄陂县血防站及横店、滠口、刘集等处卫生院（所）工作。1973年被聘为县中医进修班教师，翌年复回人民医院任中医。

刘悉心研究《内经》《伤寒论》《金匮》等医学名著，吸取精华，不囿于旧说，结合多年实践经验，形成自己的风格。他察病细致，辨症准确，用药精当，善治温热时病，尤长妇科。对热症、厥脱抽风、痛症等急诊，亦有丰富经验。他撰写的《刘济川医案三则》，刊于1983年《吉林中医》杂志。所整理的《经漏泄泻》《热病治验》等，曾在县中医学术会上交流。

他为培养中医药新生力量，竭尽全力。有时病在床上，坚持榻前授课，拿出私蓄购置教学参考书供学生阅读。曾获县文卫战线先进工作者称号，并当选为县第四届、第五届人大代表。

张幼甫

张幼甫（1899~1982），亦名柱中，湖北黄陂（今武汉市黄陂区横店街张齐湾）人。1914年开始在汉口、黄陂等地研习中医、中药。1921年返家乡开店行医。1941年在县城仁寿街挂牌坐堂。1946年经国民政府考试院考试合格，颁发中医师证书。新中国成立后，参加城关联合诊所，任主治中医。1958年任县卫生院中医师。曾任城关卫生协会主任、县卫生协会副主任。

他擅治温热时病及疑难杂症，望重梓里。由门人整理的《养血祛风汤治疗荨麻疹的经验介绍》《温下法治疗寒湿泄泻》《治疗登革热的经验》《张幼甫医案四则》等，皆为其医术精华。

熊济川

熊济川（1906~1973），湖北黄陂人。为一代名医冉雪峰得意弟子。长期从事儿科疾病的诊治和研究，获"儿科圣手"盛誉。中华人民共和国成立后，曾任武汉市中医院副院长、武汉市第一医院革委会副主任等职。其弟子整理的《熊济川医案》由武汉市卫生局编印成书。

张介眉

张介眉（1947~），湖北黄陂（祁家湾街）人。国家中医药管理局重点研究室主任。大学本科学历，二级教授、主任医师。中共党员。曾先后担任原黄陂县人民医院中医科主任、原黄陂县中医院院长、武汉市第一医院（武汉市中西医结合医院）院长。兼任中华医院管理学会第二届理事、中华中医药学会管理分会副主任委员、湖北省中医药学会第三届理事会常务理事、湖北省中西医结合心脑血管专业委员会主任委员等重要职务。先后获"武汉市首届优秀科技工作者""武汉市创新能手""白求恩式的卫生工作者""武汉市百日立功活动二等奖""科普工作先进工作者"等称号。连续3次享受武汉市政府专项津贴，连续两次评为优秀市管专家、武汉市专家顾问、武汉市专家服务中心顾问。先后主持包括国家自然基金和国家科技支撑计划在内的国家及省部级以上科研课题11项、武汉市科研课题13项，共获得省市级以上科技进步奖12项。曾任湖北省政协委员、武汉市党代会代表、武汉市人大代表。

杜献琛

杜献琛（1943~），湖北黄陂（木兰乡）人。黄陂中医院内科主任医师，湖北中医学院兼职副教授。

胡豫

胡豫（1964~），湖北黄陂（今武汉市黄陂区长轩岭街胡家大湾）人。医学博士，教授、主任医师、博士生导师，曾担任华中科技大学同济医学院附属协和医院副院长、血液科主任、血栓与止血研究室主任。国家杰出青年基金获得者，教育部常见重大疾病的生物靶向治疗创新团队项目负责人，教育部长江学者特聘教授。武汉市血液学会主任委员、中华器官移植学会委员、中国医师协会血液学分会副主任委员、《中华血液学杂志》《中国实验血液学杂志》等杂志编委。在出凝血疾病、血管新生与肿瘤的基础及临床研究方面先后承担并完成多项国家及省、部级课题。现负责2项国家自然科学基金项目及4项省、部级课题。曾获卫生部科技进步三等奖及国家教委科技进步奖，2005年、2007年两次获湖北省科技进步一等奖。在国内外各级杂志发表论文40余篇，参编多部大型学术参考书。2007年担任国家"973"计划项目子课题负责人。是第十三届全国政协会员。2021年中国工程院院士候选人提名人选。

刘建华

刘建华（1970~），湖北黄陂人。中共党员。市委党校研究生。副主任医师。大学毕业后，历任武汉市黄陂区人民医院副院长、院长，黄陂区卫生局副局长兼黄陂人民医院院长，黄陂卫生和计划生育委员会副主任兼黄陂区人民医院院长，黄陂区卫生和计划生育委员会主任，黄陂区发展和改革委员会主任。2018 年调江汉大学附属医院（武汉市第六医院）任党委副书记、院长，2019 年任武汉市第六医院党委书记、院长。

2020 年伊始，新冠肺炎病毒肆虐。在院长刘建华带领下，1000 多名员工坚持抗疫 100 多天，在没外援的情况下，发热门诊接诊 19984 人次，收治新冠患者 1325 名，治愈 1248 人，重症救治成功率高于武汉市三级医院平均水平，死亡率低于平均水平。抗疫 100 余天，他连续 3 个月没有回家。他以最执着的坚守、最无悔的信念践行着作为一位医院管理者身先士卒、无私奉献、兢兢业业的精神。2020 年 9 月 8 日，获"全国抗击新冠肺炎疫情先进个人"称号。2020 年 9 月 17 日，中央文明办发布 2～7 月"中国好人榜"，他被评为"敬业奉献好人"。

彭开勤

彭开勤（1958～），湖北黄陂人。武汉市第六医院（江汉大学附属医院）原院长兼外科主任医师、教授。武汉市优秀专家，国务院特殊津贴享受者，湖北省普外学会常委、胃肠学组副组长，湖北省抗癌协会胃肠学组委员，湖北省卫生厅第三届"科技进步奖"评委会委员，湖北省保健委员会医疗专家组成员，武汉市普外学会常委，武汉市保健委员会专家小组成员，武汉市江岸区医学会会长，武汉市卫生局第三届学术委员会委员，江汉大学生命与医学学院学术委员会副主任委员，《临床外科杂志》编委。武汉市江岸区人大代表。获武汉市优秀科技青年创业奖，武汉市高等学校学科带头人。

祝庆荃

祝庆荃（1934～），湖北黄陂（罗汉寺祝家大湾）人。中国预防医学科学院流行病学、微生物学研究所研究员，教授，消毒专家。中国民主同盟会成员。1953 年大学毕业后分配到北京流行病学研究所工作，1958 年后从事病原策生物的消毒研究。60 年代初期，在国内较早地开展了消毒机制的研究，证明化学消毒剂与物理因子有协同杀菌作用。这一结论之后被大量研究所证实，并广泛应用于实际。"文化大革命"期间下放到青海海西州医院，1971 年，《青海日报》曾以《北京来的好大夫》为题为其作过报道。1973 年调中国科学院武汉病毒研究所，在茶树害虫多用体病毒性研究中，建立了昆虫病毒测定方法，该课题获中国科学院科技进步二等奖。1984 年回北京流行病学研究所，所带领的科研课题组研制的高效消毒剂取得卫生部卫生许可证的有 4 项，获中国预防医学科学院科技成果 2 项，获国家专利一项。曾撰写论文数十篇，有的受到美国、加拿大、瑞典同行的关注，来函索取。卫生部消毒专家委员会委员、中华预防工程学消毒学会委员、中国消毒杂志编委。

祝庆孚

祝庆孚（1931~），湖北黄陂（今武汉市黄陂区罗汉寺祝家大湾）人。1950年参加中国人民解放军，曾参加贵州的清匪、土改等斗争。1955年就读于中国人民解放军第七医军医大学医疗系，1958年毕业后分配到北京解放军总医院工作，历任病理科医师、主任、主任医师、教授。先后发表学术论文40多篇，获4项全军科技进步三等奖。享受国务院特殊津贴。1994年获全军保健领导小组嘉奖。

张薇薇

张薇薇（1954~），湖北黄陂（六指街郑田村）人。中共党员。1969年参军，在军区医学院工作，技术精湛，专业知识扎实，为军区医院神经科做出贡献。后任解放军北京军区总医院神经内科主任，医学博士，教授，享受国务院特殊津贴，获评"三八红旗手"，立两次三等功。

王安奇

王安奇（1954~），湖北黄陂（王家河街栖凤山村王老爷湾）人。中共党员。1979年毕业于武汉医学院荆州分院，分配到武汉市社会福利院，后任武汉市民政局精神病院主治医师、业务副院长、党委副书记。2000年任市优抚医院院长、党委书记。2001年任中华医学会武汉分会副主任委员、湖北省医学会常委、湖北省预防医学会精神病专业副主任委员、中国民政医学会常委、政协武汉第七至十一届委员。曾先后在全国、省、市医学刊物发表专业论文20余篇。其中国家和省、市级奖7篇。1986年被授予"武汉市优秀科技工作者"称号，1998年被湖北小民政康复学会授予"先进工作者"称号。2001年荣获武汉市"五一劳动奖章"，2003年被评为武汉市劳动模范。2010年被评为全国优抚医院系统先进工作者。

周俊安

周俊安（1949~），湖北黄陂（滠口街）人。深圳市卫生局党委书记兼局长，主任医师、教授。曾任同济医科大学副校长、协和医院院长。

程骏章

程骏章（1961~），湖北黄陂（今武汉市黄陂区王家河街白龙寺村路边程湾）人。荆州市第一人民医院主任医师、教授、副院长，内科和肾内科主任，硕士生导师。擅长各种原发继发性肾脏疾病、泌尿系统感染、药物中毒、血液净化。毕业于同济医科大学，先后到中山医科大学、北京医科大学进修和日本东京东和病院学习，完成华中科技大学同济医学院临床医学硕士课程和华中科技大学EMBA高级管理课程。任华中科技大学同济医学院、武汉大学医学院、郧阳医学院兼职教授、硕士生导师、长江大学教授。为湖北省血液透析委员会副主任委员、湖北省肾脏病学会常委、湖北省透析管理委员会常委、湖北省医师协会常委、荆州市内科学会主任委员、荆州市肾内科学会主任委员、荆州市享受政府专项津贴专家。在国家核心期刊和统计源期刊发表论文数篇，主持和参与 4 项科研成果通过省部级鉴定，分别达国际国内先进水平。一项获省政府科技进步三等奖，两项获卫生厅科技进步二等奖，二项获市政府科技进步二等奖，三项课题获市级立项，为省级重点专科的学科带头人。

夏鹏

夏鹏（1937~），湖北黄陂（罗汉寺夏店村）人。1962 年就读于北京医科大学。毕业后分配到北京市普仁医院工作。1980 年开始担任首都医科大学兼职教授。1987 年被评为副主任医师。1997 年创办北京市夏鹏中医门诊部，任主任。曾任政协北京市崇文区委员会常务委员、副秘书、副主席，北京市崇文区人民代表大会常务委员会委员、副主任，中国农工党崇文区工作委员会委员、主任，美国普斯顿大学医学研究院中医医药教授。中国中医药研究促进会常务理事，北京同仁堂特邀教授，中国社会名人工作委员会名医工作部部长，北京心脑血管专家诊疗中心主任。经多年研究，发明了国家级新药"冠心安""退热宁"等多种药物，被载入《中国技术成果大全》、北京市《中西药基本目录》《求医问药指南》，并在 20 世纪 80 年代重大科研成果和首届中国中医药文化博览会展出。曾发表《辨证施法冠心病》《冠心安治疗冠心病 405 例临床疗效观察》《退热宁 315 例临床治疗报告》等 40 余篇论文，其中有的在中央人民广播电台、中央电视台多次播讲。被收入《中国当代名人录》《中国当代医药名人录》《世界人物辞海》等。

叶荣华

叶荣华（1952~），湖北黄陂（祁家湾街油榨村叶家湾）人。中共党员。1973 年毕业于武汉大学中文系。1980 年任祁家湾中学校长，1983 年任黄陂城关二中校长，1985 年任华中师范大学附属第一中学校长，1989 年在武汉市创办艾格眼科医院，任董事长。现共有艾格眼科医院 9 家。1990 年在武汉创办红桥脑科医院，任董事长。

黄俊峰

黄俊峰（1880~1966），湖北黄陂（泡桐店大黄湾）人。1901 年起，先后在泡桐店冯家河及汉口等地开设春生堂药局坐堂行医。在革命战争时期，曾多次为共产党传递情报，担任过陂四区农民协会执行委员。1950 年参加联合诊所。1956 年调孝感地区医院担任中医教学工作，并任地区中医协会理事。1958 年回冯家河诊所。他擅长针灸疗法，自制的麻药、健儿散、肥儿糕等，疗效显著。

晚年将其积累的佳剂及在民间采访的验方 200 余种和记录的临床医案，全部献给医药界，以资后学。门生 20 多名，大多成为本县中医骨干，其子黄明弼亦医术精良，曾任县人民医院副院长。新中国成立后，黄当选为县第二、三、四届政协委员，多次被评为县、公社先进工作者。1966 年病逝。

黄晋勋

黄晋勋（1882~1966），湖北黄陂（城关）人。清末民初黄陂名医黄朝臣之子。随父学习中医，悉心研究家传《黄氏脉榷》一书，继承祖传 16 代世医，在县城设黄万春膏药店，坐堂行医。临床经验丰富，切脉准确，细致入微。1946 年，曾诊断一名 53 岁的老妇脉滑有孕，后来果然"老蚌生珠"，一时震惊医坛。他所制拔毒膏、生肌膏、提脓膏等 15 种膏药，在群众中享有盛誉。黄氏膏药对治疗顽疾丹毒，亦负盛名。

行医对病者蔼然可亲，从不以穷富取人。他告诫后辈，治病救人为医家之德，切不可唯才是举，视躯命为轻。

《黄氏脉榷》成为中医界传世之宝。

潘衡卿

潘衡卿（1902~1975），湖北黄陂（今武汉市黄陂区蔡家榨魏家田）人。著名中医。1922 年随祖父学医，后受聘于汉口同济堂。不久，回乡行医。中华人民共和国成立以后，先后在蔡家榨卫生院和黄陂县人民医院任医师。曾当选为黄陂县第四、第五届人民代表大会代表。行医 50 余年，钻研中医学名著，吸收西医理论，"以临床为基础，疗效为标志，探索规律，总结经验"，不断提高医疗技能。他长于内、外、妇科，对五官科及杂症亦有研究。提倡"病有千变，医当万变，以有限之方，治无限之病"。他创制了不少膏剂，如"加味参苏饮""仙方活命饮""马骨石汤剂""胃宁膏"等，做到"普、简、廉、验"四字，深受患者欢迎。多年来，他在提携后学方面言传身教，诲人不倦。有《中医辨证论治体会》等文稿数篇。

张建初

张建初（1966~ ），湖北黄陂（祁家湾街）人。医学博士。同济医科大学毕业后一直在华中科技大学同济医学院附属协和医院工作，现任呼吸与危重症医学科副主任、主任医师，教授，博士生导师。湖北省及武汉市首批新冠肺炎医疗救治专家组成员、湖北省呼吸介入联盟副主席等。在 2020 年初武汉抗疫期间，他带领团队先后辗转 4 个病区，成功治愈 200 余名危重症病人，是"湖北省防治新冠肺炎专家组"成员。2020 年 12 月，张建初荣获中共中央国务院授予的"全国劳动模范"荣誉称号。

梅国强

梅国强（1939~），湖北黄陂人。湖北中医药大学教授、主任医师。1964 年 7 月湖北中医学院毕业，大学学历，学士学位。2002 年获湖北省卫生厅颁发的"湖北省知名中医"荣誉称号，2011 年被湖北省人社厅、湖北省卫生厅授予"湖北中医名师"称号，2014 年被湖北省人社厅、湖北省卫生计生委授予"湖北中医大师"称号，第三、四批全国老中医药专家学术经验继承工作指导老师。

曾参加与主编全国高等医药院校教材《伤寒论》、全国西学中普及教材《伤寒论》，参与审定《伤寒论讲义》，主编、副主编《伤寒论》类书籍多种，均已出版。

1993 年亚洲首届仲景学术会议上"太阴阳虚与少阴阳虚证治及其关系的实验研究"，用寒湿方法成功地建立了太阴阳虚及少阴阳虚的动物模型，揭示了两证的相互关系及病理生理的异同变化，科学地证明了六经传变理论的客观性，被誉为"第一个真正的中医经典的证候病理模型"。在此基础上，又进一步探讨三阴病症的病理特征及其与三阳病证之间的关系，完成了"太阴、少阴阳虚证阴证转阳的实验研究"，充分证明了中医证候转化的客观性。

1992 年关于"《伤寒论》血虚寒凝证实验研究"和关于"心下痞辨证及其客观化研究"均获得湖北省政府科技进步三等奖。"胸胁苦满症象经络电图研究"课题，是继"心下痞"研究后的又一腹证项目，运用经络电阻值检测技术，对胸胁苦满症与脏腑经络的关系进行探讨。"温阳活利水法（强心口服液）治疗慢性充血性心力衰竭实验与临床研究"已经通过省级鉴定，达国内领先水平，"通腑解毒化瘀汤治疗急性出血坏死性胰腺炎的实验研究"等，已取得较好成果。

是拓展经方运用思路之集大成者，具有很高的学术指导作用和临床指导价值，形成了一系列文章，其中《拓展伤寒论方临床应用途径》《柴胡桂枝汤临证思辨录》等经验被《中国中医药报》连载，受到广泛关注和直接应用。

徐华荣

徐华荣（1957~），女，湖北黄陂（罗汉寺香店）人。全国防治血吸虫病先进个人，曾任三里镇血吸虫病防治站站长、主治医师。中共党员。1979 年毕业于孝感专区卫校大专班，后分配到三里镇血防站工作。曾多次被评为县、市和省血防工作先进个人。1991 年被卫生部、农业部、水利部联合授予血防工作先进个人称号。

蔡日初

蔡日初（1948~），湖北黄陂（蔡家榨村榨北）人。中共党员。主任医师、武汉中医名师、汉口新特中医院等医疗机构首席专家。1968 年至 1981 年在中国人民解放军陆军一军二师，先后任卫生员、卫生排长、军医医助、军医，其间，兼任师后勤部"卫训队""医训队"队长兼教员。1981年转业，在武汉市中医医院工作，先后主持医院内科、急诊科、保健科及台北路分院等中医工作，任科室主任、分院主管。先后兼任中医院学术、职称委员会委员，中华医学会亚健康学会委员等职。20世纪80年代至90年代，协助创建了武汉市中医医院中医急症科，并主持中医急症工作，在中医院创建了中医"亚健科"。进入21世纪，创建了中医"抑郁症科"。中医"亚健科"和"抑郁症科"均为武汉地区医院首创。

撰写专著《中医急诊现代诊疗》（中国科学技术出版社出版）、《中医急腹症诊疗》《头痛诊疗学》，共100余万字。发表医学论文35篇。

江虎臣

江虎臣（1883～1962），湖北黄陂（盘龙经济开发区叶店江湾）人。1907年留学英国爱丁堡医科大学，获学士学位。曾任大冶县普爱医院副院长，汉口普爱医院副院长、院长。抗日战争初期，想方设法收治抗日伤病员。病员伤愈出院时，并资助银圆返家。日军曾企图接管普爱医院，多次威胁利诱，均遭其拒绝。新中国成立后，历任武汉市普爱联合医院院长、第二工人医院院长、第四医院医务顾问。

胡礼泉

胡礼泉（1933～2009），湖北黄陂（盘龙经济开发区上楼子湾）人。武汉大学中南医院外科教授、泌尿外科主任医师、博士生导师，中南医院副院长。泌尿外科创始人，科研成果达到国际先进水平。主编专著6部，参编专著多部，发表论著160余篇。获省部级科技进步奖7项，1989年获湖北省首批有突出贡献专家称号，1991年享受首批政府特殊津贴，两次被国家卫生部授予"全国卫生文明先进工作者"称号。

陈壁

陈壁（1933～），湖北黄陂人。1951年入伍。1956年毕业于第四军医大学医疗系。1956年至1990年在第四军医大学工作，历任医生、助教、主治医生、副教授、副主任医师、教授、主任医师。1988年被批准为烧伤、整形科硕士生导师。1992年享受政府专项津贴。1993年被批准为烧伤外科博士生导师。2005年8月退休。曾担任中华医学会整形烧伤科学会委员和常务委员、中华医学会陕西省整形烧伤学会副主委、中华烧伤外科学会常务委员。1996年参与发起组建中华创伤外科组织修复学组，任副组长。欧洲伤口愈合学会会员、国际烧伤学会会员。担任国家自然科学基金委员会评审专家和全军医药卫生评审专家。先后参与和指导30余项课题研究，发表论文320余篇，参加28本专著编写。曾应邀去日本、美国、意大利、德国等国进行学术交流。获军队医疗成果一等奖一项、国家科技进步二等奖一项和三等奖两项、陕西省科技进步二等奖和军队科技进步二等奖。曾于1960年参加全国群英会，先后被评为总后勤部医德医风标兵、优秀博士生导师。荣立二等功一次，三等功两次。

喻德洪

喻德洪（1926~2017），湖北黄陂（蔡家榨细徐家）人。中共党员。著名肛肠外科学家、医学教育家。1951年毕业于前四川成都华西协和大学医学系，曾任上海第二军医大学教授、长海医院肛肠外科第一任主任。兼任中华医学会外科学会肛肠外科组顾问、国际大学结直肠外科学会会员、《中国外科年鉴》副主编、中国造口联谊会主席、世界肠造口治疗师协会及国际造口协会会员、国内20多家医学杂志的顾问。共合著医学书籍37本，在国内、外发表学术论文百余篇。出国讲学及参加国际学术会议23次。对肛管疾病及大肠癌的治疗已自成体系。2000年在荷兰荣获国际造口协会职业奉献奖。获军队技术进步一等奖1次、二等奖3次及三等奖多次。被誉为"中国造口康复治疗之父"。

餐饮文化类

十三

民以食为天。开门 7 件事，柴、米、油、盐、酱、醋、茶。就餐和饮食是人类的最基本需求，并由此产生了餐饮文化。

蔡林记热干面、谈炎记水饺、祁万顺包子，刘国梁的"健康饮食"观念，蔡明德的《军队常用食谱》，黄陂人创建了老字号餐饮品牌，也丰富和繁荣了中华餐饮文化。

刘国梁

刘国梁（1966~），湖北黄陂（盘龙经济开发区刘古塘村磨元冲）人。武汉市餐饮协会会长。在全国率先提出"吃出健康来"的餐饮文化理念。

1983年至1986年从事个体餐饮业，1986年至1987年经营新华酒家，1987年至1996年创办武汉小南京健康美食酒店，1997年创办武汉小蓝鲸健康美食管理公司。每年营业额近2亿元，纳税达7000万元，为社会捐款达350万元，成为全国餐饮知名企业。被评为武汉市十大杰出青年、湖北十大杰出青年，荣获全国餐饮业优秀企业家称号、全国十佳餐饮连锁企业。当选为武汉市政协第九、十、十一届常委，武汉市政协副秘书长。

谈志祥

谈志祥（1896~1985），湖北黄陂（祁家湾茅店村）人，"谈炎记"水饺创始人。"谈炎记"是武汉地区有着悠久历史的专营特色水饺的老字号风味小吃品牌，始创于1920年。20世纪20年代，湖北黄陂人谈志祥到汉口经营小吃馄饨，以其独特的制作手艺，诚信的服务态度，赢得了食客们的普遍赞赏，被誉为"水饺大王"。

谈炎记水饺的每道工序均严格按传统工艺制作。面皮重在揉功，薄如纸片，其馅由猪肉、牛肉混合配制，并配以10余种佐料；以其原汁、汤鲜、馅多不腻、烹法考究，形成独家风味，享誉武汉三镇，并喜获中国烹饪协会颁发的"中华名小吃认定证书"。

1989年，企业家丁建华邀请已退休在家的谈炎记水饺传人谈志祥的儿子谈艮山再次出山，担任技术顾问，与其一道在传统制作工艺的基础上，研究出香菇水饺、虾米水饺、鸡茸水饺、蟹黄水饺等10余种各具特色的水饺系列品种，满足不同顾客的口味需要。1989年，虾米香菇鲜肉水饺荣获武汉市优质产品称号。2002年，谈炎记水饺发展有22家加盟店。2012年，谈炎记水饺成功申报武汉市非物质文化遗产。

祁海洲

祁海洲（1897~1982），湖北黄陂（祁家湾街道祁家湾）人，祁万顺包子的创始人。从1962年开始在大智路经营祁万顺小吃店，尤其以包子闻名。当时汉口人人都爱吃，一时远近闻名。在不断的探索中，祁万顺的小吃店形成五大小吃系列——面食系列、煎烤系列、流汁系列、电炸系列等。至今仍保留的特色名点小吃是重油烧麦、天津小包等。祁万顺的包子数十年畅销不衰，直至今日，祁万顺的传人在其老家祁家湾街上卖的包子，仍能吸引顾客排队争购。

蔡明纬

蔡明纬（1912~1977），湖北黄陂（蔡家榨门前湾）人，"蔡林记热干面"创始人。1926年，跟随乡亲离开老家到汉口天宝和中药店做学徒。1935年，因日寇入关导致社会动乱，天宝和药铺关门，刚成家的蔡明纬迫于生计，先是沿街叫卖过油条，难以维持生活，想到自己家乡是做油面的，在同乡的指点下挑上担子走街串巷叫卖油面条为生。他下的面条分量足、味道好，生意越做越好，吃的人多起来。后来他动脑筋，改用汉口的水切面，生意也很好。后来，他把生面制成半熟品，扎成把子，这样就方便多了，这便是后来热干面的前身。此后，他又经过精心试验，不断改进，便形成现在的热干面。客人来了，抓一把面往锅里一热，十几秒钟就可出锅了，再加上芝麻酱、小麻油和其他佐料，正宗地道的热干面在武汉热卖开了。1945年，抗日战争胜利后，蔡明纬在满春路口租了一间门面，将在外地以剃头为生的胞弟蔡明经接回共同经营面馆，因面馆门前有两颗苦楝树，取名"蔡林记"。招牌挂出后生意更为红火。从此，"蔡林记"成为武汉人耳熟能详的早点代名词。1949年新中国成立后，蔡明纬在中山大道租了一家两层楼房，一楼店面，二楼住人，后院加工作坊，又从蔡家榨老家请来了堂弟蔡明缙和几位乡邻帮忙打理店面。同年10月，税务部门为其办理营业执照时需要登记经营面条的名称，联想到这种面的制作特点是"热一下，干拌着吃"，故将经营的面条名称登记为"热干面"，从此，"蔡林记热干面"正式诞生。

杨秋苟

杨秋苟（1892~1946），湖北黄陂（横店杨簸箕湾）人。15岁到汉口"宜春楼"等酒馆学艺。1915年回横店开办"泗海楼"酒馆。该馆以狮子头、盐水鸭、四味鸭等名菜著称。

喻大建

喻大建（1971~），湖北黄陂（姚家集街）人。现任武汉市黄陂区餐谋天下餐饮黄陂店董事长、武汉市黄陂区餐饮酒店行业协会会长、黄陂企业家协会常务副会长、黄陂区木兰爱心协会副会长。2000年当选为武汉市黄陂区个体劳动者协会龙潭分会副会长，被媒体评为黄陂"餐饮少帅"。2000年至2016年连续获得武汉市工商行政局黄陂区个体劳动者协会颁发的"诚信经营户""信得过经营户""消费者满意单位的荣誉证书"，2016年被评为湖北省餐饮服务食品安全"示范单位"，2016年至2017年连续两年获得武汉市黄陂区"公益爱心企业"等荣誉。

喻大建积极组织公司员工加入中国志愿者团队，参加社区志愿服务。在新冠肺炎疫情期间，捐赠物资给在黄陂的援鄂医疗队、疾控中心、德兴社区、110指挥中心等部门，并每天安排员工加班加点做盒饭，送给一线的医护人员和警务人员，总金额折合人民币约 30 万元。

长期以来，喻大建热衷于公益事业，在 2008 年汶川地震、2010 年玉树地震中，带领员工积极捐款。2020 年 7 月，在餐饮协会刚筹备初期，就积极带领餐饮行业各会员单位奔赴防汛抗洪第一线，捐款捐物折合人民币达 10 万余元。

在 30 多年的餐饮实践中，积极探索和创新了"黄陂土菜"系列。例如"姚集肉糕""梅菜扣肉""财鱼焖藕""木兰玉兰片"等菜品，深受消费者欢迎。

蔡明德

蔡明德（1948~），湖北黄陂（蔡家榨马家田）人。中共党员。大学本科学历。1968 年 2 月入伍，1977 年以前在解放军某师部后勤部任职，1978 年调解放军某军后勤部工作。1979 年调军事经济学院任教。1985 年编撰《军队常用食谱》。1988 年 2 月抽调到总后组织陆、海、空三军厨师训练，组建解放军代表团参加全国第二届烹饪大奖赛，获团体第二名。1993 年转业到中共湖北省委党校工作。中国营养学会会员、湖北省烹饪协会理事、湖北省烹饪酒店行业协会副秘书长。

非遗文化传承类

十四

悠久的历史见证了黄陂社会文明的进步，厚重的文化孕育了众多的黄陂非物质文化遗产，并且出现了一批非物质文化遗产项目代表性传承人。

"木兰传说"包含"忠、孝、勇、节"的家国情怀，被评定为国际级非物质文化遗产，叶蔚璋被认定为其传承人。

黄陂是非遗文化大区。截至2022年6月，共有非遗文化名录64项，有国家级、省级、市级、区级非遗文化项目代表性传承人近50名。

彭青莲

彭青莲（1957~），女，湖北黄陂（李家集彭新湾）人。著名楚剧表演艺术家，楚剧非物质文化遗产传承人。中共十九大代表。

大专文化程度。中共党员。1971年考入湖北楚剧团学习，1988年毕业于中国戏曲学院表演系。主演过《蝴蝶杯》《不准出生的人》《赵玉贞装疯》《李三娘》《红色娘子军》《儿孙梦》《娘娘千岁》等十几台型优秀剧目。其中《不准出生的人》被中国唱片社制片发行，并被电视台录制专辑在中央电视台播放。1991年获湖北省首届"牡丹花戏剧奖"，同年获湖北省首届楚剧艺术节一等奖。1992年获"新闻杯"最高演出奖。2000年获湖北省第二届楚剧艺术节演员金奖和银奖。2002年获中国戏剧个人最高奖——梅花奖，被誉为"荆楚大地十枝花"之一。系中国戏剧协会理事、湖北楚剧协会理事、中华全国青年联合会委员。享受国务院特殊津贴。

她的表演大气端庄，细腻稳健。声腔上，以科学的发声方法，探索出气声和真假声相融的演唱技巧，声腔韵味醇厚委婉、清新雅致，富有时代气息。评论界认为，彭青莲声腔艺术继承了新颖华丽的传统韵味，又形成了快慢不赶、行腔圆润的独特风格，有着极强的穿透力和感染力。她是当今楚剧的第一唱将，有"关腔彭韵"的美誉。

在她从事楚剧表演工作50周年时，出版社出版了一本关于她个人表演艺术史的图文画册。

叶蔚璋

叶蔚璋（1963~），出生于"木兰之乡"黄陂。武汉市青山区公安分局一名普通民警。第五批国家级非物质文化遗产代表性项目代表性传承人。

他讲述的木兰传说与木兰山景观结合，与木兰山地区风俗结合，增加了木兰传说的地方感和历史性。他潜心收集与木兰传说有关的古迹、绘画、雕塑、唱本、剧本、工艺品等，藏品达3000件，形成了以木兰传说为核心的历史文化谱系，极大丰富、充实和扩展了木兰传说的内涵。他利用木兰藏品举办各种展览，联系有关作品，生动讲述木兰故事，产生了广泛的社会影响，有效地传承了木兰传说。他建立与木兰传说有关的网站，以多媒体的现代形式传承木兰传说。

何忠华

何忠华（1946~），女，湖北黄陂人。第二批国家级非物质文化遗产项目湖北小曲代表性传承人，国家一级演员。

曾任湖北省曲艺家协会常务副主席兼秘书长、中国曲艺家协会理事、中国艺术研究院中华说唱艺术研究中心常务理事长、中国曲艺音乐学会会员。1960年入武昌曲艺队，1973 年调湖北省曲艺团，1989 年调湖北省曲艺家协会。演唱的湖北小曲《选妃》获"全国曲艺（南方片）观摩演出"表演一等奖；《石破天惊》获全国曲艺电视大赛表演二等奖；《楚歌·碟子曲》获全国第三届电视"星光杯"二等奖。发表短篇唱词《南方烈火》《送药方》《南原突围》等，其中，《南原突围》参加首届中国曲艺艺术节展演；发表的论文有《湖北小曲说唱表演初探》《曲艺声腔表演漫述》等；主编湖北曲艺丛书《花影录》《弹唱与大鼓》《楚韵新曲》等。1991 年在奥地利布契伯格第十届国际民歌民乐节、德国费尔索芬第二届国际民歌节上演唱湖北碟子曲。

李和发

李和发（1935~），湖北黄陂（长堰西李甲后湾）人。农民出身，初中文化程度。1957 年参加黄陂县业余文艺会演，荣获文艺演唱一等奖。1958 年代表黄陂县业余文化代表队参加孝感地区业余文艺会演，获孝感地区文艺演出一等奖，艺照刊登《孝感报》。后参加孝感地区"比文比武"演出，获优秀演员奖。1959 年被湖北省文化巡回辅导团（后改为湖北省歌舞团）吸收参加学习，并成为该团正式演员。以后大鼓师从王鸣乐，渔鼓师从龚本怀，技艺日益见长。1964 年，黄陂县成立曲艺队时被县文化局吸收为黄陂曲艺队（后改为黄陂文工团）演员，为国家正式工作人员。1972 年，首次演出湖北大鼓《丰收场上》并连同搭档何忠华（著名曲艺表演艺术家）同台演出的湖北渔鼓《送胶鞋》，在全省文艺会演中比赛获奖，同时被湖北人民广播电台录音、湖北电视台录像。同时受到时任国务院副总理陈永贵及省、地、市、县领导的多次观摩与接见。特别是湖北大鼓《丰收场上》演出后，于 1972~1976 年间，已成为湖北广播电台每周甚至每日的定时常播节目。1973 年 8 月 3 日在中央人民广播电台全国联播节目中转播，从而在全国全省赢得黄陂县为"大鼓之乡"的美誉。由于该节目内容深入人心，孺妇皆能传唱，兹被省师范学院收录为教材。《湖北日报》《长江日报》《广播电视报》《孝感文艺》《黄陂文艺》相继发表，并刊登剧照。1982 年调入长堰镇机关工作，1985 年任长堰镇城建办主任，1987 年任长堰土管所所长。1995 年出席武汉市金秋文艺会演，表演湖北大鼓《游所长戒酒》获二等奖；1996 年出席武汉市老龄委主办的文艺演唱会，代表黄陂表演湖北大鼓《游所长戒酒》获三等奖；2003 年再次出席武汉市金秋文艺调演，与张桃杏同台演出刘建新创作的湖北渔鼓《亲上加亲》荣获一等奖。湖北大鼓省级非遗传承人。

刘元生

刘元生（1964~），湖北黄陂（李家集街道刘彭家砦）人。高跷故事亭子省级传承人。

清朝末年，娴熟踩跷技艺的村民尝试着踩高跷时身穿盔甲，盔甲上设置插销铁托，使上面能站立幼小儿童，形成了高跷亭子。之后又受当地花鼓戏的影响，村民又将踩高跷的人装扮成各种戏剧人物，演绎一些简单的故事情节，最终形成独具一格的高跷故事亭子。

易厚庆

易厚庆（1944~），湖北黄陂（泡桐）人。在祖辈泥塑艺人的传承下，从孩提时代喜欢做泥塑。1964年开始从事泥塑和绘画艺术，1973年冬在泡桐农兴小学塑了两套泥塑作品。1974年春参观人群把门挤破了，是当年黄陂泡桐第一个做泥塑的艺人，也是泡桐的第一批作品。1974年春挑泥塑担下乡巡回展览，1975年为国际友人路易·艾黎塑头像，同年被中央新闻纪录片作为黄陂泥塑代表人摄入片中。其作品多次在中国美术馆展出。

彭发生

彭发生（1956~），湖北黄陂（李集街泡桐新华村大许湾）人。"黄陂农民泥塑"省级传承人。1968年，参加"黄陂农民泥塑展览"，参与创作了大型群塑《收租院》。20世纪70年代末，黄陂泡桐镇组建泥塑队，他带出了许多徒弟。其中20多个徒弟在黄陂、武汉、孝感办起了泥塑模具公司，个个成为百万富翁。

其高徒王启新，在市场上闯出了一条新路，拥有多项工艺制品模具专利，其创办的哥特模具公司生产的系列产品远销欧美市场。

杨德元

杨德元（1962~），湖北黄陂（盘龙城经济开发区叶店村杨楼子湾）人。武汉盘龙杨楼子榨油有限公司董事长、武汉杨楼子老榨坊博物馆馆长。

1984年出席武汉分两户（重点户、专业户）代表大会，被评为新长征突击手。1986年接手祖辈传下的榨油行业，并收集整理遗留下来的农耕类生产工具。2002年注册武汉盘龙杨楼子榨油有限公司。2006年以杨楼子榨坊13代传人身份申报黄陂杨楼子榨坊榨油技艺为市级非物质文化遗产名录，被认定为市级非遗传承人。2011年申报黄陂杨楼子榨坊榨油技艺为省级非遗名录，被认定为省级非遗传承人。2012年成功注册武汉杨楼子老榨坊博物馆，任法定代表人。被誉为湖北省首位农民博物馆馆长。武汉私营企业协会常务理事，黄陂工商联、江岸区工商联成员。曾获得武昌慈善会会长吴天祥颁发的"支持慈善事业"荣誉证书。老榨坊博物馆自筹建以来，得到了中央电视台、《中国文化报》、香港《大公报》、台湾《湖北文献》等媒体的报道和赞誉。2013年应邀出席第四届海峡两岸民办博物馆经验交流和论坛会（唯一应邀的湖北省民办博物馆）。现计划入驻投资达120

153

十四、非遗文化传承类

亿、占地 1800 亩的"陕西博物馆城",向世界展示黄陂非物质文化遗产——杨楼子榨坊榨油技艺。

刘贵忠

刘贵忠(1936～2019),湖北黄陂(王家河凉亭村)人。墨龙灯省级非遗传承人。

凉亭村河刘湾玩墨龙灯的来历:在清末年间,河刘湾有一支刘姓落户于麻城宋埠做生意,居住在现在麻城市宋埠街。刘姓当时在宋埠生活比较富裕,在元宵节时看见有一种叫墨龙灯的非常夺目好看,后经亲朋好友引荐到河刘湾来一起玩龙灯。但制作墨龙灯的材料昂贵,制作精细,墨龙灯玩后要立即销毁,不留任何遗物。按墨龙灯的传说,每十年玩一次,而不是每年都能玩墨龙灯。

墨龙灯的结构与制作:墨龙灯分龙头、龙身、龙尾三部组成,供有 9 节,每节中部有 3～5 吊篓,全长 25 米左右。9 节象征龙生九子,动态灵活,晃摆造型,感观活灵活现,极为好看。墨龙灯的内骨是竹篾扎成,外用蚕丝网状,底圆糊,再用防水、防火透明胶粘制而成,所以它防水、防火。龙头上有 92 支蜡烛,龙尾有 72 支蜡烛,中间 9 节,每节上有 36 支蜡烛,吊篓每支上有 45 支蜡烛。墨龙灯主要是晚上观看,玩得活灵活现,灯光闪烁极为壮观好看,所以墨龙灯又名叫火龙灯。玩墨龙灯还有很多配制,如蚱灯、鳖灯等水下动物,扎成单一的灯具。在墨龙灯后面还有很多乐器,乐器是按照规定的曲谱来演奏的,它也是玩墨龙灯的一个组成部分。只传下来的曲谱就有几十首(如曲谱名称有:六指头、全家福、美人牌、锦上花、水就吟、朝阳歌),曲谱是用唢呐小号演奏,乐谱是用鼓、锣、铜驮、铃铛 10 余种打击磬配合演奏,堪称经典,别具一格。

凉亭村河刘湾的墨龙灯是黄陂区一杰。据省级传承人刘贵忠回忆,曾在民国三十年玩墨龙灯,在解放初期玩墨龙灯,经刘贵忠手在 1984 年河刘湾玩墨龙灯,还有土烟火,玩得很成功,最后一次是在 1994 年元宵节玩过墨龙灯。

墨龙灯传承人刘贵忠带着儿子刘喜全想把墨龙灯传承下去,现在最困难的就是制作墨龙灯的人很少,老一代现已逝世,年轻人都在外做工。

2002 年春节期间,刘贵忠带着儿子刘喜全到麻城宋埠去寻找制作墨龙灯师傅,希望将河刘湾的墨龙灯传统以及辅助民乐的精神,永久地传承下去。

王志平

王志平(1971～),湖北黄陂(六指街徐田村)人。武汉市海平乐器制造有限公司董事长、总经理。大专文化,经济师。中共党员。1999 年接任其父王长海一手创办的武汉海平乐器制造公司(前身为武汉市高家河锣厂)。同年 5 月参加在马来西亚举行的国际经贸洽谈会,并与东南亚、欧美等国商户达成销售意向协议。公司从此走上一条以出口外销为主、内销为辅的新型发展道路。通过艰苦努力，公司的年产量由最初不足 60 吨上升到 160 余吨，利税由原来的 50 万元增至 300 多万元。目前，海平乐器制造公司成为一家生产中式乐器制造出口创汇型企业，注册的"芳鸥"系列产品多达 70 余种，180 多个规格，是国内最大的铜响器生产销售公司，产品行销欧美、亚太 40 余个国家和地区。年产值 3200 多万元，利税 400 余万元，换回外汇 120 万美元。公司连续 18 年被省、市、区评为先进企业、"重合同守信用"企业，荣获省、市"著名商标"称号。其本人则在 2000 年至 2003 年荣获武汉市"星火带头人"称号，2003 年至 2006 年连续 4 年被区委评为"优秀共产党员"。

任本荣

任本荣（1935~），湖北黄陂（今武汉市黄陂区前川街鲁台任家大湾）人。著名汉绣工艺美术家，武汉市汉绣第四代唯一传人。

1947 年开始学习刺绣，后在武汉市第一工艺刺绣合作社担任设计师。1957 年被推荐选送到中央工艺美术学院高级图案班学习。擅长戏衣和宗教题材作品的创作。1980 年至 1990 年，在武汉戏剧用品厂担任领衔设计师，汉剧名角陈伯华主演《状元媒》《柜中缘》《宇宙锋》等多部剧目的戏衣大多由他设计，并参与绣制。也曾为武汉的宗教寺院绣制装饰用品，还为一些大师绣制袈裟、道袍等。1986 年湖北省武汉市政府授予其"工艺美术家"荣誉称号，一直致力于汉绣的创作。2013 年起在武汉市汉阳区设有工作室。

文化管理类

十五

　　文化管理就是对文化活动的整体系统或者组织、团体进行协调和服务的活动。

　　徐文伯、雷文洁、阮润学等文化管理部门的部长、厅长、局长们坚持"两为"（为人民服务、为社会主义服务）方向，贯彻"双百"（百花齐放、百家争鸣）方针，通过对文化活动的管理和服务促进了文化的繁荣和发展。

徐文伯

徐文伯（1937~2020），湖北黄陂人。其父亲徐海东是红25军创始人，长征到达陕北后，徐文伯就出生于陕西礼泉。1952年加入中国新民主主义青年团。1955年加入中国共产党。1962年参加工作。1962年参加中国人民解放军。1965年至1976年在第七机械工业部第二分院政治部工作。1976年起先后任中国革命博物馆临时党委副书记、临时领导小组成员等。1984年起先后任文化部整党领导小组副组长、文化部干部司司长、文化部党组成员，兼任文化部管理干部学院院长、中央纪委驻文化部纪检组组长等。1990年任文化部副部长、党组成员，中央纪委驻文化部纪检组组长。1993年任文化部副部长、党组成员。2020年1月25日，因病医治无效在北京逝世，享年83岁。中共十四大代表，中共十三大当选为中央纪委委员，政协第八、九届全国委员会委员。

阮润学

阮润学（1938~），湖北黄陂（前川鲁台阮家牌楼）人。原湖北省文化厅副厅长。一级编剧。

1951年进入湖北人民革命大学学习，1952年到中国人民银行黄陂县支行工作。1958年至1965年在中南财经学院、中共湖北省委党校学习。1965年9月调湖北省文化局工作，曾担任湖北省戏剧家协会主席。1994年曾率湖北省汉剧团赴台湾演出。主编出版《戏剧之家》，著有楚剧剧本《大别山人》《十二月等郎》《阮润学艺文管见集》。

徐文惠

徐文惠（1939~2020），女，湖北黄陂人。出生于延安。1958年考入北京航空学院。1960年转入上海第二军医大学学习。次年加入中国共产党。1965年毕业后，分配到北京军区总医院，一直从事医务工作。2020年9月28日15时40分在北京海军总医院因病逝世，享年81岁。去世前，任开国元勋后代合唱团理事长、北京开国元勋文化促进会会长。

雷文洁

雷文洁（1965~），湖北黄陂（祁家湾街齐心村雷斗湾）人。

武汉大学法律专业硕士研究生。1984年参加工作。1987年加入中国共产党。先后任咸宁地委办公室秘书科副科长，咸宁市咸安区常委、组织部部长，咸宁市委老干部局局长，湖北省省直机关工委副书记，随州市委常委、组织部部长、宣传部部长，市直机关工委书记。2011年11月任荆州市委副书记、政法委书记。2013年2月任省文化厅党委书记。2013年3月任省文化厅厅长。2017年任省文化旅游厅党组书记、厅长。2022年元月任中共湖北省委组织部常务副部长。

体育（武术）类

十六

　　黄陂在体育（武术）领域是一个出成绩、出人才的风水宝地，是中国"武术之乡""田径之乡""全国体育先进县（区）"。黄志鸣荣获"新中国体育事业开拓者"称号。黄陂走出了陈静、童辉、刘国正等奥运冠军和世界冠军。中国象棋国际特级大师柳大华被誉为"东方电脑"，蒿俊闵是中国著名足球运动员，陈菊英等20多位体育武术类人物各自展现英姿。

陈静

陈静（1968～），湖北黄陂（李集街泡桐驻程岗村杨陈湾）人。著名乒乓球运动员。

16岁入中国国家乒乓球集训队。1988年获第24届奥运会女子单打冠军、女子双打亚军，是世界奥运史上中国第一个乒乓球女子单打冠军。1990年退役回到武汉。1993年8月定居台湾，是首批获准居台的大陆运动员。后被美国NUSKIN（如新）公司选为化妆品形象代言人，这个品牌选择了6位奥运会冠军作形象代言人，陈静是唯一的东方运动员。在台湾成立了陈静文教基金会，基金会每年组织国际比赛及全岛比赛。1999年成立了广东陈静俱乐部。2003年在广州华南师范大学心理学系读博士研究生，研究运动心理学。2004年基金会举办海峡两岸友谊交流赛。1987年和1989年获国家体委颁发的体育运动荣誉奖章。1989年获"全国十佳运动员"称号和全国最佳男女运动员"飞龙奖"特别奖。1993年，列台湾十佳运动员之首。还先后荣获湖北省特级劳动模范、湖北省三八红旗手、湖北省新长征突击手荣誉称号。并著自传《赢别人，也要超越自己》。

童辉

童辉（1963～），湖北黄陂人。跳水运动员、国际级运动健将。

1977年入选国家队。长于高台跳水。曾获第四届全运会男子跳台跳水冠军。1982年在新德里第九届亚运会上获跳台跳水金牌。1983年在第三届世界杯跳水比赛中获得男女混合团体冠军和男子团体亚军。1984年在第二届亚洲游泳锦标赛上获跳台跳水冠军。1985年在第四届世界杯跳水比赛中，获跳台跳水冠军、男女混合团体冠军和男子团体冠军，同年在神户第十三届世界大学生运动会上获跳台跳水金牌。1986年在汉城第十届亚运会上获跳台跳水金牌。1987年在第五届世界杯跳水比赛中获跳台跳水冠军、男女混合团体冠军和男子团体冠军。3次荣获全国跳水十佳运动员称号。曾被美国《游泳世界》杂志评为1987年度世界最佳男子跳水运动员。3次获得国家体委颁发的体育运动荣誉奖章。

1989年告别跳台，中华全国体育总会和中国游泳协会特授予他"跳水功勋运动员"称号，被誉为"高空王子""戏水金童"。

退役后的童辉，1989赴加拿大某跳水俱乐部担任教练。2001年到澳大利亚担任跳水队总教练。在2004年雅典奥运会上，他带领澳大利亚国家跳水队获得1金1银4铜的好成绩，因此被澳媒体誉为"澳大利亚跳水之父"。

刘国正

刘国正（1981～），湖北黄陂人。中国乒乓球队男运动员。

1991年进省队，1994年进国家二队，1995年进入国家队。在1997年的第八届全运会上，与队友马琳、李肇民、李静、林志刚夺得男团冠军。1999年国际乒联巡回赛总决赛男单冠军。2000年转会至山东鲁能乒乓球俱乐部。在2001年第46届世乒赛男团半决赛中，刘国正力挽狂澜，连续救回赛点，将中国队送入决赛。2002年亚运会男团冠军。2012年1月3日正式上任国乒男二队主教练。2016年担任里约奥运会国家男子乒乓球教练。2017年4月出任国家乒乓球队男队教练。

黄志鸣

黄志鸣（1936~2020），湖北黄陂（横店黄柏街）人。曾任黄陂县体育运动委员会主任。中共党员。1954年后一直从事体育工作。1979年黄陂县在全国第四届运动会上被授予全国群众体育先进集体称号，1987年进入全国首批体育先进县行列。县业余体校被评为全国业余训练先进集体，黄陂县获全国第二届、第三届、第四届"田径之乡"称号。1985年获国家体委授予的"新中国体育事业开拓者"称号，1986年获全国田径优秀工作者称号，1993年获全国群众体育先进工作者奖章。

柳大华

柳大华（1950~），湖北黄陂（今武汉市黄陂区塔耳岗）人。湖北省体育局体工一队教练员、中国象棋国际特级大师。1963年入武汉体育馆训练班学习。1978年起任湖北象棋队教练兼运动员。1981年加入中国共产党。1979年获第四届全运会中国象棋比赛亚军。1980年、1981年获中国象棋全国冠军。第一、二届亚洲杯中国象棋比赛和第二届欧洲中国象棋锦标赛团体冠军，并获个人冠军。曾创下1个对19个下闭目棋的纪录，被誉为"东方电脑"，其简介被收入《中国名人大辞典·当代人物卷》。2022年回家乡参加第九届全民健身运动会象棋专场赛。

黄力平

黄力平（1972~），湖北黄陂（今武汉黄陂区王家河街凤凰村黄庙应湾）人。著名体操运动员、世界冠军。现任李宁体操学校总教练。1978年开始接受业余体操训练，1985年进入湖北队，次年入选中国国家体操队。1993年获得全运会体操团体、个人全能、单杠和双杠冠军，后又多次获得世界体操锦标赛团体和单项冠军。获得1996年夏季奥林匹克运动会男子体操团体银牌。1998年出任国家体操队教练，同年被派往李宁体操学校任总教练。在2008年北京奥运会开幕式上曾代表裁判员宣誓。

陈菊英

陈菊英（1963~），湖北黄陂（今武汉市黄陂区祁家湾）人。国际级运动健将、田径高级教练员、2008年奥运火炬手。1977年进入孝感地区业余体校培训，短跑成绩突出。1978 年入选湖北田径队，主项为 400 米栏。1980 年 10 月，在武汉举行的全国田径锦标赛中，陈菊英与孙凤春、祝丽萍、胡埃屏合作，以 3 分 48 秒 7 的成绩取得女子 4×400 米接力亚军。1985 年 6 月参加上海全国田径冠军赛，夺得女子 400 米栏冠军。1990 年北京第 11 届亚运会夺得女子 400 米栏冠军。多次在国内国际大赛中获奖，多次打破女子 400 米栏全国纪录和亚洲纪录。

张香娥

张香娥（1963~），湖北黄陂（今武汉市黄陂区李家集）人。1977 年选入黄陂县业余体校。1980 年到湖北省水上运动基地学赛艇。1985 年获全国冠军赛双人单桨无舵手 500 米和 2000 米两项冠军，同年入选国家队。1987 年在丹麦世界赛艇锦标赛上获 4 个单浆无舵手 2000 米铜牌，是我国也是亚洲人首次登上此项世界大赛奖台。

岳萍香

岳萍香（1963~），湖北黄陂（罗汉研子岗）人。湖北省划船队办公室主任。女子皮划艇运动员。1974 年选入黄陂县业余体校。1977 年到湖北省水上运动基地学皮划艇。1978 年获 4×500 米全国冠军。1980 年再获双人 600 米和 4 人 500 米两项冠军。1981 年参加法国国际皮划艇邀请赛获双人 500 米亚军，打破了欧洲人包揽奖牌的一统天下局面，是当时我国也是亚洲获得的最好成绩。

蒿俊闵

蒿俊闵（1987~），湖北黄陂（今武汉市黄陂区蔡家榨大屋畈村）人。中国足球运动员，司职边前卫。获 2005 年、2007 年中超联赛最佳新人奖。2001 年入选国少队。此后在刘春明的引荐下加盟天津泰达少年队。2003 年随 U17 国家队参加了在芬兰首都赫尔辛基举办的世少赛。2004 年随中青队参加土伦杯，杀入四强。2005 年以主力身份征战世青赛，在小组赛中打入一球，并在中超联赛中成为天津泰达康师傅队的绝对主力，并当选中超年度新人王。2007 年再度当选中超年度新人王。

以主力身份参加了 2008 北京奥运会。2010 年 2 月，从天津康师傅自由转会到德甲沙尔克 04 俱乐部，成为德甲名帅马加特麾下一员战将。代表国家队出场 26 次，进球 11 个。2020 年任中国青年足球队队长。

冯宇

冯宇（1991~），湖北黄陂（武湖街桂洲村熟地湾）人。中国人民解放军海军水上运动大队皮划艇运动员。

本科学历。中共党员。2005 年至 2006 年在黄陂区业余体校。2006 年至今在中国人民解放军海军水上运动大队。2008 年安踏杯全国青年皮划艇锦标赛男子

1000 米四人皮艇第一名。2009 年全国青年皮划艇锦标赛男子 1000 米四人皮艇第二名，2009 年全国青年皮划艇锦标赛男子 500 米四人皮艇第一名，2009 年全国青年皮划艇锦标赛男子 1000 米双人皮艇第四名。2010 年中国水上运动会暨全国皮划艇锦标赛男子 1000 米四人皮艇第六名。2011 年中国体育彩票杯全国皮划艇锦标赛男子 1000 米四人皮艇第二名。

范晓东

范晓东（1960~），湖北黄陂（天河街道）人。国家电网武汉市黄陂区分公司退休职工。从事门球运动 27 余载。1995 年接触门球，1999 年开始学打球，分别在 1999 年、2000 年、2001 年获得武汉市中青年赛一个冠军、三个亚军、一个季军。2000 年担任黄陂区门球赛事的裁判长，并兼任裁判培训讲师。2002 年代表湖北省集训队参加深圳沙井举办的首届全国南北争霸赛，获得首个团体冠军。2002 年荣获国家级裁判员称号。2010 年荣获国际级裁判员称号。2013 年荣获国家级教练员称号。2002 年任湖北省门球协会副秘书长，2005 年任湖北省门球协会教练员、裁判员、培训授课讲师。

从事门球运动所获成绩和荣誉：2005 年安徽扬州长江沿岸城市门球赛，担任教练兼队员，获得团体亚军。2006 年陕西富平全国门球锦标赛，获得个人单打亚军。2006 年河南洛阳"牡丹杯"全国门球邀请赛，担任教练兼队员，获得团体亚军。2006 年云南弥勒首届全国"读者杯"门球争霸赛，荣获单打第五名。2007 年全国门球锦标赛，获得单打冠军，团体季军。2013 年河北北戴河"读者杯"门球挑战赛，获团体季军。2014 年北京房山"读者杯"门球挑战赛，获得单打亚军，团体第五名。2015 年江西婺源"读者杯"门球挑战赛，获团体亚军，双打第五名。2016 年湖北利川"读者杯"门球挑战赛，获双打冠军。湖南湘潭"读者杯"门球挑战赛，获双打冠军。2018 年江苏昆山全国锦标赛，获团体冠军。同年代表中国参加在巴西举办的世界门球锦标赛，获第五名。同年在陕西志丹"读者杯"门球挑战赛，获得团体亚军。2014 年作为首次门球外援参加河南省运动会门球赛，获得一等奖。同年在重庆江津全国球王争霸赛，获得三人团体冠军，单打季军。湖北省运动会门球获得男子单打冠军。2014 年黑龙江省杜尔伯特少数民族团结杯门球赛，获团体冠军。2015 年广州柳州"龙城杯"全国门球挑战赛，获得单打季军。2017 年湖北利川苏马荡"最美乡村"门球赛，获团体冠军。同年中国门球公开赛（婺源站）代表婺源队，获得冠军。同年安徽桐城全国门球网友赛，获单打冠军，双打第五名。2017 年中国冠军总决赛，获得团体季军。2019 年中国冠军总决赛，获得亚军。2021 年参加河南济源大奖赛，获得亚军。2012 年、2013 年、2014 年、2017 年先后参加河南省焦作全国"七夕节"夫妻赛，获得 3 个冠军、一个亚军。2020 年、2021 年江西婺源全国"鸳鸯杯"夫妻赛，一个亚军、一个冠军。

作为全国门球界为数不多的国际级裁判员，在业内被誉为"范国际"。

张忠文

张忠文（1959~），湖北黄陂（祁家湾街张家村张上湾）人。北京电视台青少部海外中心制片人。

本科学历。中共党员。国家一级播音员、一级运动员。1975 年至 1982 年任北京市体育工作大队田径跳高运动员。1975 年获北京市青少年运动会男子跳高比赛冠军。1976 年获全国中学生田径锦标赛男子跳高比赛季军。1982 年获北京市高校田径运动会跳高比赛冠军。1986 年至 1990 年任广东电视台体育部主持人。1990 年至 2008 年任北京电视台体育中心主持人及制片人。2008 年至今任北京电视台青少部海外中心主持人及制片人。1986 年至 1989 年连续 3 年获广东电视台优秀体育节目主持人称号。1988 年至 2008 年连续 6 届奥运会直播及转播工作中与 CCTV 合作担任解说工作。1992 年、1998 年、2004 年连续 3 次获得北京电视台优秀体育节目主持人奖。2006 年担任北京电视台体育中心黄金栏目《各就各位》制片人。获得全国体育综艺类节目优秀制片人奖。

2006 年至 2009 年连续 3 年获得 CCTV 等全国 8 家电视台联合主办的大型挑战类真人秀直播活动"挑战群英会"优秀组织奖和挑战类一等奖。2008 年获得第 29 届北京奥运会、北京残奥会宣传报道、服务保障工作先进个人称号。

任光彩

任光彩，出生于清代，生卒年月不详。湖北黄陂（前川街鲁台顺河村任家大湾）人。自幼习武练功，成为黄陂民间传颂的武术大师。

李光正

李光正（1964~），现居住黄陂区祁家湾街同兴集。秉承家传，幼小师从祖父习少林北派武术，学传统中医，又随父亲学练了太极、形意、八卦等内家拳术，武医同修，并不断深造、学习、发扬。1984 年参加了武汉市武术比赛获第一名。1992 年参加第二届全国农运会武术赛获二等奖。1995 年率弟子（其中一子二女）代表黄陂区参加了湖北省武术邀请赛，所带弟子喜获 4 金 1 银 1 铜的佳绩（其子李德雄、长女李剑菊分获男女少儿甲组拳械金牌、次女李剑蕾获太极拳金牌）。2001 年全国武协、国家体育总局武术运动管理中心授予武术六段。因全家习武，武汉市人民政府曾授予"特色家庭"称号，湖北电视台、中国农民报、长江日报等新闻媒介介绍过其事迹。2015 年在四川峨眉、2016 年在江苏徐州，代表黄陂区连续参加了两届全国武术之乡比赛，分获拳术、器械一、二、三等奖；2018 年率弟子参加了"与军运同行"武汉市第八届武术大会，喜获拳械 9 金 7 银，并获得优秀组织奖和"优秀教练员"荣誉证书。在"武术进校园"活动中，为当地学校师生传授武术，强身健体，为弘扬中华武术贡献应有的力量。

甘治国

甘治国（1966~），湖北黄陂人。木兰山文武学校校长。

中共党员。大学本科学历。国家级散打裁判、武汉市武术协会副主席、湖北省武术协会常委、湖北省民办中小学协会常务理事、武汉市黄陂区政协委员。自幼习武崇文，先后到河南嵩山少林寺习武，到武汉体育学院系统深造。学成归来后，投身教育。1992 年在家乡创办木兰山文武学校，先后为国家输送了 2000 多名文武精英，在国家和省、市组织的各项武术、散打锦标赛中，夺得奖牌、奖杯 1500 余枚（尊）。学校曾连续 3 届被评为区级文明单位和最佳文明单位、武汉市卫生先进单位。2005 年，在全省民办中小学中率先被评为省级文明单位、省级卫生先进单位。捐资修建水泥路 20 多里，多次参加省、市、区组织的"三下乡"活动，为贫困地区捐款捐物累计达 50 多万元。多次被评为先进工作者、优秀共产党员、杰出青年企业家。2003 年，被评为首届湖北省民办中小学"十佳校长"。2021 年，木兰山文武学校获评"中国十佳特色示范学校"。

罗勇胜

罗勇胜（1960~），俗名罗大圣，湖北黄陂（王家河长堰罗家岗）人。全国武术高级教练。

罗佑庭（罗和尚）的嫡孙，罗国卿（罗三）的儿子，罗门杂技散手第三代掌门人。武汉经济开发区康龙健身咨询中心总教练，莲花宝典易筋经内功心法第 33 代传人，莲花宝典营养酒传承人（获得国家发明专利），古松禅茶传承人，中国木兰论剑暨华夏剑术大赛发起人、主办方。

1986 年在木兰山梳店独自创办少林武术班教武，收学生 360 余名。1990 年至今，在沌口开发区开办少林武馆、中医馆。2008~2013 年，受聘全国五大军区武教头，教授散打擒拿。近年来致力于武学康养的推广，结缘中老年人，习练内功心法来健康养生，延年益寿，取得了很好的效果。2019 年 11 月，带领罗门弟子成功举办了中国武汉木兰论剑暨"木兰水镇杯"首届华夏剑术大赛，得到了政府主管部门、运动员、教练员、裁判员的高度认可。

熊家斌

熊家斌（1954~），湖北黄陂（前川街张畈村熊家吉湾）人。

10 岁习练民间南拳，师从王少山。2003 年习练太极拳，师从李德印。2006 年至 2008 年，湖北省木兰山武术学校任教。2009 年至 2012 年，连续多届参加中国武汉地区民间国术群英会武术比赛，分别获得传统器械、传统拳术第一名，太极拳器械和太极拳拳术第一名。2018年中国·黄梅全国武术之乡武术锦标赛，荣获传统器械武当49式太极剑一等奖。

担任黄陂区武术（太极拳）协会会长以来，会员人数每年增加，现有人数达到1800余人，协会会员培训率达100%。武术健身场所从前川地区辐射到各街乡镇场。协会组织承办、协办黄陂区各类大型武术比赛15次，比赛安全圆满。"武术五进"交流活动常态化。连续7年被黄陂区评为先进单位。2019年，武汉市体育局授予黄陂区二龙潭公园健身气功指导站"武汉市二十佳健身气功指导站"称号，2019年至2021年分别被武汉市人民政府、武汉市体育局授予文明单位和先进单位称号。

现任湖北省一级教练员，国家级社会体育指导员，中国武术协会会员，中国武术段位五段，黄陂区太极拳协会秘书长、常务副会长。

彭启平

彭启平（1950~），湖北黄陂（盘龙城经济开发区）人。湖北省一级武术教练员、湖北省一级社会体育指导员、中国武术协会会员、黄陂区武术协会会员、黄陂区太极拳协会会长、黄陂区涉武协会党支部书记。

自2014年12月担任会长以来，着手进行了"组织建设""思想建设""业务建设""文化建设"等，做到了行政管理规范化、常务管理制度化、人文管理社会化、业务管理体系化、太极拳武术健身与全民健康管理常态化。

协会会员发展人数每年递增6%，现有人数1800余人，协会会员培训率达100%。武术健身场所从前川地区辐射到各街乡镇场。协会组织承办、协办黄陂区各类大型武术比赛15次，比赛安全圆满。先后参加了国赛第12届至第16届全国武术之乡武术比赛，共夺得金牌12枚、银牌25枚、铜牌31枚。"武术五进"交流活动常态化。武术健身、武术教学、群众性武术健身工作已蔚然成风。连续7年被黄陂区评为先进单位。2019年、2021年分别被武汉市人民政府、武汉市体育局授予文明单位和先进单位。

袁林林

袁林林（1951~），湖北黄陂（王家河街袁上湾大阳村）人。中共党员。

1964年获湖北省青少年武术比赛个人全能冠军。1973年进入北京体育大学运动系学习。1976毕业后回湖北筹建湖北省武术队，任男队主教练，培养了罗宽、余彬、翟贵奇、王情利、邓兵、肖汉斌、赵勇等一大批武英级运动员。1976年至2013年任湖北省武术队总教练。1981年至1987年连续7届获全国团体和集体项目冠军。1987年被评为全国首批高级教练，1992年获"中华武林百杰"称号。2009年被授予中国武术八段。著有《湖北武术》《综合24式太极拳》等专著。

黄向东

黄向东（1940~），曾用名黄福堂，湖北黄陂（李家集大黄家湾）人。民盟湖北省委员会专职副主委（民盟中央委员），教授。1964年于武汉体育学院毕业。1966年调武汉体育学院工作，历任田径教研室讲师、副教授，田径教研室主任、体育系副主任，竞技体校校长兼优秀运动队领队，院学术委员会委员、硕士研究生导师。1977年调任民盟湖北省委员会专职副主委。工作期间，发表论文70余篇，合著与主编教材14部，主持参与完成省部级重点科研课题6项，其中两项获部委级一等奖，两项获部委级二等奖，一项获国家发明专利。先后被评为湖北省科协先进工作者、全国优秀国家级裁判员，2001年被评为湖北省模范政协委员。湖北省第九届政协常委、副秘书长，全国田径理论研究会副会长。

对外文化交流类

十七

在我国对外文化交流领域，有身经百战的老红军、国家公安部副部长转任驻罗马尼亚、阿尔巴尼亚大使的许建国，有中国驻外国大使涂允檀、胡乾文，也有一批职业外交官，他们代表国家出使所在国，对外文化交流是其重要的工作使命。

还有一批在不同国家机关相关岗位上从事对外文化交流的黄陂籍人士，更有身在异国他乡的黄陂人，在和外国人的交往中不知不觉地进行着文化交流，让不同文明相互交融，共同进步。

许建国

许建国（1903～1977），原名杜理卿，曾用名杜智文，湖北黄陂（今武汉市黄陂区王家河街道中咀村）人。1929年5月至1966年5月先后担任中国驻罗马尼亚大使、中国驻阿尔巴尼亚大使。

1916年初，在安源煤矿当学徒，后进入刘少奇主办的职工夜校学习文化。1922年春，加入中国社会主义青年团，同年转为中共党员。1922～1923年，连续参加中国共产党领导的3次安源煤矿大罢工。1925年，由中共湖南特委派往湘潭组建产业工会，担任湘潭县南区联合工会委员长、县工会委员兼纠察部部长。1929年7月，因叛徒出卖，被国民党湖南省清乡司令部侦缉队逮捕后押往长沙，判处有期徒刑7年。1930年7月下旬，红三军团攻克长沙，被解救出狱，加入红军，任红三军团一师三团副官长兼任团保卫员。1934年8月，红军整编后，任八军团党委常委、政治保卫分局局长。同年10月，参加长征。1935年4月，任红三军团政治保卫分局局长。同年10月，红军长征到达陕北后，任红一军团第四师特派员。1936年，西安事变发生后，跟随周恩来抵西安，改名杜智文，应邀担任张学良将军所部警卫团的秘书长兼军警督察处三科上校科长。1937年2月，中共代表团撤离西安，前往陕西三原县筹建第十八集团军驻云阳办事处，并任办事处主任。同年5月，被调回延安，任西北保卫局副局长、陕甘宁边区政府保安处副处长。1938年初，任中共中央保卫委员会委员、中央社会部保卫部部长。1939年3月，率领中央社会部考察组13人到华北敌后考察，建立中共中央北方分局（又称中共中央晋察冀分局）社会部，任部长。1942年，晋察冀边区政府建立公安管理处，兼任处长和边区政府党团书记、中央情报部晋察冀第一分局局长。1945年8月，八路军从日伪手中解放了第一座城市张家口，兼任公安局局长。解放战争时期，历任中共晋察冀中央局和中共中央华北局常委、社会部部长、华北人民政府公安部部长等职。1949年1月天津解放，担任中共中央政法委员会委员、中共天津市委常委、天津市副市长兼公安局局长。1952年1月，任公安部副部长、华东军政委员会公安部部长兼上海市公安局局长、中共中央华东局常委、中共上海市委常委、副市长、政法部部长、上海市人民检察署检察长、上海警备区政委。1956年，任中共上海市委书记处书记，分管政法、党群、外事等工作。1958年下半年，调外交部工作。1959年5月任驻罗马尼亚大使。1965年8月任驻阿尔巴尼亚大使。1966年5月调回北京。"文化大革命"中，遭受迫害，被关押于秦城监狱。1975年5月出狱时已身心憔悴，1977年10月4日病逝于安徽省合肥市。1980年3月，中共中央为许建国平反昭雪。

涂允檀

涂允檀（1897～1976），湖北黄陂（前川街涂家大湾）人。

原外交部顾问。早年毕业于北京大学。20年代中后期，公派赴美国留学，获哥伦比亚大学政治学博士学位。回国后从事外交工作，1937年至1938年，任中国驻菲律宾马尼拉总领事，此间向侨界宣传抗日，公开募捐支援抗日。1939年至1942年，任外交部条约司司长。1943年至1948年间，先后任驻巴拿马、哥斯达黎加、萨尔瓦多、洪都拉斯4国公使。1949年，任驻缅甸大使。中华人民共和国成立后，与国民党政府断绝关系，率大使馆全体馆员通电起义，受到周恩来总理嘉勉。1950年11月回国，被任命为外交部顾问。1964年，以"历史反革命"罪行被捕入狱，1976年在狱中病逝。1979年，外交部为之平反。

胡乾文

胡乾文（1946～），湖北黄陂（今武汉市黄陂区前川街道油岗村）人。大学文化，职业外交官。

1970～1975年中华人民共和国外交部亚洲司科员。1975～1979年驻越南社会主义共和国大使馆职员、随员。1979～1986年外交部亚洲司三秘、二秘。1986～1991年驻越南社会主义共和国大使馆二秘、一秘。1991～1996年外交部亚洲司副处长、处长、参赞。1996年至2000年驻胡志明市总领事馆总领事。2000年至2003年驻孟加拉人民共和国特命全权大使。2004年至2005年驻柬埔寨王国特命全权大使。2006年至2008年驻越南社会主义共和国大使。

2006年4月14日，中华人民共和国主席胡锦涛根据全国人民代表大会常务委员会的决定，任命胡乾文为驻越南大使。2008年11月，胡乾文离任。越政府授予胡大使"友谊勋章"，该勋章由越国家主席阮明哲签署，是越授予外国友好人士的最高荣誉；越友联会也授予胡大使"为了各民族和平与友好事业"纪念章，以表彰胡大使为促进两国民间友好做出的积极贡献。

陈春林

陈春林（1947～），湖北黄陂（蔡店街）人。

1987年至1996年，湖北省外办副主任、党组副书记（正厅级。其间，1988年至1989年主持省外办日常工作，1990年任省对外友好协会副会长、外交学会湖北分会副会长）。1996年至1997年，湖北省政府外事（侨务）办公室副主任、党组副书记（正厅级），省对外友好协会副会长，外交学会湖北分会副会长（其间，1996年至1997年，中央党校中青班学习）。1997年至2006年，湖北省委台湾工作办公室、省政府台湾事务办公室主任，省对外友好协会副会长，鄂台交流促进会会长，省政协秘书长、党组成员，省政协办公厅主任、党组书记。2006年至 2006 年，湖北省九届政协副主席、党组成员，省政协办公厅主任、党组书记，湖北省海峡两岸交流促进会名誉会长。2008 年，当选湖北省政协十届委员会副主席、党组成员。

刘立新

刘立新（1970~），湖北黄陂（武湖农场五通口社区）人。中共党员。博士学历。1993 年参加工作，2001 年至 2004 年任教育部对外交流与合作司欧洲处处长。2004 年至 2005 年任中国驻奥地利大使馆文化参赞。2005 年任教育部对外交流与合作司办公室主任。2012 年任教育部职教中心副主任。2018 年任中华人民共和国驻德国大使馆公使衔参赞（正司长级）。2022 年元月任教育部学生体育协会联合秘书处秘书长。

李小祥

李小祥（1952~），湖北黄陂（罗汉街道快岭村隔山李湾）人。

1976 年就读于北京外语学院（今北京外国语大学）。大学毕业后分配到中共中央对外联络部工作，历任副科长、科长、副处长、处长，驻法国大使馆一等秘书，中联部机关服务中心副主任、机关服务局局长。1983 年至 1985 年任中国驻法国大使馆二等秘书。1989 年至 1991 年任中国驻法国大使馆一等秘书。1995 年至 1997 年任中国驻法国大使馆商务参赞。1998 年起先后任中共中央对外联络部副局级干部、局长。

韩光明

韩光明（1956~），湖北黄陂（王家河街中咀村韩西咀湾）人。

1979 年至 1983 年任航天工业部第三研究院助理翻译。1983 年至 1986 年中国社会科学院研究生院世界史系研究生，获得历史学硕士学位。1986 年至 1993 年任中国人民对外友好协会会长秘书、办公厅综研室干部。1993 年至 1996 年中国社会科学院研究生院东欧中亚系博士研究生，获得法学博士学位。1996 年至 1997 年任中国人民对外友好协会办公厅秘书处副处长。1997 年至 2007 年任中国对外友好合作服务中心总经理。2007 年至 2009 年任中国人民对外友好协会办公厅副主任。2009 年至 2012 年任中国人民对外友好协会人事工作部副主任、主任。2012 年任中国人民对外友好协会副秘书长兼办公厅主任。2013 年至 2015 年派往中国驻德国大使馆任公使衔参赞。

胡君亶

胡君亶（1936~），女，笔名君余、肖坦、胡涂、赵昂、王迪等，湖北黄陂（六指街）人。中共党员。教授。职业外交官（前中国驻荷兰大使王庆余夫人），一等秘书。先后任中国荷兰大使馆二等秘书，中国驻奥地利大使馆副局级一等秘书。

水墨画家、德国文学翻译家，德国文学硕士学位。1954 年就读北京外国语学院德文系。1955 年国家选派到民主德国留学，除德国文学、德国史外，她还对西方哲学、宗教、艺术史等有一定研究。她翻译的德国、奥地利文学作品代表作有托马斯曼《大骗子克鲁尔的自白》《瓦格纳戏剧全集》、马丁·瓦尔泽《菲力普斯堡的婚姻》、罗伯特·穆希耳《冬卡姑娘》、特奥多·冯塔内《在梨树下》、维利巴尔德·古尔利特《约翰·赛巴斯蒂安·巴赫——音乐大师和他的作品》。还翻译了《马克思恩格斯全集》《马克思恩格斯书信选集》，并被借调到"毛选"翻译室德文翻译小组翻译了《毛泽东选集德文版》。

1988 年，在荷兰阿姆特丹等 3 个城市举办个人展览。出版散文集《带你走近欧洲》《欧洲情结》。

董志仁

董志仁（1947~），湖北黄陂（今武汉市黄陂区前川董家冲）人。外交部地方外事办公室副主任。

1969 年毕业于北京外国语学院，同年分配到外交部工作。1979 年加入中国共产党。

历任中国驻索马里大使馆、驻意大利大使馆随员、二等秘书，驻米兰总领事馆领事（首席馆员、办公室主任、领侨室主任、总领事馆党委委员、代理党委书记），外交部副部长秘书（正处级）。通晓意大利语，熟悉英语。曾被评为外交部办公厅先进工作者、优秀党员。在报刊上发表过文章、照片；翻译了《中意领事条约》；受解放军总参聘请，为《中国军事百科全书》撰写了有关条目。

蔡大运

蔡大运，湖北黄陂（蔡家榨蔡官田）人。曾任国家安全部正部级干部。多年在中国驻美大使馆工作。

李璞

李璞（1963~），湖北黄陂（李集街）人。中共党员。1980 年至 1984 年就读于武汉大学外文系德语语言文学专业，获文学学士学位。1984 年至 1986 年供职于武汉大学外事处。1986 年至 1989 年在武汉大学外语学院德语专业攻读德语语言研究生，获文学硕士学位。1989 年至 1994 年在武汉大学外语系德语教研室任教，先后担任助教、讲师（其间于 1991 至 1992 赴德国特里尔大学进修）。1994 年供职于武汉市人民政府外事办公室，先后任科员、副主任科员、礼宾处副处长、欧洲处处长，负责武汉市对德国以及欧洲国家的交往工作，并兼任德语翻译。1996 年至 1997 年赴武汉的友好城市德国杜伊斯堡市任武汉市代表，负责两市友好交流工作。2009 年任武汉市人民政府外事办公室副主任、武汉市人民政府侨务办公室副主任，分管友好城市处和国际交流处工作。

蔡明忠

蔡明忠（1945～），湖北黄陂（蔡家榨街）人。

1968年毕业于北京对外贸易学院（现对外经济贸易大学），后在北京军区4584部队工作。1970年至1983年在北京市安全局从事政治保卫工作。1983年后在外交部世界知识出版社工作，任副编审、经理部主任。编辑了《天南地北》《十万个信不信》《世界探险故事》等多种书籍，翻译了《绑架》一书，撰写了《圣雄甘地之地》《为"四人帮"殉葬的公安局长》《文革时期的北京公安局》等文章，在《人民日报》《光明日报》《国际商报》《传记文学》《博览群书》《世界知识》等多种报刊上发表各类文章10多万字。

刘昶

刘昶（1972～），湖北黄陂（罗汉街道）人。毕业于北京外国语学院德语专业。分配到中国外交部工作，历任外交部办公厅干部、干部司副处长、处长。2017年担任中国驻奥地利大使馆政务参赞，2018年任驻奥地利大使馆代办（局级）。为促进中奥两国文化交流做出积极努力和重要贡献。

张敏文

张敏文（1976～），湖北黄陂（前川街沙畈张畈村）人。研究生。中共党员。2001年至2002年在财政部驻黑龙江省财政监察专员办下放锻炼。2001年至2004年任财政部国际司干部。2004年至2006年任中国驻亚洲开发银行执行董事办公室顾问。2007年任财政部国际司副处长、处长。

2010年至2011年任河北省冀州市挂职副市长。曾参与世界银行、亚洲开发银行、全球环境基金等国际金融组织在华业务、政策对话及贷赠款项目管理。曾参与中美、中印等双边财经交流以及大湄公河区域经济合作、中亚区域经济合作等多边财经交流业务。多次参与筹备有关机制下的领导人会议、部长级会议等大型国际活动，协调组织各部门参与对外财经交往工作，并协助地方财政部门进行国际金融组织贷款项目管理。曾获财政部年度优秀公务员、中央国家机关建功先进个人等称号。

艾望华

艾望华（1962～），湖北黄陂（滠口街道）人。1984年毕业于湖北医学院耳鼻喉专业，先后从事医务和教学工作。1991年取得硕士学位。1999年移民加拿大。后晋升为加拿大多伦多大学副教授、教授。在省市医学杂志上发表论文数篇。系加拿大湖北同乡会副会长兼秘书长。

附录

黄陂文化映像

黄陂闪耀的文化群星，汇聚成璀璨的文化星河，他们是充满生机的文化合成军，演奏出不同凡响的文化交响乐，绘就出百花满园文化宏图。

黄陂文化现象展现出独特的韵味，充满泱泱大气、蓬勃朝气、秀美灵气。

二程理学的创始人——程颢、程颐

程颢，字伯淳，世称明道先生；程颐，字正叔，世称伊川先生。二程兄弟为北宋大儒、二程理学的奠基者。

据清康熙《黄陂县志》记载，程颢 1032 年 1 月 15 日出生在黄陂县（今武汉市黄陂区）城西草庙（程乡坊）巷，程颐 1033 年 8 月 15 日也出生在黄陂县（今武汉市黄陂区）城西草庙（程乡坊）巷。《黄陂县志》还说，二程兄弟的父亲程珦，其时在黄陂县任县尉。

明嘉靖《黄陂县志》曰，"程颢，字伯淳，珦长子。明道元年生于此地。""程颐字正叔，明道二年亦生于此。"

清康熙《黄陂县志》云，"程乡坊在草庙巷，二程夫子诞生处，独是巷历暑热无蚊蚋，至今传以为异，坊系明洪武三年立，今废。"

明嘉靖《黄陂县志》还言，"程珦，通之子。天圣中以父爵荫本县尉，有惠政。秩满不能去，遂家焉。""程通，中山博野人。太平兴国中任本县令，清谨过人，卒于官，赠开府仪同三司吏部尚书，加赠司空。遗珦不能还，生颢、颐二子。"

黄陂旧志所载与《宋史》相吻合。《宋史》《程颐传》（列传第一百八十六）曰："程颢，字伯淳，世居中山，后从开封徙河南。高祖羽，太宗朝三司使。父珦，仁宗录旧臣后，以为黄陂尉。"（"世居中山"就是世居河北保定的博野县，博野历史上属中山国。）《宋史》称二程兄弟出身名门望族。二程兄弟的高祖程羽，是宋太祖的将军、太宗的心腹、真宗的老师，官至尚书兵部侍郎，赠太子少师，宋太祖赵匡胤赐第开封居住；曾祖程希振，官至尚书虞部员外郎；祖父程通，曾在黄陂县任县令，后被朝廷赠开府仪同三司吏部尚书；父亲程珦虽未考上进士，但靠祖上荫庇补任为"社郊斋郎"，因负担太重不能离家远任，经族兄弟程琳（太常博士，分掌三司户部判官）向朝廷申说，就近任黄陂县尉，后慢慢做到虔州、龚州等知州。

1038年，二程兄弟随升职的父亲离开黄陂，其时，程颢6岁、程颐5岁。叶云明、周建华在《周程授受——"二程"南赣受学周子考论》（载《江西社会科学》2006年第7期）一文中就考析："程颢生于宋仁宗明道元年（1032）；次年，程颐出生。他们的父亲程珦（大中）是小有名气的儒者，对理学也有一定的研究。初为黄陂县尉，宝元元年（1038）调任赣州府兴国县县令，家眷随迁，年幼的颢、颐也跟着父亲前来兴国。"

1046年，程珦又调任南安军通判，二程兄弟在今江西大余县受学于理学鼻祖周敦颐。《宋史》《周敦颐传》（列传第一百八十六）曰，周敦颐"掾南安时，程珦通判军事，视其气貌非常人，与语，知其为学知道，因与为友，使二子颢、颐往受业焉。敦颐每令寻孔、颜乐处，所乐何事，二程之学源流乎此矣"。《宋史》《程颢传》（列传第一百八十六）云，程颢"自十五六时，与弟颐闻汝南周敦颐论学，遂厌科举之习，慨然有求道之志"。清乾隆《兴国县志》也说，程珦"在虔时，尝假口南安军狱，掾周敦颐年甚少，不为守所知，珦视其气貌非常人，与语果为学知道者，因与为友，使二子颢颐往受业焉"。载于《江西社会科学》2002年第8期的周建华《周敦颐与江西南安军（府）学》也断论，"北宋庆历五年（1045），28岁的周敦颐由分宁主簿调任南安军司理参军。明年（庆历六年，即1046年），兴国县令程大中（名珦）调任南安军（军治在今江西大余县）通判。"此文说，程珦1046年由兴国县令调任南安军通判，程颢、程颐兄弟也跟着父亲来到南安军军治的南安府大庾县。而28岁的周敦颐（字茂叔，号濂溪）在程珦一家来南安大庾的前一年（1045），也由分宁主簿调任南安军司理。程珦与周敦颐交往后，对周敦颐的人品和学识都非常钦佩，于是让程颢、程颐拜周敦颐为师。当时，程颢年仅15岁，程颐14岁。

1050年，二程兄弟在广西龚州再以周敦颐为师。清道光《平南县志》记，"皇祐二年，程珦为龚州知州，二子程颢、程颐随父来龚，在思回岩就学于濂溪先生。"平南旧志称，程珦任龚州知州时，周敦颐也升为湖南桂阳县令。1050年，应程珦等人邀请，周敦颐曾来广西龚州讲学，平南县思回村的畅岩山就是周敦颐给程颢、程颐的授学之地。清乾隆平南武城书院主讲玉星烛撰著的《武城书院崇祀三夫子记》也云，程珦"尝识濂溪周子于虔州，及至龚，复聘以为二子师，时时讲业畅岩间"。

1058年，程颢进士及第。在随后10余年的仕途生涯中，程颢先后做过陕西户县主簿、南京上元、山西晋城、河南扶沟县令。宋神宗时，程颢被任为监察御史，一年后，因与王安石变法意见不合辞归洛阳，与弟程颐专门讲学于洛阳家中。史载："先生偰居洛阳城殆十余年，与弟从容亲庭，日以讲学为事，士大夫从游者盈门。自是身益退，位益卑，而名益高于天下。"1085 年，宋哲宗任程颢为宗正丞（主管祭祀的官员），1085 年 6 月 15 日在洛阳因病而卒未赴任，时年 54 岁。

1059 年，26 岁的程颐考进士未中，从此绝意仕途，在洛阳讲学，研究"天理之学"。1086 年，被任为崇政殿说书，担任宋哲宗的老师。在讲书时"以师道自居，侍上讲，色甚庄，以讽谏，上畏之"。由于他对朝政"议论褒贬，无所顾避"，引起权臣不满，在做了一年多崇政殿说书之后，被差回洛阳管理国子监。1097 年，程颐被贬到四川涪陵，其间完成了理学重要著作《伊川易传》。1100 年，回到洛阳；1103 年，定居今洛阳嵩县田湖程村；1107 年 9 月 17 日，在田湖程村病逝，享年 74 岁。

二程理学又称洛学，《中国历代人名大辞典》（上海古籍版）称二程兄弟为洛阳人，明朝代宗皇帝曾下诏确认洛阳为"两程故里"，其实这仅与二程兄弟自宋神宗后在洛阳居住和讲学有关。但黄陂的"程乡坊"，为明洪武三年（1370）应明廷立"理学名儒坊"之昭布所建，而宋神宗后二程兄弟居住和讲学的洛阳，到宋英宗年间的 1462 年才立"两程故里"坊。由以上可见，传播二程理学源头的洛阳，只是二程理学的故里；而国人习以出生地定籍贯，二程出生的黄陂就是当然的二程故里了。

作为二程故里、理学源头的黄陂历来推崇二程兄弟和重视二程理学的研究。明景泰中同知蔡绶曾立二程祠，弘治十八年（1505）提学陈凤梧改为二程书院。明末毁。清康熙初知县杨廷蕴重建。增益屋宇，更名曰"望鲁书院"。乾隆七年（1742）知县沈孟坚建学舍 171 楹；嘉庆初知县陈增庆、道光十年（1830）知县韩维镛修葺；二十八年邑人金光杰请于二程夫子飨堂后空地重建。光绪二十九年（1903）改为师范学堂，三十一年又改办模范高等小学堂。

因程氏兄弟生于黄陂，宋代即在黄陂城内建亭。明天顺七年（1463）复建亭于鲁台山麓二程祠内。现存双凤亭系清道光二十八年（1848）重建。亭高 10 米，重檐三层，六角攒顶，青瓦朱檐，翼角飞展。上层梁架兼用楠木与樟木，底层柱枋皆为石材，造型精工，构筑坚固。亭中立石砌方形碑阁，四面嵌建亭碑记，石额上刻双凤朝阳及人物故事，形象生动。正面所悬"双凤亭"匾额为郭沫若亲笔题书。此亭始建于 1110 年，初名清远亭；南宋时，取程母"双凤投怀"之兆，更名为"双凤亭"。恰与"麟吐玉书而降孔子"之曲阜孔庙遥相呼应。明清《黄陂县志》载，双凤亭历经沧桑，多次重修。双凤亭原为两层，至道光二十七年（1847）扩建为三层。

中华人民共和国成立以后，十分重视对"二程理学""二程文化""二程双凤遗址"的研究和保护。

1958 年周恩来总理和陈毅元帅路过黄陂，在滠水河远眺双凤亭时，曾作出指示"要好好保护文物"。

1962 年郭沫若亲题"双凤亭"3 个大字，进一步提高了二程双凤文化的档次和知名度。

早在 1986 年就有人大代表提出《加强双凤亭文物保护区建设和管理》的议案，由此拉开了对双凤亭公园整体规划、设计的序幕，花了先后 7 年的时间，先后拆迁双凤亭周边的黄陂农机学校、双凤亭机械厂、周边居民区，为双凤亭建设提供了土地和空间，2009 年 12 月至 2009 年 12 月 25 日，在区三届人大四次会议上，由刘中友等 14 名代表提出的《关于兴建双凤亭公园案》获得了一致通过。

2007 年，黄陂区成立了"二程文化研究会"，由中共黄陂区委原副书记、区巡视员吴方法担任会长。并于 2015 年主编出版了《二程文化研究文集》。

2010 年，占地 67 亩、面貌一新的"双凤公园"建成，并对社会公众开放。园内有二程塑像、毛泽东主席题写程颢《春日偶成》的书法展示墙、"双凤投怀""鲁台望道""程门立雪""如坐春风"等大型浮雕，耸立着"省级文物保护单位"的汉白玉石碑。在南面山坡翠竹绿树的簇拥下拾级而上，就是鲁台望道的所在地，现为公园的主题建筑双凤亭，沿着双凤亭 6 个亭柱所设置的 6 个墙廊，分别是程颢生平简介、程颐生平简介。有程颢诗选《春日江上》《盆荷》，有程颐诗选《耳听箴》《题陆浑乐游》，有《西陵胜景誉神州》，有《木兰山》《盘龙城》等浮雕壁画。鲁台山北面有晒书台。整个公园人文气息浓厚。

2013 年，根据人大代表的建议案，黄陂区人民政府启动了新建二程书院的工程，至 2017 年底建成，占地 39.6 亩。书院前高坡上耸立着二程兄弟站立的铜像，由南向北依次是二程文化广场、二程文化牌楼、二程书院大门，启贤殿、二程祠、思源堂、藏书楼、聚贤楼、五味斋等建筑。2018 年正式开园至 2022 年 8 月接待研学人员和游客 20 万人次。其藏书楼二楼设置为"二程讲堂"，每月都有专题文化讲座。人们说，黄陂的"二程书院"是最讲"理"的地方。

附：二程理学思想简述

二程理学包含着理性主义因素，为理性之说。通俗地说，二程理学是理性地看待事物与处理问题的学说，是教人如何做人处世、如何治国理政的学说。

唐及五代，朝代频繁更迭，兵连祸接，社会动荡，道德沦丧。北宋初年，赵宋政权为了整顿封建纲常，唤回世道人心，需要学问修养理论佐证。然继魏晋南北朝盛行玄学、唐代盛行佛道思想以后，儒学已由儒家之学衰变为经学，一味拘泥于训诂、考据、重书本，因远于"尊德性"而不再独尊。在此背景下，程颢、程颐师承理学创始人周敦颐，融佛、道学说于儒学，再构儒家的政治和伦理学说基本框架，创立了以伦理为主的新儒学，即二程理学。

理是二程理学的基本范畴。在汉语中，理的含义大致有两种：一是物的纹理、条理，引申为规律、原则；二是对玉石的琢磨加工，引申为治理、整理或按某种规则行事。理，即指路径和方法，循理即犹如沿着路径而行。二程创立的理学就是用理将儒家经典思想的丰富内容予以涵盖，提出了自然规律、社会治理和人们安身处世应遵循的原则和规范、道路与方法。

程颢说"万事皆出于理"，认为理无所不在，把理或天理视为第一性，视理为万物的总根源。从而"穷理、识仁、明道"，形成了以道体为核心，以穷理为精髓，以居敬、明诚为存养功夫，以齐家、治国、平天下为实质，以成圣为目的的社会生活最高准则。南宋，朱熹又继承和完善二程理学，将其发展为完整而精致的客观唯心主义思想体系，并成为中国封建社会的正统思想。

二程理学涉及自然科学、政治哲学、人生哲学的诸多方面，内容主要包括：

成德成圣的道德修养观念。如何成德、如何成圣，是二程理学关注的重要命题。程颢说："德者本也，一德立，百善从之。"程颐说："中正而诚，则圣矣。""中者，无过无不及之谓也。圣人之学，以中为大本。"也就是说，做到了中、正、诚，就是圣人。程颐又说："人皆可以为圣人。"这里所说的圣人，是指道德高尚、人格健全的人。程颢则更通俗地说："孝当孝，悌当悌，则圣矣。从洒扫应对上可观圣人气象。"也就是说，从一个人对其父母、兄弟的态度，从他日常生活小事的应对，可看他的圣人气象。

中正诚敬的立身处世方法。程颐说："存天理、节嗜欲。""天下之理，本诸简易，而行之于顺道，则事无不成。"二程认为，立身处世要存天理，节嗜欲，坚守"中、正、诚、敬、恕"等原则。

中，为处世之大本。程颐说："善读中庸一卷书，则终生用不尽也。""中者，无过无不及之谓也。圣人之学，以中为大本。"二程认为，对事物的认识要持中，不偏不倚，为人处世要坚持原则，不走极端。

正，就是要有正气、正志、正义。程颐说"吾善养浩然之气"，浩然之气，就是天地之正气。程颢也十分推崇孟子的话："不义而富且贵，视之如浮云。"程颢说："气充则理正，正则不私，不私则至神。"

诚，是修身之本。程颐云："诚无不动者，修身则身正，治事则事理，临人则人化。"做到了诚，没有不能感动的，用来修身则身正，用来治理政事则能使政事理顺，用来管理民众则能使民众得到感化。

敬，是成事之基。程颢曰："敬义立，德不孤。""'居处恭、执事敬、与人忠'，此是彻上彻下语，圣人无此语。"朱熹言："程先生所以有功于后学者，最是敬之一字有力。""敬者功夫之妙，圣学之成始成终者皆由此。秦汉以来，诸儒皆不识这敬字。直至程子方说得亲切。"

恕，是说对人要宽恕。程颐曰："一言可终身行之，其恕乎！""以己及物，仁也；推己及物，恕也。忠恕一以贯之。忠者天理，恕者人道。"多从对方的角度考虑问题。

大公无私的治国理政。程颢说："圣人以大公无私治天下。""一心可以丧邦，一心可以兴邦，只在公私之间尔"，强调"为公"的治国理政理念。程颐曰："古之君子，修德而已"，"帝王之道，教化为本"。谓德有二义，一是强调治政者要有德，二是强调以德教化天下。程颐又云："民须仁之，物则爱之"，"视民如伤，吾常愧此四字"，强调为政者要仁爱，行仁政。程颢还说："为政之道，以顺民心为本，以厚民生为本，以安而不扰为本。"顺，乃告诫治政要顺从自然规律、顺应民心也。程颐也以"君道以人心悦服为本"，"众心睽乖，则有言不信，万邦协和，则所为必成"。强调治国理政的一个"和"字，要以和谐相处为本。

存理节欲的利不妨义思想。程颐说："圣人于利，不能全不计较，但不至妨义耳。"程颢说："大凡出义则入利，出利则入义"，"富，人之所欲也，苟与义可求，虽屈己可也；如义不可求，守贫贱以守其志也。非乐以贫贱，义不可取也"。二程从存天理、节嗜欲的思想出发，提出了利不妨义的义利观。

二程对民族文化繁荣、社会进步的贡献，首先在于他们从系统性的思想文化理论上对中华传统文化的整合、裂变、突破、创新。二程理学思想对中国历史文化的影响深刻而又广泛，如二程理学的经典格言烙印在人们的思想和口语中，直接影响了人们的思想和行为。我们今天使用的一些成语，如天理良心、诚心诚意、修身养性等，就是二程语录的流变；人们谈到一些人和事，说"天理难容"，这种"理"就是二程理学范畴内的"理"；诚实、诚信、诚心、诚意、真诚等仍被视为良好的道德品质，就是二程理学所主张的"诚"；而二程理学所倡导之"敬"延伸的敬业精神，至今仍被视为成事立业的基础等等，这些都是中国传统文化精神之精髓，都是世代传承的二程理学思想之精华。

（胡炳基　叶大群）

抚今追昔说楚剧

2021 年 6 月 25 日，黄陂区楚剧团排演的大型现代楚剧《江姐》，在武汉中南剧场上演。这是自 1964 年以来，时隔 57 年后，再次在楚剧舞台上再现以江姐为代表的革命先烈为新中国的建立而浴血奋战的光辉历程。

黄陂区楚剧团排演的楚剧《江姐》，既重文唱，又重武功，充分展示了该团行当齐全、文武兼备的演出实力。参演该剧的演员，平均年龄不到 35 岁。我们欣喜地看到，以何婷、何菲、郑莎、刘晓雪、徐明、鲁志城等为代表的青年一代楚剧人，正脱颖而出，担当重任；也由衷敬佩正值盛年的老演员宋小山、郑红枝和郝爱萍，在剧中担当配角，甘当绿叶。

黄陂楚剧的"17 年"。黄陂区楚剧团成立于 1950 年。是年 3 月，以王焕章为班主的城关戏班、以陶德标为班主的祁家湾戏班及以陈月兰为班主的长堰、王家河戏班（一个班底，两地演出），合并成立黄陂县楚剧工作团。首任团长王焕章，早在 1926 年带班赴信阳演出时，就延请姜旬甫（楚剧名旦姜翠兰之父）操琴，是楚剧界最早引进丝弦伴奏的班社之一。剧团的成立，使得有一定成就的楚剧艺人"有家可归"，将各自为战的楚剧艺人聚拢在一起，强强联合，挖掘、抢救传统老戏，创排新戏、新腔，培养新人，改进"服化美、编导表"，形成了楚剧在黄陂的第一个辉煌时期。

黄陂县楚剧工作团成立之初，全团演员三四十人。演员报酬沿袭戏班的"包银制"的经济分配体制。演出的大部分剧目是活戏活唱，即所谓的"场单戏""提纲戏"，拟场说戏叫"发本子"。剧团无任何固定资产，演员租住在人民戏院，衣箱属私人老板，舞美、灯光、音响什么也没有，仅有一人搬道具。所谓搬道具，也只不过是搬搬桌椅，因此名曰"拣场"。

1952 年 7 月 8 日，剧团开始进行改戏、改人、改制的工作。禁演了一批庸俗、低级的剧目，并对上演剧目中的淫词秽语进行删除；对一些低级下流的表演动作进行改进，对演员中存在的种种恶习和一些不健康的行为进行整顿。针对演职员普遍文化程度低下的情况，剧团开办了业余文化早校，扫除了演员中的文盲。

1959年春，成立了中共黄陂县楚剧团支部委员会。在党支部的领导下，整顿了团委会和艺委会；充实、健全了剧团各项规章制度；建立了共青团支部；加强了时事政治学习和共产主义思想修养的学习。

同年8月，剧团所属"黄陂戏曲学校"正式开学。招录学员36人，平均年龄13岁，全系黄陂籍。其中李咏珍、李青松、胡道发、夏瑞林、李幼春、许邦顺、冯庆国、晏春堂、李元安等直至80年代都是黄陂楚剧的中坚力量。

1959年至1965年，剧团除比较规范地排演了一大批传统剧目外，还高质量地上演了近40出大、小型现代戏。如《年轻的一代》《赵玉霜》《江姐》《智取威虎山》《革命自有后来人》《野鸭洲》《刘胡兰》《雷雨》《芦荡火种》《杜鹃山》《红管家》《一袋麦种》《小保管上任》《两个队长》《双教子》《补锅》《游乡》《借牛》《打铜锣》等等。创作演出了革命斗争题材的大型楚剧《三打鲍家寨》，歌颂社会主义新人新事的《荒湖巨变》，轻喜剧《牛府贵婿》及小戏《搬家》《五好人家》等。

17年期间，老艺人易云卿笔录了200余曲濒于失传的黄孝花鼓戏传统剧本，《湖北省地方戏曲丛刊》刊载其中81出，多次受到省戏工室的表彰与奖励。老艺人涂月卿挖掘了《偷花打球》《大中大》等，任小兰挖掘了《送端阳》《游龙戏凤》，张玉堂挖掘整理了《王小二拜年》，曹兴国挖掘整理了《失子惊风》，特邀蔡店老艺人张子贤到剧团挖掘了《麦内藏金》等。

17年期间，剧团以"围棚打场"的方式上山下乡巡回演出。演员一头挑行李，一头挑道具，跋山涉水演遍全县。有的年份，在农村演出场次占剧团全年演出场次的80%以上。冬季以稻草铺地在农民家中睡"统铺"，夏季自带蚊帐宿院舍。

这17年，是黄陂楚剧团的第一个辉煌时期，也是楚剧在黄陂的第一个辉煌时期。由几个民间戏班拼凑而成的民营剧团，在党的领导下，成为有建制的国营专业剧团，逐步摆脱旧艺人、旧班社的旧习气、旧面貌，成为新中国光荣的文艺工作者；恢复、创排了一大批楚剧剧目，形成了以黄陂话为主、辅以汉口方言的富有黄陂特色的楚剧声腔；培养了一批未来的楚剧中坚力量，也为楚剧培养了大批观众，使得楚剧成为黄陂人的家乡戏。

一出戏救活了两个团。改革开放初期，传统戏刚刚恢复上演，正在武钢周边演出的黄陂楚剧团就遇到困境。观众喜欢看的是连台本戏，任你多高的演唱水平，单本戏就是觉得"不过瘾"。连台本戏在"文化大革命"前就已禁演，虽然当时有业余剧团在演，但作为国有专业剧团，能不能演？敢不敢演？剧团党支部召开演员大会展开讨论。很快，讨论变成争论，双方相持不下。主张不演的认为，连台本戏还没有开禁，怕挨批受整；主张演的认为，观众需要就是任务，不能怕这怕那。还是党支部书记谭崇庆当场拍板："演，出了问题，由我负责。"

委派老家李集的许邦顺回县寻找剧本，很快就觅到了一本《四下河南》场单戏的"场单"。根据"场单"，分工改编：第一本朱玉声、王斌华；第二本潘春阶、胡道发；第三本冯庆国、许邦顺；第四本王斌华、冯庆国。实际上是改编者都投入进来了，4本70多场戏，很难说清哪场的执笔者是谁，这是真正的集体创作。6人中，王斌华是当时的专业编剧；朱玉声、潘春阶是导演；冯庆国是剧团主要演员，正在学习导演工作；胡道发、许邦顺是主要演员也是业余作者。在艺委会主任黄笑秋的具体策划下，剧团在坚持演出的同时，不到一星期，《四下河南》第一本文字脚本出台。于是晚上演出，白天排戏。剧团转场到杨园剧场演出的最后一天，第一本正式与观众见面。一经演出就受到观众的热捧，一连演了4场，场场满座。

观众强烈要求剧团续演第二本。但剧本尚未生产出来，只好谎称县委有演出任务，要回县演出，实际转场至武昌造船厂。在武昌造船厂演出期间，也是边演出边排练第二本。第二本上演了，第三本却还在编排之中。为安全起见，厂领导不准剧团继续演下去。趁机转点到汉阳第一砖瓦厂演出，同时抓紧时间排练第三本，突击修改第四本。到第二砖瓦厂演出时，《四下河南》全部4本才连续上演。

《四下河南》在关山汽轮发电厂露天剧场演出，观众每场达万人以上，厂方不得不安排50余人维持秩序。在汉阳文化宫，一票难求。有的观众为了看到戏，带着乘凉的工具睡在售票口排队，有的人趁机卖"飞票"，从中谋利。售票口"限制买票"，明文规定观众一次只能购买2轮票。真是剧团演到哪里，观众跟到哪里。剧团回黄陂演出，上级单位、来往部门因为都是"熟人熟事"的，索票者络绎不绝，剧团只好安排专人"分票"，常常闹票荒，连县文化局领导都因为票的问题发脾气。这种情形类似"惠民演出"，售票口几乎形同虚设，卖不了几张"边角余料"的票就关门大吉。

· 武汉市文化局巴南冈老局长，自己掏钱，请陈伯华、李雅樵和钟惠然看《四下河南》。看完一轮的演出后，他带着这些名家上台看望每个演员，钟惠然激动地喊出了"向黄陂楚剧团学习"的口号。在由黄陂楚剧团掀起的"四下河南热"中，一个剧团的演出已经满足不了观众的需求。湖北省、武汉市楚剧团相继排演，其他民间小剧团更是纷纷效演《四下河南》。楚剧名家李雅樵、钟惠然都在各自剧团排演的《四下河南》中担任角色。接着，湖北省电视台来黄陂将《四下河南》摄制成8集舞台艺术连续片。1981年12月，湖北省戏工室出版了《四下河南》（上下集，修改本），刊载在剧本选辑第十辑。磁带大佬张水生，更是抢抓机遇，录制成磁带，狠赚了一笔。

《四下河南》的创排、演出，是黄陂楚剧团在楚剧演出经济效益不佳的形势下，为适应生存环境，倾全团之力、奋起一拼采取的应急行为。更是黄陂楚剧团经过长期艺术积累、厚积薄发的具体表现。剧中人物众多，唱腔丰富，既有唱念为主的文场，又有打斗激烈的武场，短时间内创排上演，充分显示了黄陂楚剧团行当齐全、训练有素的楚剧重点剧团形象，不愧为楚剧非遗文化的重要传承人。《四下河南》之为楚剧经典剧目，其创排过程，给后世诸多启发，值得楚剧界、戏曲界深思、再思。在当时，一出《四下河南》，养活了两个团（当时分楚剧团和文工团），产生了极佳的社会效益和经济效益。至今，它仍是黄陂楚剧团的重点品牌剧目和长期演出的保留剧目。

唱楚剧的黄陂人。楚剧的前身黄孝花鼓戏，又称西路花鼓，发源于黄陂、孝感部分地区。初期是以黄陂方言为基础，以"小生、小旦、小丑"为主角的"三小"土戏，只在农村元宵节玩灯时演唱，故又俗称"灯戏"；后来逐渐出现农闲时演出的麦黄班和常年演出的四季班。麦黄班演员都是业余或半职业性质，"农忙种田，农闲演戏"，"春紧夏松秋湾台，十冬腊月又重来"。1839 年以前，黄陂县梅店王家冲王家福的花鼓灯戏班，只在本湾唱灯戏；光绪年间，黄陂彭家冲的艾九爹和横店张面糊筹组的两个戏班，是最早的四季班。由此，开始产生了一些职业或半职业戏班。

1902 年，德租界清正茶园率先从沙口、水口镇邀请黄孝花鼓戏班到租界公开演唱，所谓"进城"。这是黄孝花鼓戏进入城市、登上专业演出舞台的开始，不亚于四大徽班晋京之于京剧形成的意义。据统计，此后 9 年内，进城演出的戏班达到 17 家。被聘请的一些知名艺人多为黄陂人，如小旦张玉清（清衣，罗汉寺北辛集人）、小宝宝（江秋屏，泡桐店祝家湾人）、小生小月光（江福兴，泡桐店铁匠湾人）、甘石生（蔡店甘家大湾人）、陈号伢、丑角朱福全（下石港人）、杨腊生、老生胡喜堂（六指店人）、夏世燮等。据不完全统计，晚清时期，黄陂有艾光裕（艾九爹）、李五云、涂月卿、张面糊等 9 个黄孝花鼓戏班，民国初年至 1931 年有王兆平、李百川等 12 个专业戏班，1931 年至 1941 年有张登寿、任小兰、夏老五等近 50 个专业楚剧戏班。这些戏班不仅在本地演出，还在省内外长期巡回演出，不仅在兄弟县宣传了楚剧，还在陕西、河南、江西、上海等地展现了楚剧的风采。

楚剧形成过程中，黄陂李集人李百川发挥了重要作用。

李百川，李集泡桐袁李湾人。1896 年生，号祖赐，字荫庭，艺名小官宝，后改名百川。幼年爱好灯戏，常抄写唱本自学。14 岁时，湾里醵金办"科班"，他率先报名，习花旦，三月出科。次年从师陶阳，续学半年，入"四季班"，从此走乡串岭以献艺为生。1914 年往汉口，与张银铃、夏世燮等人在法租界创立玉壶春茶园楚剧场（后改名天仙舞台），以小官宝艺名登台献艺。

李百川精通文墨，能编善演，与黄陂籍书法家冯家浩是挚友，练就一手好字，常为武汉的店主题写商号、店名，被人誉为"戏才子"。曾以通俗演义小说为素材编写《天宝图》《三门街》《瓦岗寨》《天雨花》《杨家将》等 20 余部连台本戏提纲本。为洁净戏曲舞台，主动删改旧戏本中低俗、下流的表演和唱词。擅演小家碧玉，声腔流畅清亲，能采用黄陂方言，显示地方特色。所创鼻音小花腔独树一帜；新腔西江月，至今仍为剧界所运用。

1926 年 9 月，北伐军攻占汉口和汉阳，黄孝花鼓戏艺人成立了工会，名"湖北进化社"。在湖北剧学总会筹备会上，李百川当选为组织委员，为黄孝花鼓戏正式定名为"楚剧"做出了贡献。

李百川爱国爱家，具有民族气节。武汉失守后，在汉口美成戏院演唱，因编演《杨家将》受到日伪投寄装有子弹的信件相恐吓，他不为所动。抗日战争爆发后，任中华全国戏剧界抗敌协会理事，参加战时歌剧演员讲习班学习及劳军公演、"七七献金"等义演活动。

李百川演唱的《酒醉花魁》《送友》《十里凉亭》《卖棉纱》等剧，原上海"百代"和"高亭"两公司分别灌有唱片。

1943 年因病不能登台，被辞回乡。不久病逝于泡桐袁李湾。

抗战期间，黄陂楚剧艺人中先后有 25 人参加了新五师楚剧队。如新五师楚剧队队长黄振（黄英雄）、二队队长殷诗全、副队长喻洪兵等。

黄振，1920 年生，湖北黄陂人。1941 年加入中国共产党，调新四军第五师司令部第一期参谋训练班学习，自编自演新楚剧《十里凉亭》。

1942 年，任五师政治部文工团楚剧组副组长，后任楚剧队队长、指导员。1956 年，兼任湖北省戏曲工作室（今湖北省艺术研究院）副主任，后任主任。同年，主持并组织专人对湖北地方戏曲（20 多个剧种）的传统剧目进行调查、记录、整理，汇成《湖北地方戏曲丛刊》，由湖北人民出版社陆续公开（或内部）出版发行。1958 年，主持筹建湖北省戏曲学校，任校长，为培养、保护楚剧人才做出了突出贡献。1987 年，黄振在武昌病逝，享年 67 岁。

93 岁仍登台献艺，人称"铁嗓"的著名楚剧表演艺术家钟惠然，祖籍黄陂，1921 年生于汉口，是第五批国家级非物质文化遗产代表性项目代表性传承人。

1932 年，跟随从黄陂来到武汉的楚剧班子班主丁惠然、陶古朋从师学习生角。16 岁就开始挑班演出，活跃在武汉市内各大剧场以及农村的舞台上。代表剧目有《卖杂货》《汉宫梦》《探阴山》《崔子弑齐》等。2018 年 3 月 2 日钟惠然辞世，享年 97 岁。

荣明祥，曾用名朱明祥，湖北黄陂人。第四批国家级非物质文化遗产项目楚剧代表性传承人、国家一级演员。1939 年出生在汉口的一个码头工人家庭。1951 年考入中南戏曲学校学习京剧，师从戏曲教育家孙盛文。1952 年中南戏校解散，荣明祥进入武汉楚剧团的训练班改学楚剧，主攻生角，师从楚剧名角高月楼、李雅樵、黄楚材先生，开始了为楚剧奉献一生的艺术生涯。代表作有《甲午海战》《左维明巧断绣鞋案》《百花赠剑》《恩仇记》《玉莲汲水》等。作为"国家级非物质文化遗产代表性传承人抢救性记录工程"湖北省首批 10 个传承人之一，2019 年，荣明祥口述、朱天福整理的《楚剧往事——荣明祥口述实录》出版，为后世留下了生动、翔实的楚剧史料。2019 年，荣明祥在武汉病逝，没有看到该书的出版。

新中国成立后，从黄陂走出去的著名楚剧名丑胡道发，是国家一级演员、中国戏剧文学学会会员，享受武汉市政府津贴专家。

胡道发 1959 年考入黄陂楚剧团所属黄陂戏曲学校，1962 年到湖北省戏曲学校进修。曾任黄陂县楚剧团副团长、黄陂县第十二届人大代表。参加改编、创作《四下河南》（合作）、《郭丁香》（合作）、《双盖印》《播火人》《讨学钱》《打面缸》《瞎子算命》《假洞房》等大小剧目 10 余部。创作曲艺节目《把关人》《战备调》《巧相会》《枕头记》《妯娌俩》等 20 余部。创作小品《回家路上》《雨夜》《回乡》《评奖》《手拉手》《拜寿》《仲夏夜》《一包无核枣》《婆与媳》等 80 余部，其中一半在中央和省市电视台播放。

创作、导演并演出的小品《回家路上》《雨夜》参加中央电视台第二届与第三届全国小品大赛，并获优秀剧目奖。小品《回乡》《三媳拜寿》等分别获国家文化部第二届、第三届、第五届全国小品大赛银奖、表演奖、金狮奖与导演奖，《三媳拜寿》还获全国创作二等奖。小品《领衣》《麻将圆舞曲》获中国剧协"百优小品大赛"两届铜奖。小品《擦皮鞋的姑娘》获全国残联会演金奖。小戏《小姑贤》获全国小戏艺术节剧目金奖、表演金奖和导演奖。1994 年，武汉市文化局、武汉剧协、武汉楚剧团曾举办了《胡道发小品专场》演出，所有节目均由胡道发个人创作并演出。

彭青莲，黄陂李集人。第五批国家级非物质文化遗产代表性项目代表性传承人、国家一级演员、中国戏剧家协会会员、湖北文化名家、十九大代表、湖北省五一劳动奖章获得者，享受国务院专家津贴。

曾任湖北省政协常务委员、文化文史和学习委员会副主任。

2017年7月18日上午，彭青莲在黄陂收徒何菲、何婷。她说："我是黄陂人，有浓厚的家乡情结，在家乡收徒是一种传统文化的传承。"多年来，彭青莲以口传心授的方式，将她最拿手、演得最好、最受群众欢迎的《珍珠塔》《双玉蝉》《蝴蝶杯》等一些楚剧经典剧目，毫无保留地传授给两名家乡女弟子，让名家好戏薪火相传。她寄语家乡的两位爱徒，先做人后学艺，静下心来把民族传统文化艺术、楚剧事业搞好，把楚剧事业的班接好。

夏青玲，楚剧名旦，国家一级演员。曾获第八届中国艺术节文华表演奖、第25届中国戏剧梅花奖。代表性剧目有楚剧《推车赶会》《断桥》《双玉蝉》《潇湘夜雨》《哑女告状》《三月茶香》《万里茶道》等。

楚剧发展初期，艺人多是男旦唱女声，因此很多唱腔用女声唱起来就显得吃力。为了解决这个问题，夏青玲找到了歌唱家刘重学习声乐，后又拜在歌唱家刘家宜门下。在老师的帮助下，她将声乐的发声方法、民歌的演唱和楚剧的唱腔融合，找到了适合自己的演唱方法，让唱腔好听又不失楚剧的韵味。夏青玲还身体力行地传承楚剧，夏青玲工作室和学校"结对子"打造楚剧基地，成立楚剧社团。随着"戏曲进校园"活动的开展，每次演出后找她交流的戏迷群体中学生越来越多，这对楚剧是很好的推广和传播。

楚剧与黄陂割不断的血缘。楚剧从黄陂发源，黄陂为楚剧提供了基本母语——黄陂话。武汉市文化局编《楚剧志》记载："楚剧唱腔以黄陂语言为基础，由黄（陂）汉（口）两种语音相结合组腔。"对黄陂话在楚剧的道白和行腔中的地位作了肯定。黄陂人演唱的楚剧唱腔，非常贴切、舒展、准确、柔和。外地人唱楚剧不是倒字就是显得生硬、乏味，听起来别扭。楚剧作曲家易佑庄等曾多次对一些楚剧团体提出："唱楚剧的人，要先到黄陂洗口。"意即要唱好楚剧，先要学好黄陂话。

看一看在楚剧形成、发展过程中做出重大贡献的几位前辈大师的籍贯，很有意思。黄陂李集素有楚剧之乡的美誉，李百川、江秋屏出生在这里；往西，紧邻的杨店，是关啸彬、章炳炎的故乡；黄陂东乡甘棠毗邻的新洲仓埠，是沈云陔、严少臣的出生地。杨店与仓埠分属孝感和新洲，但是就地缘关系来说，与黄陂最为紧密。从这个意义上说，黄陂是楚剧的重要发源地，是毋庸置疑的。

黄陂人爱看楚剧，爱唱楚剧，把楚剧视为自己的家乡戏，无论走到哪里，听几句楚剧，如同投入到家乡的怀抱。

1988年秋，胡秋原首访大陆，湖北省政府在洪山礼堂成功举行楚风楚韵演出专场。此后，每次台北市黄陂同乡会组团返乡，家乡均以原汁原味的楚剧专场招待，他们几乎是如痴如醉，有时还要上台过一回戏瘾。

台湾"国父纪念馆"首任馆长、台湾文化大学教授童启祥先生，年届八旬，唯恐自己今后眼力不济，特地赶回黄陂老家，为的是过一过楚剧瘾。当他在黄陂一中观看了黄陂楚剧团表演的《四下河南》《送香茶》和《葛麻》等传统楚剧折子戏后，感慨地说："今天看了颇具楚风汉韵的楚剧，让我过足了戏瘾，即使是今后眼睛失明了我也感到十分知足……"

50 年代，楚剧名角李雅樵来黄陂横店演出，剧场里人山人海，窗台上坐的也是观众。李雅樵的化妆间挤得水泄不通，干脆把桌子搬到院子里，无数观众围成圈，看演员化妆。荣明祥、姜翠兰等名角，也都曾深入黄陂各乡镇献艺。

1960 年 5 月，湖北省省长张体学视察黄陂，观看了戏校学员汇报演出的《打金枝》和《木匠迎亲》后，十分高兴。张省长说："黄陂是楚剧的发源地，民间艺人和剧团遍及农村。楚剧是湖北的文化品牌，也是广大群众喜闻乐见的剧种；今天我看了你们精彩的演出，使我看到了振兴湖北楚剧的希望……"

1974 年，时任国务院副总理的陈永贵一行到黄陂视察，晚上楚剧团特地在县电影院为领导进行了专场演出，由剧团骨干李青松、邱小枝、易红珠、许邦顺、冯桂珍、晏春堂、黄敏华、胡道发等主演了《双盖印》《一块花布》《渡口》。陈永贵看后兴奋地说："难怪黄陂楚剧名声在外，我终于过了一把楚戏瘾了！"

1976 年 10 月，湖北省省长陈丕显在孝感地区检查工作时，久闻黄陂楚剧的大名，想过一过戏瘾。于是，黄陂楚剧团派出了夏瑞林、李青松、胡道发、蔡光旭、晏春堂、王锦、易春生、冯桂珍、黄敏华、孙良夫、李雅君等强大阵容，在地区大礼堂为领导演出了《送肥记》、折子戏《葛麻》《武松打店》。陈省长看后赞不绝口："黄陂楚剧名不虚传，演员表演情真意切，富于生活气息，简直把那个葛三哥、武松给演活了……"

黄陂楚剧团外出演灯戏、送戏下乡，走遍全省各地。看戏的观众有的是从数十里外坐汽车和拖拉机赶来的，有的连饭也顾不上吃。他们看日戏，头顶烈日一坐就是四五个小时。热心的戏迷拉着演员说："你们黄陂楚剧团的戏唱得好，唱得正宗，真是名不虚传！"几十年来，《四下河南》演出场次达 5820 场，《郭丁香》演出场次 2400 余场。

一个黄陂人，也许听不懂京剧、汉剧，但张口就能来几句楚剧，来几句悲迓腔。楚剧是黄陂人为世界贡献出的最具黄陂特色的非物质文化遗产；黄陂为楚剧提供了赖以生存发展的坚实而广阔的土壤。楚剧与黄陂，黄陂与楚剧，血肉相连，骨肉相亲。

（胡炳基　傅春奇）

翰墨丹青歌盛世

——黄陂区近40年书法美术事业发展概述

国运昌则文运兴。黄陂40年来的美术事业，伴随着国家改革开放的步伐，由沉寂走向繁荣。尤其是撤县建区20多年来，遵循党的"双百""二为"方针，在区委、区政府领导下，黄陂书法美术事业得到长足发展。民间社团相继成立，各个领域的领军人物不断涌现。黄陂自古人杰地灵，从黄陂走出去的美术界知名人士，有的回到家乡定居，有的定期不定期对家乡的美术爱好者进行指导。经济社会发展呈现前所未有的好势头，吸引了相当一批书法美术家到黄陂定居，并积极参加本区组织的美术活动。

一

近40年来的黄陂书法美术事业，当以20世纪70年代的黄陂泥塑运动为发端。

1973年底，在时任黄陂县文化馆馆长的曹家顺及美术干部丁崇喜、王忠祥的努力下，省美工队派雕塑家朱达诚、王福臻二位老师，在黄陂举办泥塑培训班。开班第二天就是1974年元旦，元月2日首期培训班结业，后来戏称"黄陂泥塑由一天半的培训班开始"。1974年4月底，朱达诚老师受省美工队派遣，到泡桐公社开办第二期泥塑培训班，为期5天。培训班由公社宣委陈济光主持，县文化馆派出5位工作人员协助。学员30多人，其中就有从李集公社赶来的民办教师项金国。培训期间的学员作品，有反映家史、村史的，有歌颂好人好事、鞭笞坏分子的，有表现知青下乡、兴修水利的。公社张书记要求，把这些作品，用扁担挑着送到各大队去展出。由此，"泥塑担"作为一个新兴事物，在其他公社逐渐推广。1975年春，又在李集公社民主大队举办为期一个多月的泥塑骨干培训班。泥塑学员队伍也迅速扩大到各个公社。如泡桐的彭发生、易厚庆、李艳娥、戴和清、梅俊先、彭作群、王金水、彭贵洲、刘汉华、彭维楚、葛育民、肖桂华等；李集的薛宏钧、陈育村、朱木清、余庆安、许幺玉、朱建华、许小国、喻桂芳等；长堰的陈德新、陈世武、李三汉、刘家春、李才运、何文胜等；研子的傅中望、易翠仙、熊义民、李钢、傅也平等；王家河的王奇、杜群祖、余祥生等；长岭的朱永清、张绪庆等。

彼时的黄陂，雕塑界、美术界大师云集。来自北京的王朝闻、钱绍武、王克庆、曹春生、盛扬、占布拉等，来自省美工队的冯今松、唐小禾、程犁、陈立言、邵声朗、张祖武、汪良田、李正文、安志今、王福臻、朱达诚、王元柳等，常驻或短住黄陂，辅导泥塑作者。在时任县文化馆美术干部的项金国陪同下，钱绍武先生还在研子公社同社员实行"三同"，即同吃、同住、同劳动，为期近一年。

1976 年，黄陂农民泥塑同重庆工人泥塑一道，在中国美术馆展出，轰动全国。出自农民之手的泥塑作品，登上全国美术展览最高殿堂，并得到雕塑大师刘开渠的高度评价，这是前所未有的事情。

从黄陂泥塑中走出来的骨干，相当一部分考入中央美院等高等学府，有的还成为当今我国雕塑界的领军人物。比如：

朱达诚，黄陂泥塑培训指导教师，考入中央美院雕塑研究班，师从刘开渠先生。1980 年回到湖北美术学院，任雕塑室主任。

项金国，1950 年生，湖北美术学院雕塑系毕业，原湖北美术学院雕塑系主任，现为中国美协雕塑艺委会委员、中国国家画院雕塑院副院长。其子项袆，西安美术学院博士毕业，也是年轻的雕塑家。

傅中望，1956 年生，中央工艺美术学院毕业，原湖北省美术院副院长、湖北美术馆馆长、湖北省政协常委。现为湖北美术馆艺术总监、中国雕塑学会副会长、中国美术家协会雕塑艺术委员会副主任。

陈育村，1981 年毕业于中央美术学院雕塑系。现为湖北美术院雕塑家，国家一级美术师，教授。

陈德新，1951 年生，1979 年毕业于湖北美术学院雕塑专业。湖北省博物馆副研究馆员、国家一级美术师。现为住建部全国城市雕塑指导委员会专家。

李三汉，历任湖北省美术院雕塑创研室主任、湖北省美术院美术馆馆长，国家一级美术师。文化部国家艺术基金专家库评审专家、中国工艺美术大师评选专家库成员。

二

黄陂"农民泥塑运动"，催生了湖北雕塑界的"黄陂现象"：美术学院的雕塑系主任、美术院雕塑创研室主任、省美术馆馆长、权威专业评审专家，都是黄陂人。

李三汉先生位于昙华林宽敞的工作室，被无数大小雕塑作品占领。一根接一根抽烟，沙哑着喉咙说一口地道的黄陂话，快人快语的李三汉先生，对家乡念念不忘。"'黄陂现象'不可复制啊。"他说，"趁我们都还在，能给家乡帮得上忙，总想为家乡多做点事。希望黄陂多出些雕塑人才，我们提携一下，是办得到的。"

陈育村先生文质彬彬，学者风度。言语间对家乡温情款款："我们从黄陂走出来，是沾了黄陂泥塑的光。李集要建雕塑馆，我第一件事，就是要把曹家顺、萧禧章、陈济光三位先生的雕像请进来！"

项金国先生年已七旬，身材魁梧，嗓音洪亮："晓不晓得我的身体为么事这好？得亏你们傅家大湾的甲鱼！当年我陪钱绍武先生在研子住了一年，三天两头吃甲鱼。那时候甲鱼有得人吃啊，4毛钱一斤！阿弥陀佛！"难怪陈育村先生戏说，"项老师最近体检，身上各部件完好！都是因为有研子的甲鱼垫底啊！"

拜访几位雕塑家期间，傅中望先生正在德国办展。回来后即与编者建立了微信联系。得知与编者有同村之谊，说："傅家大湾的人都是我的长辈！"

其实黄陂泥塑传统，当上溯到隋代。1400多年来，黄陂匠人以泥塑菩萨、神像闻名遐迩。20世纪70年代的黄陂泥塑运动，与陕西户县农民画遥相呼应，在"文革"那个特殊的历史时期，辉煌一时，影响深远。

改革开放后，李集、泡桐成立了泥塑厂、工艺公司，谋求泥塑产品市场化。黄金波、王启新等做了积极探索。如今，黄陂泥塑被列入省级非物质文化遗产名录，李集街道被评为"中国文化艺术之乡"。

黄陂泥塑非遗传承人有萧桂林、陈斌、胡作林（泥人胡）、彭发生、梅俊先等。李三汉院长以及长江非遗研究所主任、湖北省美术学院张昕、方河运教授等，多次带队到泡桐，为指导非遗传承人进一步提高泥塑技艺，为黄陂泥塑的传承与发展、宣传与推广，做出了巨大贡献。黄陂区文化馆、李集街道等相关部门，也一直重视黄陂泥塑的传承发展。

三

黄陂自古文风繁盛，底蕴深厚。过去黄陂的读书人，一般都能吟诗作对、书法绘画，有的甚至诗词歌赋、金石书画俱佳。明朝的辽东巡抚张涛，清朝的山东巡抚周恒祺，翰林院编修金国均，近现代的范熙壬、黎黄陂、冯家灏、冯铸、李伯登、胡秋原、杨树谋、肖良焕、黄永庆、罗显海，当代还有将军书画家袁伟、余明海、黄金元、李汉文等，都有诗词书画作品传世。

从黄陂走出去的大画家冯今松，成就卓著，画风独特，是当代花鸟画艺术代表人物。冯今松先生1934年生于黄陂，1957年华中师范大学美术系毕业留校任教，历任湖北省美术院副院长、院长，国家一级美术师，中国美术家协会中国画艺委员会委员，中国画研究院院委，湖北省美术家协会副主席。先生自谓其花鸟画艺术有"三破"：一破"折枝为上"的花鸟画创作观念，把花鸟世界置于大千世界之中，而不是把一枝一叶孤立于大千世界之外；二破"水墨为上"的传统技法观念，把源于现实生活的五光十色集中提炼后，置身于花鸟画中，使墨中有色、色中有墨，交相辉映；三破"自然结构为上"的造型观念，吸取彩陶文化、青铜文化中打散构成的手法，创造新的笔墨形态。冯今松先生2010年6月11日病逝于武昌。

罗平安先生祖籍黄陂，是当代长安画派的领军人物，早在20世纪80年代就因其西北乡土画风和独特的水墨技巧而享誉画坛。他一反传统长安画派以墨为主的技法，大大强调了色彩的魅力和整体的色调，落墨极重，落彩也极重，骨法用笔，墨线短促力健，彩线紧劲密匝，相接相渗。中国美协主席范迪安撰文赞道，"如织锦般画出了硬朗、坚实的物象质地，也画出了浓郁热烈的生命活力。""曾经以苦涩、荒凉、贫瘠为特点的西北山水意境在他的笔下换成了温醇、绚丽、辉煌的山水华章。"

刘永泽是黄陂前川街道人。由下乡知青成长为正厅级干部，担任过湖北省文联党组书记、驻会常务副主席，其书法造诣颇高。现为中国书法家协会理事。

胡家勇是武湖街胡家墩人。16岁当文艺兵，酷爱艺术和书法，转业至湖北省委组织部和湖北省委老干部局工作。工余时间潜心研习书法，曾开办个展两次，是中国书法家协会会员、湖北省书画家协会副主席。

乐建文先生，黄陂方安集人。1938年生，1961年毕业于广州美术学院中国画系，并留校任教。曾任湖北美术学院中国画教研室主任。1989年赴德国访问讲学，在波恩和慕尼黑举办个人书画展。1991年再度赴荷兰、德国访问，在阿姆斯特丹、鹿特丹、埃因霍温和慕尼黑举办书画展。1994年赴加拿大安大略艺术学院讲学和举办画展，被授予名誉教授。1997年访问意大利，考察文艺复兴时期美术。

黄德琳、杨坤秉先生，诗书画印皆擅，当今汉上名家。

黄德琳先生出生在汉口，一直不忘自己是黄陂人。少年时代得到徐松安、金月波、杨白匋等老先生的亲炙。"老先生们都有古风啊，爱才爱得不得了。"黄先生说，"看到个小孩子喜欢书画，找到家里，要你教。"黄先生写格律诗，配在自己的画上，题上独特的"黄体"书法，盖上自己篆刻的图章，诗书画印一体。他的画，不是一般意义上的"文人画"，他是拿做专业画家的劲头，从素描、速写、写生、解剖、透视入手，到解决笔墨、意趣，处理传统与现代的关系，一路走来。

杨坤秉先生生于黄陂天河。"文革"期间在造纸厂工作，破四旧抄来的古籍、碑帖，准备化作纸浆，彻底"改头换面"。杨先生看得多，有实在舍不得的，偷偷拿回家学习。经熟人介绍，入金石书画家曹立庵先生门下，又得邓少峰、黄亮诸先生教益。从《书法报》副总编辑岗位上退休后，先生定居黄陂，以古稀之年筹建木兰印社，造福桑梓。杨先生的弟弟坤楚先生也擅书画篆刻。子女镐钰、柳青，工作上各有成就，余事金石书画，卓然有成。镐钰为湖北大学副教授、艺术系主任，隶书取法《张迁碑》，金石气息浓郁；柳青的篆书、工笔画，功力不凡。

尹世顺先生也是汉口出生的黄陂人。1947 年生于谌家矶。现为中国美术家协会会员、湖北中国国画研究院副院长、武昌红巷书画研究院副院长。师从汤文选、程泊舟、李小可等先生。尹世顺先生的山水画作品在表现手法、创作技巧上都有着自己的独特风格，并在用水墨语言表达山水意境、表现江南水乡方面取得了优异成就。品味他的山水作品，可以感受到一种艺术创作中"墨韵宁静致远"和"笔意安宁致近"的精神底蕴。

祖籍黄陂武湖，1943 年出生的周彤先生，说是画家，莫如说是"杂家"。他是高级摄影师，武汉东湖水彩画会、武汉钢笔画会副会长，还是电影家、导演。2009 年策划组织在中山公园建起全国首尊孙中山与宋庆龄巨型铜像。国画《刘少奇在延安》被全总博物馆收藏；《孙中山在天津》被红楼博物馆收藏；《浴血军魂》被红安革命历史博物馆收藏。

易新生，黄陂木兰乡人。中国书法家协会会员、湖北省书法家协会创作研究员，现就职于武汉市东西湖区政协。书法作品入选中国书协举办的第七届中青年书法篆刻家作品展、全国第三届楹联展、当代中国青年书画展，入选文化部全国第八届群星奖展，在《中国书法》《书法报》等报刊发表书法文论 20 余万字。出版专著《写在书法边上》《写在书法路上》《借墨还魂》等。

还有付光荣先生，1951 年生于黄陂天河。山水画家，湖北省美协会员、湖北楚天画院院士。

此外，汤普汉、田华、王雪松、蔡华初、蔡志军、朱欢奇、韩德鑫等，也是黄陂走出去的书画家。他们以手中的椽笔，以黄陂人独有的精明与才智，服务于祖国各地、各个不同的岗位，续写着黄陂人的传奇。

四

近 40 年来，尤其是撤县建区 20 多年来，黄陂社会经济得到长足发展。"筑起金银窝，引得凤凰来"。黄陂半城好山水，一城信义人，引得许多知名书画家来陂定居、写生、创作、讲学，如孔可立、周分田、钟鸣、毛宗泽、王合多、徐谷春先生等。他们的到来，为黄陂人文环境增光添彩，成为繁荣黄陂美术事业的重要力量。

孔可立先生字繁儒，笔名孔融，号知勋斋主。至圣先师孔子第74代孙。1948年出生于广西桂林。幼承家学，习书法，继师月波、黄亮、邓少峰诸前辈，后受业于欧阳中石先生。书作出篆入分，结体新奇，气势开张，别有意趣。作品多次入选全国及省、市大型书法展览，在多家专业报刊发表。孔先生定居黄陂前川，关心黄陂书画事业发展，提携后进，不遗余力。

周分田先生1947年生于河北任丘，现定居黄陂盘龙城开发区。当代实力派重彩画家，高级美术师。从艺50多年来，周先生在艺术上执着追求，教学上兢兢业业，用行动表达自己对祖国、对生活的热爱。耗时20余年，创作《华夏文化》，其中36米长卷《人与彩陶》，就历时16年，真正的十年磨一剑。而这些几十年的心血之作，画家拿出来参加"爱的呼唤"爱心义捐公益活动，所得用以救助贫困失学儿童。周先生为美术界树立了崇高的道德标杆。

画家王文印，河南南阳人，是黄陂的女婿。现为湖北大学艺术系副教授，主要从事素描教学与中国画创作研究，对中西方文化有较深理解。2013年9月应塞中友好协会"东方之家"邀请，由"东方之家"和贝尔格莱德沃日多瓦茨区政府联合主办的王文印工笔虎画展在欧洲举办。其作品被贝尔格莱德沃日多瓦茨区政府收藏。

画家宁洪汉，满族，爱新觉罗后裔。1960年生于辽宁省北镇县，现定居滠口。擅长花鸟画，并将西洋画艳丽的色彩同中国水墨相结合，形成独特风格。他自幼热爱绘画，1981年入西安美术学院学习，毕业后，供职于长航系统。山水画得到岭南派画家陈志宏先生指导。现为长江书画院副院长。

成林，1954年生，湖北通山人，现居黄陂。工山水画。私淑李可染先生，进修于中央美术学院，师从可染之子李小可。所作国画，继承了李派山水的独特风格，以墨为主，将光引入画面；尤其善于表现山林晨夕间的逆光效果，使作品整体单纯而内中丰富，浓重浑厚，深邃茂密，苍茫大气。

五

黄陂第一个美术社团，是1987年成立的黄陂县书法协会。由陈忠德先生担任主席，陈熙、周云生等担任副主席。这是一个集聚了诗、书、画、印多方面人才的民间社团组织。李伟的篆刻，李士一、喻建华、胡剑鸣等人的绘画，陈忠德、周云生、陈熙、李建国、梅刚策、李明芳、魏家浩、卢敏等人的书法作品，经常在省市获奖。

1998 年 9 月黄陂撤县设区，黄陂区书画事业得到了武汉市书法家协会和美术家协会的大力支持，得到了区委、区政府的高度重视。黄陂涌现了一大批优秀书画家，如周云生、陈忠德、孟明、胡剑鸣、喻建华、李青宽、王新建、王四新、刘修福、郑承银、詹必胜、肖春所、徐春林、徐端初、杜二凡、胡培青等。

2006 年 11 月，经区委宣传部批准，区文联发文，将"黄陂县书法协会"更名为"黄陂区书画家协会"，标志着黄陂的书法家和画家们有了自己的新家，共同拥有了一个交流、学习、提高、展示的舞台。

为了更好地推介、宣传黄陂的书画家和黄陂的书画事业成就，区书画家协会与区诗词学会联合创办季刊《黄陂诗联》，开辟书法美术专栏"黄陂书画"，每期推介一名黄陂书法家或画家的作品。

区老年书画研究会以老年大学为阵地，以老年书画爱好者为主体，开展各种书画活动。2021 年举办了《百年辉煌》——纪念中国共产党成立一百周年黄陂区老年书画作品展览，并编印作品集 1000 套，免费发放给书画爱好者和街、乡（场）老年大学书画班，效果良好。詹必胜、陈家仪、陈方瞿、陈福林、徐端初、夏红、杨利华、万静平、王治平、吴传富等老同志，老而弥坚，精心翰墨，勤耕不辍，为年轻人做出了表率。

2015 年，在著名书画篆刻家杨坤秉先生倡议、组织下，成立了木兰印社。社员以黄陂籍篆刻爱好者为主体，这是黄陂本土成立的第一家也是目前唯一一家专业篆刻社团。

区书画家协会还请西泠印社社员、中国艺术研究院研究员戴武先生来陂，亲授篆刻技法；先后请著名书画家汤普汉、柳长忠、徐谷春、易新生等来陂举办笔会，与本地书画家交流、创作。

湖北省硬笔书法家协会主席柳长忠先生，是黄陂木兰乡人。为惠及乡梓，2020 年在黄陂开办"柳长忠书法高研班"，为期 3 年，每周从武昌赶来黄陂前川授课，受益者众。

区书画家协会还成立了盘龙城、李集、滠口、前川、天河等分会，不断培养和吸纳书画新秀为协会会员。目前黄陂区共有中美协会员 2 人，中书协会员 3 人，省美协会员 7 人，市美协会员 18 人；各种书画培训学校 30 多家；区协力书画院、盘龙书画协会、木兰书画院、武汉地书协会黄陂分会、盘龙城书画院、汉根书画院等社团相继成立，黄陂成为名副其实的书画大区。

市书协、美协对黄陂书画家协会给予了高度关注。武汉书法家协会瞿忠谋、李安勋、周军、褚群杰、袁永安等领导、名家，多次来黄陂调研、指导工作。书法方面，涂光超、傅春奇、王永康等 7 人当选武汉书法家协会第五届理事；美术方面，吴高平获 2016 年度、刘涛获 2017 年度武汉市文艺创作"黄鹤奖"；刘涛、郝正江、刘锦油画入选武汉市美术年展。

在黄陂，区老领导及区政协、文联领导同志，时刻关心支持"书画新军"的成长。周云生、陈忠德、李士一、胡剑鸣等先生作为本土书画界的老前辈，过去是黄陂书画界的拓荒人，为书画家协会的成立及组织、壮大，筚路蓝缕，不辞艰辛；如今又提携后进，不遗余力。区老年书画研究会陈家仪、陈方瞿、徐端初先生，一中老校长黄绪意先生，以及已故的王士毅、王四新先生等，也为黄陂书画新人的培养贡献了力量。

六

黄陂区书画家协会现任主席曾宪国，长期从事书画创作、经营，可谓草根职业书画家。他书法取法北碑，饶富金石趣味；中国画人物、花鸟、山水均有涉猎，能创作巨幅大画，又能精制扇面小品；还兼善篆刻，是一位艺术修养比较全面的领头人。

李清、杨春翠、齐玉华等分别赴湖北省国画院、清华美院高研班进修，并多次参加了省国画院主办的画展。李清善画荷，杨春翠长于山水，齐玉华钟情藏獒，各有所长。

彭文斌是"帖学"派，善楷书、行草，于欧阳询、褚遂良及米芾法帖用功尤勤。小楷出自钟太傅，深得晋人神韵。近年致力大草，兼擅诗词。

张险峰是"碑学"代表，受乃父张恭华先生影响，自幼致力北碑，且对以碑入行，正做有益的探索。

孙谦专攻何绍基行书，所作凝重朴厚，作品入选全国第二届行书展，并多次参加省市级专业展览。

梅练、陈春莲是黄陂为数不多的篆刻家之一。梅练字复之，善隶书，多参简意，与篆刻家陈春莲同为大家韩天衡先生弟子。

程浩华长于行草、隶书，软、硬笔书法教学经验丰富，又善于总结，理论知识比较完备。

王永康是"90 后"，盘龙城书画院院长。少年时代即代表黄陂赴台湾参加书法交流活动；近年研习《张迁碑》《怀素自序帖》，用功甚勤。

阮成风、李龙分别工山水、花鸟画。阮成风的山水画取景本地资源，黄陂的山山水水、民俗风情，在他笔下尤为亲切；李龙所画竹、梅、花鸟，取法高古，格调不俗。

王小明致力二王小草，作品清新雅致。近年创办书法学校，为黄陂培养了一大批少儿书法爱好者；作品获 2017 年武汉市文艺创作"黄鹤奖"。

黄利华、付春奇的书法作品给人以美的享受。殷玮峰和刘绍勇既善书法，又勤于思考，每有惊人之见。遗憾的是不曾诉诸文字，否则可以弥补黄陂书法理论之缺。

刘涛、杨辉等擅长油画。刘涛的写实油画与杨辉的风景、静物油画，水平不俗。他们常与毛宗泽、王心耀等先生交流，多有所得。

黄陂职业技术学校刘伟平书记担纲的"刘伟平名师工作室"，集聚一批书画英才于麾下，举办了"刘伟平水彩画展""师生联展"、送春联下乡等系列活动。

工作室成员王学文老师，江汉大学美术系毕业，擅长画马，人称"王大马"；其山水、花鸟小品意境隽永。吴高平书法长于篆隶，于石鼓文用功甚勤；中国画工山水、花鸟，中锋用笔，气韵生动。作品获 2016 年度武汉市文艺创作"黄鹤奖"。王景书精小楷、今草，画擅花鸟，饶富雅趣；勤于读书，每有所得则诉诸笔端，多有论文见诸专业报刊。中国书法家协会会员。

区协力书画院、盘龙书画协会、武汉地书协会黄陂分会、盘龙城书画院、汉根书画院等社团，也团结了诸如李青宽、李松、刘东胜、姚峰、彭慧川、王旭明、黄建国、刘飞、吴元林、胡元英、刘小平、罗佩林、贾立敏、陈俊荣等一批书画家和书画爱好者。区第六中学美术教师群体，以黄德君、张柳、郝菲、彭慧川为代表，教学之余，也致力于油画创作，收获颇丰。

七

黄陂是新兴的现代化城区，更是文化大区、书画大区。一座城市留给后人的，光有钢筋水泥筑成的高楼大厦是不够的。以农民泥塑为发端，黄陂书法、美术家从自发的个体创作，到文联组织成立后，在党的职能部门领导、组织下，开展创作、交流活动，促进了黄陂书法美术事业日益繁荣。这充分彰显了改革开放40 年来，尤其是黄陂撤县建区 20 多年来，黄陂经济社会各项事业取得的巨大成就。

（胡炳基　傅春奇）

奔跑的黄陂作家群

黄陂有着深厚的文化底蕴。中国最早的诗歌总集《诗经》《召南·甘棠》就是楚地民歌。甘棠即为黄陂甘棠铺，甘棠铺驿站古为召南之地，这大概是有文字记载以来黄陂最早的诗歌地理。还有，家喻户晓的《木兰辞》是木兰文化的源头，其字里行间流淌着的是民族之魂、文化之魂。《千家诗》是唐宋诗歌最重要的一个选本，它的第一首《春日偶成》同样脍炙人口："云淡风轻近午天，傍花随柳过前川，时人不知余心乐，将为偷闲学少年。"作者是"二程"之一的程颢。"二程"小时候生活在前川程家坊，前川街以及双凤亭等由此得名。实际上，由"二程"奠基的程朱理学被当代西方学者称为新儒学，作为两宋庙堂之上的官学，从意识形态上照耀中国 800 年。这些构成了黄陂宝贵的文化遗产和文学遗产。

一、黄陂文学的深空巨星辉煌

黄陂文学深空的巨星辉煌，他们不只是属于黄陂这个地域，而且属于他们所处的那个时代。

近现代文学中，李劼人（1891~1962）是中国具有世界影响的文学大师之一，也是中国现代重要的法国文学翻译家。他祖籍黄陂，生长在成都。1912 年到 1918 年写有短篇小说百多篇，1923 年 3 月中篇小说《同情》由中华书局出版，后写有长篇小说《死水微澜》《暴风雨前》《大波》《天魔舞》等。解放初他曾任成都市副市长、四川省文联副主席等职。

武汉现代文学中，启蒙和救亡一直是最高亢最嘹亮的主旋律。抗战爆发，武汉又一次成为政治风云聚汇的阵地。抗敌救亡文化热潮与文学运动以罕见的声势在武汉蓬勃兴起，中华全国文艺界协会在武汉成立。七月诗派燃起战火。曾卓（1922~2002），原名曾庆冠，他和绿原是抗日救亡浪潮中成长起来的一代诗人，是新诗史上著名的七月派诗歌后期重要的诗人。曾任《长江日报》副社长、武汉市文联副主席、中国作协理事、湖北省作协副主席等职。他出版有诗集《门》

《悬崖边的树》《老水手之歌》《曾卓抒情诗选》；散文集《美的寻求者》《让火燃着》《听笛人手记》等。作为归来诗人的曾卓，在重回文坛的新时期写出了许多激情澎湃、感人至深的作品。他的诗集《老水手的歌》，散文集《听笛人手记》在全国获奖，和徐迟、姚雪垠等人一起，为武汉文学奠定了坚实的基础。在湖北，他不仅有着崇高的诗歌地位，而且对整个当代湖北文坛诗坛几代人有着深刻的影响。

绿原（1922～2009），原名刘仁甫，又名刘半九。早期诗歌梦话迷离，中期悲愤激情，晚期沉郁厚重。其一生诗风几次转变中都有若隐若现的宗教色彩。在诗人最不幸之时，他写出了具有永恒价值的诗歌。他是跨越了中国现代、当代两个文学史阶段的诗人，是独具特色和魅力的翻译家，也是老评论家和编辑家。他把战斗的情思与艺术的独创性结合起来，把深厚的民族文化积淀与西方诗歌的现代手法结合起来，在中国的新诗发展史上写下了重要的一页。他出版有诗集《人之诗》《另一支歌》等，曾担任中国诗歌学会副会长。1987 年获全国第 3 届优秀新诗奖，1998 年获马其顿第 37 届斯特鲁加国际诗歌节金环奖、鲁迅文学奖优秀文学翻译彩虹奖、国际华文诗人笔会“中国当代诗魂金奖”、首届“中坤国际诗歌翻译奖”等。这些奖项在诗歌评价体系中都是最为重量级的。其他作品还有：诗话集《葱与蜜》，散文集《离魂草》《非花非雾集》等；翻译作品《叔本华散文集》《黑格尔小传》和《德国浪漫派》等。

彭邦桢，1919 年出生，曾任美国世界诗人资料中心主席，享誉华文文坛诗坛，一首《月之故乡》脍炙人口，唱遍华夏大地。著有诗集《恋歌选集》《花叶》《十二个象征》《彭邦桢自选集》《诗玫瑰的园丁》《清高三韵》《短诗选集》之一、之二；散文集《情感散记》《虚我和自我》；诗歌专论《诗的鉴赏》等。出版文集一至四卷。

伍禾，原名胡德辉。从 1933 年起，先后在上海《申报·自由谈》及武汉各报刊上发表作品，有诗集《梦之歌》。1940 年初，被选为中华全国文艺界抗敌协会桂林分会理事。在《抗战文艺》《文艺生活》及当地报纸副刊上发表作品，出版了短诗集《寒伧的歌》、长叙事诗《箫》；并和桂林的诗人、作家出版了《二十九人自选集》。1946 年 8 月，接编《新湖北日报》副刊《长江》，并担任副刊编辑室主任。1950 年起，担任湖北省文联副主席并兼任《湖北文艺》主编。1953 年担任湖北省文化局副局长、湖北省政协委员、武汉市第三届人民代表。1954 年由中央人民政府政务院任命为湖北省人民政府文化教育委员会委员。

作为政治文化人物的胡秋原，不顾李登辉等人的阻挠，毅然与邓小平、李先念、邓颖超等会晤共商国家统一大业，堪称两岸破冰第一人。他在文学上的造诣同样高深，他关于文学的创造、民族文学的世界性的系列文章有着开阔的视野和深刻的思考，至今都能够给人深深的启迪。

二、黄陂文学的近空群星闪耀

涂光群，笔名伍宇、弦柱，湖北黄陂人。历任《体育报》副刊组长，《人民文学》杂志小说、散文组副组长及小说组长、编辑部副主任，中国作家协会创研室副研究员，文化艺术出版社作品编辑部主任，传记文学杂志社主编、社长、编审，《百年潮》杂志编委。1949 年开始发表作品，1962 年加入中国作家协会，1996 年离休。

汤保华，湖北黄陂人。中共党员。曾赴贵州农村插队务农，后历任电机厂工人，《贵阳晚报》工作人员、副刊部副主任。著有长篇小说《蓝十字》，中短篇小说集《活灵魂》，中篇小说《情感分析》《蒲公英》等。

赵金禾，湖北黄陂人。安陆市文联名誉主席，1991 年中篇小说《文运》在《清明》杂志上发表，1996 年中篇小说《学习》在《人民文学》第三期头条刊出，在文坛赢得了很高的评价。那一年他共创作了 11 个中篇小说，两篇在《人民文学》发表，那是惊世骇俗的喷发，也奠定了他在文坛上的地位。他是在中国各重要文学期刊上发表 50 多篇中篇小说的实力作家。

汪洋，本名喻德海，生于 1938 年。中国作家协会会员，文创一级专业作家，曾任湖北省作家协会理事、《长江文艺》杂志社社长兼主编，是校园文学的拓荒者。主要作品有小说集《樱花雨》《花瓶人像图》，长篇小说《无爱的情歌》，中篇小说《红烛》《爱情不是比翼鸟》等 10 余部。1995 年被授予湖北省有突出贡献中青年专家。

周昉，曾任《长江文艺》副主编、编审，湖北省文学院常务副院长，著有小说《沈百通正名记》《胡家坡》《难还的情债》等。

钟生彪，曾任中国化工文联小说分会会长。著有小说、散文集多部，中篇小说《春潮》获得第三届楚天文艺奖，《九曲人生》获得第四届楚天文艺奖。

李未熟，曾任长江日报主任记者，发表散文、杂文、随笔 100 余万字。

傅炳业，曾任洪山区文化局局长、文联主席，发表文字约 300 万字。

黄陂本地作家中，胡炳基是黄陂区正区级干部，退休之后进行文学创作，是中国报告文学学会会员、湖北省作协会员、武汉作协会员。

曾在《中国社会报》发表《中国社会养老制度的现状与思考》，在《党政干部论坛》上发表《改革开放时期的民政工作》，在《楚天文学》上发表散文《浓浓的黎黄陂情结》《故乡情》，在《当代老年》上发表报告文学《独臂青年王雄》，在《长江日报》发表散文《磕磕绊绊走来的母亲》《划过时空的闪电》《大陂村走笔》，在《武汉作家》上发表《木兰湖往事》等散文10余篇。已出版《情溢黄陂》、散文集《黄陂地名趣谈》，主编《快乐驿站》（上下册，100万字）、《古月堂雅藏书画集》《快乐驿站·康乐门球书画集》（武汉出版社出版）、《黄陂地名趣谈·书画作品选集》（湖北书画苑出版）。编、执笔《黄陂社区要览》。目前正在创作《黄陂风云人物录》《带你走近黄陂风流人物》等两部报告文学。

《情溢黄陂》是一部60万字的回忆录式的自传，是对自己半生经历的回顾、总结、反思和省察。其中有不少独家、独有的历史叙述。那实际上呼应了一段时间以来口述实录史的写作风潮，是另一种非虚构，具有抢救历史、保留史实的意味和价值。其文字时而简单朴实，时而顿挫沉郁，时而幽默佻达，不规避对于平庸琐细的如实呈现，却能于平静处起波澜，有灵魂步入自由之境时才可抵达的自如潇洒。

《黄陂地名趣谈》分10个部分，分别是导言、黄陂街道、黄陂地名近镜头、黄陂地名的文化名片、黄陂地名中的人物、创新百业与黄陂地名、包罗万象的黄陂地名、妙趣横生的黄陂地名、黄陂地名杂谈和附录。此书本着史料性、知识性、趣味性、可读性于一体，试图通过书中的黄陂地名和地名素材，使本书成为了解黄陂、认识黄陂、熟悉黄陂的一个窗口和工具，成为想游览黄陂、熟悉黄陂人的指南，成为缓解身在异乡、情系故里的黄陂人乡愁的良药。

吴方法，黄陂区老年大学原校长。著有《走进台湾》《双凤亭诗词集》，主编《三庆集》等。

周大望，中国作家协会会员，曾任武汉市黄陂区文学艺术界联合会第一、二、三届主席。主要作品有：散文集《木兰烽火》《木兰山和将军们的传说》，长篇历史小说《花木兰传奇》，诗歌集《绿色的希望》，报告文学集《天下陂商》等10多部。2008年由武汉出版社出版《周大望文集》，作品总量300多万字。2008年拍摄电影《烽火木兰山》。2007年被武汉作家协会授予"具有突出贡献作家"称号，并进入纪念武汉作协成立60周年作家方阵。2010年收入湖北省作家词典并编入《文字鄂军》丛书。

魏益想，创作了《勤俭歌》《胡萝卜顶》《讲礼貌》《合作》《追报表》等作品。

张品正，曾在黄陂教育局教研室、区一中、区史志办工作。系省、市作家协会会员，曾担任黄陂区作家协会主席。著有散文集《教育感言》，散文结集《驼行岁月》《辙印》等。

丁华秋，湖北省作协会员，黄陂区文联、作协副主席，黄陂区"二程"文化研究会会长，《黄陂春秋》主编，《双凤诗刊》主编。作品发表在《中国现代诗歌选》《知音》《芳草》《长江日报》等报刊。曾获市作协、省妇联征文大赛一等奖。小说《青青女儿树》列入武汉作家书库。

杜有源，湖北省作协会员、黄陂区作家协会副主席、黄陂区木兰文化研究会会长。他是民间文学的专家，为国家非物质文化遗产《木兰传说》代表性传承人。迄今发表各类文艺作品百余万字。代表作有《西陵轶事》《西陵旧事》《西陵往事》等。主编出版了《木兰生态旅游区》《木兰文化》《荆楚瑶池——木兰天池》等书。省市等10多家媒体曾先后多次做过专题采访报道。

黄绪意，曾经是《黄陂教育》和《蓝烛光》杂志执行主编。著作品集有《十七八岁有道坎》《黄陂木兰文化史》《符之号——教育与文学对话》，长篇小说《上古山，下古山》。

《符之号》是一部用心谛听和倾诉、用生命情感游走的文集。黄绪意沉浸在自己精神世界的思索体验里，沉浸在他所能看到的世界里思索体验……多重的世界构成了他的文字的多重维度，多思的文字在他的文集里释放传达着缕缕芳香。

陈塬乐，湖北省作协会员，曾任黄陂区教育局纪委书记，著有《丝茅草集》。这本书是他生命的呈现：像一缕光，穿过钻石，向各个不同的方向折射，呈现不同的面，立体的，不同的角色。他作为父母之子、故乡之子、文学之子，以公务员、作家、游客等身份，一篇篇、一首首地，用论文的正楷，用报告文学的工笔，用随笔的行书，用旧诗的篆刻，用新诗的写意，写下生活、生命，用朴素的真性情把自己说出来。

明德运，湖北省作家协会会员，木兰文化研究会原会长。出版长篇著作8部，发表中短篇小说、散文、曲艺等多篇，著有《中国民间彩词》1~8卷，被称为"中国民间彩词第一人"。他的小说集《家园何处》，为读者倾力营造着这种当代大学毕业生的美好理想与情操和现实世界中村民世界的矛盾丛生、环境恶化形成强烈的冲击这一矛盾磁场，让主人公理想的潮汐不断荡漾，逼近又远去，他让我们在一个饱满的语境里充分品尝到心灵的痛苦带给作者的心理冲击和灵魂无语。

傅博，黄陂一中退休教师。曾在《中国教育报》《语文学习》《芳草》《芳草·潮》《中国校园文学》《短篇小说》《小溪流》上发表文艺随笔、短篇小说和童话。其中《城里的猫》被收入《2010中国短篇小说年选》。2017年春，傅博的短篇小说《清明时节雨》参加中国文化基金会主办的"清明主题征文有奖大赛"获二等奖。

裴高才，传记作家，文化学者，中国作协会员。其代表作《无陂不成镇》《程颢程颐传》《田长霖新传》《首义大都督黎元洪》等。

王楚恩，1964年开始业余写作，曾先后在县、地、省乃至国家级报刊、杂志上发表文艺作品200余篇（首）。群文馆员职称，系武汉市群文学会首批会员。

1985 年抽调参加编纂《黄陂县志》，主要承担方言章的撰稿任务，其成果受到市志办专家的充分肯定。从此长达 30 年潜心从事黄陂方言的系统学术探讨与挖掘整理，已出版《黄陂方言》。

彭锡坤，1972 年在黄陂县胜天二队（张家冲）工作组时，从该队的一次私分集体粮食事件中找到灵感，写出了《丰收场上》（李和发演唱）。80 年代，他在彭岗乡当党委书记时又创作了《丰收场上》续篇（张明智演唱）。《丰收场上》是其成名作，从中可感受当年农民社员战天斗地、夺取丰收的精神以及丰收场上的喜悦气氛。

李忠洲，曾被评为"武汉市第七届劳动模范""全国优秀教师"，在各级报刊发表教育教学论文 400 余篇，汇编成《教海探航》论文集 1～3 册，计 120 余万言，与友人合作撰写并出版有关语文教学理论书籍 15 册。自 2000 年以来，先后出版《教海拾遗》《教海拾贝》《教海拾趣》《教海拾珍》《"二程"语录新解》专著 5 部，累计近百万字。先后在《湖北日报》《长江日报》《湖北农民报》等报刊发表文学作品。

潘安兴，湖北黄陂人。当年老三届，经历知青上山下乡，招工进厂，下岗打工，应聘政府机关工作。中华诗词学会、中国楹联学会、武汉作家协会会员。主编有《木兰山诗词集》等书。《钰山赋》曾获全国大赛二等奖。代表作《中华大家庭赋》。

黎世炎，1938 年生，湖南长沙人。在黄陂生活工作 40 多年。著有《城市记忆》《守住黄陂老房子》等书。

三、近 10 年涌现的作家群像

近 10 年来，以"黄陂文化现象"为代表的基层文艺创作是湖北省文学发展繁荣的一个重要特征。早在 2010 年，湖北省作协、市作协的领导和《长江文艺》主编参加了在黄陂举办的《推介黄陂青年作家，构建黄陂文学高地》研讨会，这是对以喻之之为代表的 18 位黄陂青年作家群体创作的一次鼓励和检阅，它预示着一种可能性。其中，许多作家的作品表现出浓郁的乡土特色、深厚的人文关怀和悲悯情怀。黄陂作家群体不断奔跑，为文学鄂军增添了一道亮丽的风景。

喻之之，本名喻进，中国作家协会会员，武汉作家协会副主席，黄陂区文联、区作协原主席，鲁迅文学院第 32 届高级研修班学员。已在《中国作家》《长江文艺》《文学界》《芳草》等全国各大核心文学期刊发表小说数十万字。出版有中短篇小说集《十一分爱》（中国作协"21 世纪文学之星丛书"）、《迷失的夏天》《白露行》。曾获湖北省第九届屈原文艺奖"优秀作品奖"、第 23 届"东丽杯"全国梁斌小说奖、第三届"延安文学奖"等。她是湖北省"80后"作家中的代表性人物之一。

在小说文本中，喻之之敏锐而深刻地揭示了人物内心的冲突和生存困境，同时尽可能搜寻着人类走向彼岸的灵魂通道。她将目光和思绪始终放在人类社会的现代进程与精神难点上，努力发现并诠释其中的困惑，试图将爱情、生命的价值，整合为体现辩证、深刻与成熟的精神气场。她的作品里充斥着激情与道德、善与恶、神圣与亵渎的对立，也表现出对欲望的宽容态度，不仅蕴含着鲜活的都市气息、真挚的生活体验、细腻的情感倾诉，在猛烈的背后也不乏敏感的女性视角和细腻的感知方式；而且语言清新流畅，自然率真，洋溢着独特的艺术魅力和鲜明的叙事个性。

任茂华，湖北省作家协会会员，2016年度武汉市挂职作家、黄陂区文联主席、盘龙文化研究会创会会长。出版长篇小说《海阔天空》。在《长江日报》《芳草·潮》《湖南文学》《中国乡土作家作品选》《江城财苑》《诗画黄陂》等报纸杂志上发表文章。

她是一位充满悲悯情怀、充满温情和爱心的作家。小说集《海阔天空》是由她构建的一个喷射着悲悯情怀和温情、爱心光芒的文学世界。她写的都是现实生活中的底层人物，完全遵循着自己的世界观来观察和体验世界，用自己的悲悯情怀、用自己的温情和爱心接近普通人的内心，她乐与普通人交流，在交流中又表达着深深的人文关怀和爱意。文字是灵魂的舞蹈，写作即是灵魂的行走，文字让灵魂飞扬，文字随灵魂飞扬，文字的姿态就是灵魂的姿态。任茂华背负着孤独与寂寞，在尘土飞扬的红尘为灵魂而活着，为灵魂而写作。

邓运华，湖北省作协会员，武汉市作协签约作家，《人文前川》执行主编，黄陂区文联、作协副主席。有散文随笔数十万字散见于国内外上百家报纸副刊和杂志，曾为多家报刊撰写专栏，多篇文章获奖或被选编入书。他历时半年完成长篇小说《疤痕》的创作，成为新浪网签约作家，后部分被《芳草》杂志转载。长篇小说《疤痕》展现的是变革时代与小人物的众生画卷，让我们直视生存和人性。另外，他还在《长江文艺》《四川文学》《湖南文学》等省级纯文学刊物上发表《除夕之夜》《和尚班纪事》《幺三九》等短篇小说。

宋海东，湖北省作协会员、安徽省张恨水研究会理事。发表各类文学作品300余篇，有120万字的作品正式出版。多部小说和人物传记作品被《新民晚报》《三晋都市报》《长江日报》《藏书报》《侨报》（美国）等报刊连载。他是最有专业精神的非专业张恨水研究者。比如在写作《张恨水情归何处》这部仅200多页的专著时，他参考了不下6000万字的原始资料，查阅了20余种民国时期的报刊，拜访张恨水的十几位家人、乡邻及其研究者，实地访问了他生活过的一个个地方，得到大量的第一手资料和照片，书中绝大部分内容在已出版的诸多张恨水传记中尚无法寻觅踪迹。

李永芬，湖北省作协会员、武汉作协签约作家、黄陂区作协副主席。在《中国作家》《湖南文学》《芳草》《芳草·潮》等杂志发表小说和散文。出版散文集《沉默的世界》《黄陂春秋》（文化卷），长篇报告文学《牛人范犇》，漫画书《姚家山村传奇》，合著人物传记3部。

她以个人的发现、见地、独特的思考角度，呈现一种被忽略的经验，乃至尝试一种新的文体操作，展示极其丰富绚丽的主体感觉世界，以自信的姿态捍卫着一种独立的精神价值原则，又用独立的方式表达着自己的精神文化哲学。在迷失方向感的时代，她在干净纯粹、充满迷人色彩的文本世界中，传达出对于人生和生存的终极关怀，写出了自己的气度和风范，构建了一种属于自己的文字世界。她对于自然、社会和历史题材的把握宏大缜密，文笔如行云流水，尤其是那种包含强烈民族心灵叩寻的精神招魂，读来令人肃然动容。她在被历史遮蔽的和时间隐藏的巨大空间中穿梭，写下了大量民族认同和精神传统上不可复制的美文。她的小说具有很高的辨识度和精准的感觉、思辨和分析的能力。

彭丽丽，湖北省作协会员，武汉作协签约作家。在《中国作家》《芳草》《湖南文学》《湖北文化》《湖北日报》《江河文学》《辽河》上发表小说散文十几万字。

她是一位具有世俗情怀的作家，真切而敏感地描述社会问题，并对人心有着深度的洞察。她以风和日丽的韧性、风调雨顺的恬然，穿越着乡村的日常，穿越着许许多多乡村人得以生存的时空和精神世界，呈现"城乡镜像"的横断面，从而有力而智慧地呈现单调的乡村日常中的丰厚和复杂。

张萍，"70后"生人，文字散见于《莫愁智慧女人》《星星诗刊》《厦门日报》《幸福悦读》《黄冈日报》副刊等。参与编纂《无陂不成镇》《天南海北黄陂人》，出版散文集《与你同行》。

陈矜，中学高级教师、学科带头人，现为湖北美术发展研究会会员，武汉作协会员，区艺术教育年会副会长。曾出版过《黄陂通史》（上下卷）、《木兰文化史》《黄陂文化》《黄陂红色文化》等专著，出版过散文集《空山横笛》。

程远志，武汉大学文学硕士，现在武汉黄陂六中任教。爱好写作，曾在《厦门文学》《安徽文学》《芳草》等刊物上发表作品。

宋志琼，武汉市作协会员。作品散见于《芳草》《黄陂文学精品选》《黄陂文艺》等书刊，现为横店中学代课教师。

李玉洁，武汉作协会员、武汉市女子诗社社员、九三学社社员。有多篇散文和短篇小说发表于《武汉作家》《湖南散文》《西部》《儋州文艺》等刊物。

李志珍，武汉作协会员，中学语文高级教师。阅读广泛，笔耕不辍。近年有多篇散文、随笔见于区内各文学平台及期刊。

程竹怀，湖北省作协会员、《人文前川》杂志社副主编、黄陂区木兰文化研究会副会长。已出版论文集《教法学法大视野》。

赵冬，武汉作协会员，黄陂七中教师。散文发表在《湖北日报》《武汉作家》等报刊。她常说的一句话是：愿以语文的名义给生活写下一封封情书。

郭润泽，武汉作家协会会员。文学评论方面颇有建树，曾在报刊发表过多篇评论。

吴刚，武汉作协会员，王家河人。入伍后，在《新闻联播》《军事频道》《解放军报》《军营文化天地》《海军报》《当代海军》《海军学术研究》等媒体与报纸杂志发表新闻报道、论文、散文、诗歌、曲艺小品100多篇。

刘清旭，主编教学读物4部，参编教学读物10余部，在省级以上专业报纸杂志上发表教学研究文章60余篇，另有诗歌、散文、辞赋、评传等30余篇文章发表在各级各类刊物上。

笔耕不辍的还有汪广辉、吴恬、王桃杏、丁玲梅、徐华侨、朱芬等作家。

四、黄陂的新诗群体

黄陂有着悠远的诗歌传统。中国新诗也有着百年辉煌的历史。新时期的黄陂同样有着一批热爱新诗的人群，他们像上帝那样思考，像市民一样生活。

20世纪80年代初，魏云乔在《长江文艺》《芳草》《湖北日报》《长江日报》《解放军报》《人民日报》等报刊发表过一些具有较高水准的诗歌和散文。在这之后，他又先后出版了4部诗集和2部论文集。他作品中所呈现出来的少有的质朴、真诚以及"草根"情怀，如山溪般清亮地潺潺流淌，充满诗情画意与哲思。魏云乔散文的诗化意韵，是通过对历史、对自然、对人生的关注，并使之形象化、情绪化且场景化、细节化的书写所经营出来的。中国散文是从最具中国文学传统的史和诗中生长出来的，魏云乔的散文也承继了这一传统。在他的大部分散文中，史，也就是叙事，不管是过去的还是现在的人与事，都与诗相互交织相互渗透且相得益彰。于是，他的散文，不管是记游、感时、咏物，也就常常呈现了一种叙事性风格，叙事在他的散文中，成为一种坚实平整的土地，生长着诗的意蕴和意象，也生长着思想、哲理。

"诗中有画，画事有诗""一切景语皆情语，一切情语皆景语"，是魏云乔散文所追求的一种境界。魏云乔的散文还流淌着一种哲思美与形式美。哲思的深沉与浅显取决于作者的艺术气质和生活沉淀，形式的精美与粗糙取决于作者的创新意识和审美追求。

张隽，20世纪80年代某日，作为一名诗歌爱好者，他怀揣诗稿冒着暴雨拜访诗人曾卓。他说他一生都忘不了那个下午，曾经是那样的狂热，那样的单纯、虔诚，受益匪浅。1981年开始写诗，并在黄陂蔡家榨组建了"热风"文学社。出版有诗集《迷人的星空》《野菖蒲》等。他是新田园诗人，脱俗独立，浸染山水灵性。他的作品表达着沉静之物的灵性对人生的隐喻。他每年举办的曾卓诗词节、梅花诗会、春天诗会和月亮诗会是很有影响力的文化品牌。

李文浩，湖北作家协会会员、武汉作家协会挂职作家、黄陂作家协会原主席、黄陂区文联副主席。20世纪80年代开始文学创作，著有小说集《红伞》，散文集《梦的行走》《黄陂老手艺》，诗集《和水对视》等。

在《黄陂老手艺》中，他通过对童年和旧时代的回忆以及实地采访民间工匠艺人，心怀敬畏地做着"复活"老手艺各种独特工艺流程的工作，一边却在回味、享受、缅怀老手艺以及手艺人蕴藏的种种精彩。李文浩对家乡老手艺的热爱与眷恋，是乡愁守望的一种。"望得见山，看得见水，记得住乡愁"，在工业化、城镇化突飞猛进的时代，已成为一种社会理想。像李文浩这样扎根乡土的作家，记住乡愁，更成为一种天赋使命。这种使命最显著的特征就是：内生性。"抢救"或者"复活"民间老手艺，不是作家赶潮跟风的应景行为，而是他内心焦虑的应急反应。他不能坐视"承载着一个民族的智慧、追求和自强不息的精神，穿越千古的风尘，一步步地走来"的那些老手艺，永远消失在工业化、城镇化的狂热之中，永远消失在时间的烟尘之中。他深信，这些老手艺还能够"留住"，我们能够"让那些因为长期处于冷漠而渐失养分的民间艺术之花，重新吐露出生命的芬芳"。显然，这是一种文化的自信，也是一种文化的自觉。

任文胜，中国诗歌学会会员、中国电力作家协会会员、湖北省作家协会会员、武汉作协签约作家。鲁迅文学院第一届、第二届电力作家高研班学员。在参加的两届"鲁电"班中，他的诗歌作品分别获得了鲁迅文学奖的评委诗人王久辛和鲁迅文学奖评委、中国现代文学馆《中国现代文学研究丛刊》执行主编青年评论家李蔚超老师的高度评价。

其诗歌《夏天在蒸腾》获国家电网职工文学奖，《电网随想》获《星星》诗刊全国电力诗歌大赛优秀奖，《星光之城》登上武汉春晚。小说在《湖南文学》《脊梁》《芳草》《长江丛刊》等省级文学期刊发表。

陈觉，诗人。已发表诗歌、散文、评论近百篇（首），著有诗集《凝视与倾听》。他认为诗是一种安静的凝视和倾听，是语言与诗相互的寻找，是哲学的思辨、人心思索和对人生与世界的追问，他的某些篇章是他对世界的省察，有某种诡异而宿命的元素。

北夫，诗人。作品散见《诗刊》《诗潮》《星星》《诗选刊》《文学港》《延安文学》等一些大型期刊，有作品入选《中国年度诗歌》《中国诗歌年选》等，出版诗集《划痕》。

夏功，笔名夏代鹰。湖北省作协会员。作品散见《诗刊》《诗歌月刊》《湖北省邮电报·邮政专刊》《芳草·潮》《重庆政协报》《湖南文学》《幸福》《银河系》《嘉陵江》等报刊。有作品获全国诗歌大赛一、二等级奖或收入选本。著有诗集、长篇小说等，发表散文若干。

翟锦，70年代中期出生。湖北省作协会员、武汉作协签约作家。作品散见于《中国诗歌》《芳草·潮》《长江日报》《参花》等报刊。已出版长篇小说《花开的声音》，诗集《春天以北》。

她的长篇处女作《花开的声音》，让人感受到了青春美丽的疼痛但没有哀怨，感受到了青春的激情但却摒弃了浮躁，呈现给我们的是挣扎中的恬静与喧嚣后的释然。当然，这部长篇小说的意义不仅仅停留于此，它还具有独特的叙事方法和抒情方法，企图追求文体的创新与超越，营造出现实与虚幻相交叠的世界，为读者建造了一个充满激情、充满追求、充满爱与美的文本世界。

海沫，原名徐利，中国青年诗人协会签约诗人。曾任武汉市黄陂区木兰文化研究会副会长。著有诗集《季节之上》，作品偶有获奖，刊登于各类书籍、杂志、网站。

黄少林，武汉市作协会员。在《诗神》《散文诗》《芳草》《农村青年》《武汉作家》等杂志发表诗作。

胡少峰，90年代开始有作品发表于国内许多诗刊，曾获《中华文艺》2016年度诗歌奖，曾参加《诗刊》青春诗会。

罗树青，湖北省作家协会会员。在《芳草》《成才》《武汉作家》等多家刊物发表诗歌、散文及评论共500余首（篇）。有诗作获国家、省、市级奖项。出版诗集两部。他是一位草根诗人，始终与乡村土地相伴，将创作的根须插向泥土和农民心中。他一边劳作，一边记录着对土地、对村庄、对村民甚至对"黑牛"的深厚情谊，并用诗歌将自己对它们复杂的感情艺术呈现出来。

张传东，武汉作家协会会员、盘龙文化研究会副会长，出版诗集《行走的乡愁》。乡土的根性情怀使得张传东的诗歌呈现出对大地、乡土、自然和生命的敬畏，朝圣和卑微而感恩的情怀。他的诗歌内敛、透彻、澄明、坦然而真挚。同时具备两种不同的精神向度：迎拒与挽留、温暖与寒冷、现实与记忆、疼痛与慰藉。这一方面来自诗人对故乡生命履历的温暖而失落的感怀与记忆；另一方面则来自乡村和个体在强大的工业化、城市化的时代浪潮冲击下的剧烈阵痛，以及在现实生存的压力、时光的流逝和温润的农耕情怀丧失境遇下的分裂与伤痛。正是这种历史、生存和现实，在诗人的内心和背脊洒下了无尽的芒刺，而同时诗人仍然在此境遇下隐秘地爱着他的乡村、他的理想和他的诗行。

陂北，原名吴光红，中诗学会会员、中国乡土诗人协会常务理事。诗歌发表于《贵州文学》《水仙花诗刊》《诗林》《中华文学》《中国乡村》等。

刘峰，湖北省作协会员。作品发表在《湖北农民报》《长江文艺》《诗刊》《星星》《芳草》《意林原创》《海燕》《人民日报》《湖北日报》《长江日报》《天津日报》等报刊。散文《载不动如山父爱》《婆媳坟》已收入 40 多个不同版本初中语文课外教材。

肖笛，本名肖振华。诗作散见《中国诗歌网》《湖北诗歌》《山花》《百泉》《桂林文学》《五月》《湖北日报》《长江日报》《武汉青年报》《当代农民》等报纸杂志。《长征》组诗获"芳草杯"全国精短诗歌大赛优秀作品奖，《我是经理，我自信向黎明走去》获武汉首届青年诗歌大赛三等奖。

黄欢，诗人。2017 年开始文学创作。蜀江文学网第三届签约作家，《大西北诗人》编委成员。作品散见于《北方文学》《好日子》《华夏文明导报》《诗中国》《草根诗刊》《参花》《长江诗歌》《大西北诗人》等纸刊。另有诗歌收录于当代文学精品集《霜花》《中国青年新秀作家》《中国当代诗歌荟要》。

黄陂作家的创作实迹并不仅仅限于上述作家及作品。黄陂这片沃土有着深厚的文化底蕴和文学传统。近年来，黄陂文学呈现出了一些新的气象与活力。一些作家立足于时代，在各自的题材和领域有所发现和拓展，呈现可喜的面貌。黄陂作家群体在奔跑，他们不只是在黄陂奔跑，而是步伐更大、更稳健，是飞翔，在更加广阔而深邃的文学世界与星空。

（胡炳基　李永芬）

勇立时代潮头　彰显黄陂文学力量
——黄陂文学艺术界辉煌的 18 年

在黄陂区委、区政府和区委宣传部的正确领导下，上级宣传文化部门的亲切指导下，区文联认真履行联络、协调、指导、服务职能，充分发挥组织、引导、服务作用，带领各团体会员及全区广大文艺工作者，在促进文化大发展、大繁荣的实践中，大胆创新、阔步前行，在迎接挑战中砥砺奋进、蓄势勃发，文艺工作呈现出"百花齐放，繁荣昌盛"的景象，文艺活动蓬勃开展，文艺门类百花竞放，文艺精品群芳争妍，文艺队伍意气风发，文艺环境宽松和谐，成就了社会广泛认可的"黄陂文艺现象"，为促进黄陂文化大发展、大繁荣，加快建设文化强区做出了积极的贡献。

黄陂区文联成立于 2004 年 5 月 21 日，下设 14 家协会，近 2000 名会员，3 名中国作协会员，40 余名湖北省作协会员，40 余名武汉市作协会员。已出版长篇小说、传记文学近百部，散文集 51 部，诗词集 63 部，书画集 53 部。先后有 100 余件作品获全国、省、市奖项。其中，喻之之的中短篇小说集《十一分爱》获湖北省第九届"屈原文艺奖"；中篇小说《客居安》获第三届"延安文学奖"。电影《烽火木兰山》获华表奖；电影《信义兄弟》获中宣部"五个一"工程奖。区文联被省委宣传部、省文化厅、省文联授予"一县一品"文艺品牌创建先进单位。

《黄陂文艺》2004 年复刊以来，出版 169 期，同时其他刊物《黄陂诗联》《人文前川》《盘龙城》《木兰文化报》《木兰文化》等相继创刊出版。

2004 年 5 月，周大望当选黄陂区文联主席。2016 年 8 月，喻之之担任新一届黄陂区文联主席。2022 年 6 月，因工作调动，喻之之不再担任区文联主席。2022 年，任茂华当选黄陂区文联主席。

区文联团结了作家协会、木兰文化研究会、盘龙文化研究会、"二程"文化研究会、摄影家协会、书法家协会、曲艺协会、影像协会等团体众多文艺家和各届文艺爱好者，在盛世的洗礼中，涌现出一批全国知名的作家、诗人、艺术家等，他们紧跟时代的步伐，深入生活，奏响时代的旋律，创作出一系列优秀的作品，为黄陂文化的繁荣谱写了新的篇章。

健全文艺组织，聚集各路人才，促进文艺繁荣发展。文联姓"文"，天职就是一个"联"字，也就是要发挥协调服务职能，充分做好联络、协调、组织、服务的工作，加强全区各门类文艺社团的管理。文联下设有作家协会、木兰文化研究会、盘龙文化研究会、"二程"文化研究会、诗词楹联学会、书法家协会、老年书画研究会、摄影家协会、泥塑协会、曲艺家协会等14家团体会员。这些协会以文艺为纽带，既是一个人才荟萃的大团队，又在各自的职能中发挥自己的作用，使黄陂的文艺活动异彩纷呈，出现了光彩夺目的"黄陂文艺现象"。黄陂文联曾先后荣获"湖北省基层文联文艺活动先进单位"、武汉市"先进文艺社团""文学组织和创作活动先进单位""一县一品"文艺品牌创建先进单位等荣誉称号。

贴近现实，讴歌时代，文学创作硕果累累。已出版各类文学作品多部，已出版长篇小说和传记文学近百部，散文集51部，诗词集63部，书画集53部。出版了喻之之《十一分爱》《迷失的夏天》《白露行》，胡炳基《情溢黄陂》《黄陂地名趣谈》，周大望散文集《远去的村庄》，李文浩散文集《黄陂老手艺》，任茂华小说集《海阔天空》、散文集《湖光山色》，宋海东书话集《张恨水小说图志》，邓运华长篇小说《疤痕》，李永芬散文集《沉默的世界》《黄陂春秋》（文化卷）、长篇报告文学《牛人范犇》，翟锦长篇小说《花开的声音》、诗集《春天以北》，徐利诗集《季节之上》，张传东诗集《行走的乡愁》等多部作品集。明德运的《中国民间彩词大全》1~8卷，被有关专家定论为"开垦了我国彩词荒地，弥补了我国文学领域的一项空白"。

在区委宣传部的领导下，区文联策划并出版了《盛世丹青》书法卷、美术摄影卷两部画册，时间跨度大、包容面宽、信息量大、欣赏性强。还出版了《魅力木兰乡》专刊。木兰文化研究会编写了第二届《两岸木兰文化交流文集》，区书画家协会出版《光辉百年史·迈向新征程》书画作品集，区老年书画研究会出版了金秋书画作品集、《百年辉煌》作品集等。

打造黄陂作家群，构建文学高地。区文联凝神聚力，大力打造文艺队伍，构建创作平台，按照"出精品，出人才，出效益、出影响"的要求，创新体制，完善机制，开展创作采风、交流评奖、表彰等多种形式的活动，提升了文艺精品的原创能力。组建文学创作精英团队，形成黄陂文学现象新的高地。其中，喻之之在多家杂志发表多部中短篇小说，其中篇小说《客居安》获第三届"延安文学奖"；任文胜抒情长诗《夏天在蒸腾》获国家电网职工文学创作奖、湖北省电力公司文学创作诗歌一等奖。

黄陂作家以文化浓厚的本土作为起跳板，打造文学汉军中一流的青年作家群体。目前，黄陂青年作家中有中国作协会员 3 人，中国报告文学学会会员 1 名，中国诗歌学会会员 1 名，省作协会员近 40 人，市作协会员近 40 人。其中，武汉签约作家 7 人（喻之之、邓运华、李永芬、彭丽丽、翟锦、任文胜、周娟），省作协签约作家 1 人（喻之之）。

黄陂作家群体面对实际，贴近生活的文学创作风格，打造出的作品具有浓郁的乡土气息。

喻之之的小说《何不顺流而下》首发在《长江文艺》，被《小说选刊》转载并被收入孟繁华主编的《2021 年短篇小说年选》；短篇小说《四月的牙齿》发表在《长江文艺》杂志上并被《作品与争鸣》转载；任茂华小说《书香门第》发表在《湖南文学》上；邓运华短篇小说发表在《长江文艺》上；李永芬短篇小说《圈子》发表在《湖南文学》上；彭丽丽短篇小说《蓝桥》发表在《江河文学》上；任文胜短篇小说《在天空飞行》发表在《长江丛刊》上；宋海东在《书屋》《文汇报》《藏书报》等报刊发表多篇作品；胡炳基《划过时空的闪电》等多篇散文发表在《长江日报》上；丁华秋《走近双凤亭》发表在《武汉作家》上。魏云乔、杜有源、任茂华、李志珍、李玉洁等在全国报刊发表小说、散文、诗歌、报告文学等作品。胡中裕创作的曲艺联唱《百年丰碑》刊登在武汉学习强国。

黄陂作家群中多数人都有自己的工作岗位，他们用业余时间来从事文学创作，他们用执着和坚守默默地耕耘，文学是他们精神的灯塔，是他们永远的梦想。为了文学理想，这群人走到一起，相互烛照，营造一个地域作者群成长的良好氛围。

搭建多种平台，做好文艺阵地建设。加强培训与学习，贯彻落实习近平总书记文艺座谈会精神，提升自身素质，努力写出歌颂祖国、歌颂人民、歌颂改革的优秀作品。

走进红色革命摇篮木兰山，与木兰山风景管理处合作进行文学采风征文活动，在文联微信平台大力进行了宣传与推广，扩大了木兰山的美誉度。

举办"改革开放四十年""壮阔 70 年"征稿活动，宣传黄陂美丽乡村，精准扶贫，展现黄陂新面貌，宣讲红色文化。举办"木兰文化诗词、散文"有奖征文，"曾卓故里·花乡茶谷"诗文征集大赛。举办"庆祝建党 100 周年""魅力木兰乡"征文活动，共征集散文、诗词、报告文学、小说等作品 1000 多篇，并出版了《魅力木兰乡》专刊。

抓党史学习，宣讲百年党史中的黄陂元素。寻访红色革命遗址，开展红色文化进校园、社区、机关、农村等一系列专题活动。其中，以胡炳基为团长的"木兰红枫"宣讲团，宣讲了 100 多场，听众达 3 万人，其党课《中国共产党百年历史中的黄陂元素》参加武汉市开展的"百年党史·红色传承"评选活动，在

29000 多个党课中脱颖而出，荣获二等奖。邓运华圆满完成全国十大感动中国人物马旭夫妇报告会的撰稿工作。任文胜圆满完成武汉市委宣传部组织的第七届世界军人运动会百姓宣讲的撰稿工作。

喻之之参加中国鲁迅文学院第 32 届高研班学习；任文胜参加两届鲁迅文学院中国电力高研班学习；喻之之、邓运华、任茂华、李永芬、彭丽丽、翟锦、任文胜等作家多次参加武汉市长篇小说笔会。喻之之、邓运华、彭丽丽、任文胜先后参加武汉、长沙、南昌共同举办的"三江笔会"。

任茂华、李永芬、翟锦、王永康等在市委党校参加 2017 年武汉市文艺骨干和管理干部培训班。

喻之之成为武汉市青年联合会第十四届委员会委员，出席中国作家协会第十次全国代表大会。

区文联还积极组织文艺家和文艺志愿者投身文艺志愿服务行列，开展一系列文化志愿服务活动，极大地丰富了人民群众的精神文化生活。喻之之被评为湖北省第六届"最美文艺志愿者"，张号、吴健、任文胜先后被评为第一、二届武汉市优秀文艺志愿者。

在服务大局中，文艺作者也取得了卓越的成绩。第十二届中国重阳节书画展现场笔会，黄陂 2 人获金奖，一人获银奖；参加《襟江带湖——武汉洪湖两地书画展》，黄陂入选作品 5 幅；彭文斌、孙谦的书法作品入展第二届武汉青年书法篆刻展；湖北省委、卫健委等六部门举办的第十五届中老年人才艺大赛活动，詹必胜、徐端初、陈方矍的书法，李士一、卢美君的美术作品均入展并评为优秀作品。

近年来，文学艺术界各门类作品共有几十余件作品获全国、省、市奖项，黄陂区文艺工作在省、市乃至全国的影响力有了很大提高。

以人为本，发挥优势，围绕中心开展工作。文艺工作要围绕中心服务大局。近年来，我们服务区委中心工作，做到"四个围绕"，开展文艺创作和基层文艺活动，提出"开门搞文艺，社会办文化"的工作方针，使"政工、经济、文艺部门良性互协；社团，社区、社会三位一体"，以文艺、文化活动为纽带，多形式地开展文学艺术活动，为文化强区鼓实劲，也较好树立了自身形象。

1. 邀请王蒙先生在黄陂进行了一场题为"道通为一"的传统文化专题讲座。出席嘉宾有省、市、区领导，区委理论学习中心组成员，区文联会员，还有附近地市等地闻讯赶来的文学爱好者，共 400 多人参加了此次学习，大家近距离接触了大师。此次活动也为作家、艺术家们创造一个仰望高峰、学习高峰的机会，激发了大家的创作热情，掀起了一股学习的热潮。

2. 承办第十三届湖北·武汉台湾周两岸木兰文化交流会。来自海峡两岸 160

余人汇聚黄陂，共同研讨交流木兰文化，弘扬木兰精神。区委书记吴祖云出席交流研讨会并讲话。

3. 举办2016"魅力黄陂·生态木兰"全国摄影大展新闻发布会暨启动仪式。进一步宣传木兰生态旅游区的独特魅力，促进黄陂旅游事业大发展、大繁荣，提升黄陂的知名度和美誉度，将黄陂打造成全国旅游摄影胜地。

4. 在革命老区王家河街道举办武汉市签约作家挂职锻炼总结暨文联文学进校园活动。向王家河4所中小学校捐赠图书1500余册。

5. 组织近百名作家艺术家走进木兰花乡，举办"描绘新气象，百名作家艺术家点赞三乡工程"活动，创作出一批优秀作品。组织骨干作家与蔡甸区文联进行知音文化交流活动。

6. 在木兰水镇举办为期5天的"秋水木兰"小说笔会。特邀请省内知名作家、评论家来陂授课，并与本地作家进行小说创作交流和探讨，提升了本土原创水平，更好地扶持了文学新锐，加强了文学交流，为黄陂文学繁荣发展凝聚了新生力量。

7. 在映象桃源举办著名作家昌切教授文学讲座活动。

8. 开展读书会、座谈会、研讨会等各类活动。每年累计几十场。

区作协为缅怀诗人曾卓，传承诗歌精神，与蔡榨花乡茶谷联合举办多届"梅花诗会""春天诗会"，创办"曾卓诗歌节"品牌。为喜迎十九大，与省市作家协会在月亮湖生态园联合举办"第四届木兰诗歌节"。在李集中学举办"书香黄陂·墨香有我"读书分享会。在滠口小学举办"小作家"培训班，邀请了著名作家马竹讲座，捐赠图书300册。在区图书馆举办本土作家作品捐赠仪式暨座谈会。走进高校，举办李文浩《黄陂老手艺》作品研讨会。

区盘龙文化研究会走进三清书院举办"讴歌新时代·唱响主旋律"迎新春读书会。在职高举办"喜迎军运　盘龙悦读"文学讲座活动，并邀请上海同济大学喻大祥教授讲授《散文的创作》；举办"话盘龙·品书香"读书会等。在王家河长堰中学举办"走进新时代，共享读书乐"读书会活动，捐赠图书150册。

区木兰文化研究会在木兰云雾山举办"首届云雾山杜鹃花香·书香读书会"；在木兰乡塔耳中学举办"木兰情·迎军运"读书会；在长轩岭街"脉地花都"举行纪念"毛主席在延安文艺座谈会上的讲话"发表77周年文艺创作座谈会；举办木兰传说走进石门社区、木兰故里姚家集中学讲述活动；与木兰风景区服务中心联合举办2019年木兰文化研讨会。走进蔡家榨樟树湾村，举办"重温木兰家国情怀·助推乡村脱贫攻坚"为主旨的"木兰传说进乡村"活动。会长杜有源与黄陂电视台、学校合作，专题宣讲红色文化，传承红色精神，赋予了木兰精神的新内涵。

区"二程"文化研究会举办了"书香黄陂——致敬白衣天使·阅读《英雄城记》"读书会，举办黄陂孝感两地"二程"文化交流会，举办《弘扬抗疫精神·爱国奉献有我》主题活动。配合区文化馆和区电视台收集资料与实物，拍摄电视短片，积极做好演讲和传播等工作，完成第四批市级非物质文化遗产代表性项目《二程故事》向武汉市文化局的申报工作。接待世界程氏宗亲联谊会领导来黄陂，协调程道兴会长一行对相关"二程"文化遗迹的考察。参加湖北省第五届邮政精准扶贫（文化）产品展。具有"二程"文化内涵的文化产品，得到武汉市刘子清副市长的高度关注和鼓励。

区诗词楹联学会组织骨干会员到姚家山参与区非遗项目"黄陂歌谣"的传承与发展研讨会。

区京剧票友协会赴罗汉街香店村举办送戏曲下乡活动。

9. 举办"红色文艺轻骑兵"慰问贫困儿童活动。现场赠送了图书、书包、文具等用品。

10. 引进来与走出去，加强内外文化交流活动。

邀请《长江文艺》2019 年度改稿会来黄陂召开，喻之之、邓运华、李永芬、任文胜、吴恬、龚建成等参加了此次活动。通过学习，不仅提高了大家的理论水平、思想水平，更是开阔了眼界，拓宽了视野，促进了创作进步。

协助武汉市文联在黄陂区野村谷举办第十九届长篇小说笔会，武汉市文联党组书记、副主席李蓉等领导出席了开幕式。其中黄陂作家喻之之、邓运华、李永芬等参加了此次笔会。

组织骨干会员参加前任外交部部长李肇星来黄陂的讲座，参加著名作家晓苏在华中师范大学举办的新书《桂子山上的树》发布会，组织骨干会员参观李时珍纪念馆，并撰文交流。

11. 市文联党组书记李蓉一行赴黄陂区文联调研。就基层文联组织建设、文艺阵地建设和文艺精品创作等相关工作与黄陂作家艺术家进行了座谈交流，并对区文联及所属协会的工作给予了充分肯定。

12. 积极参与区委宣传部组织的"周三有约讲习汇"宣讲活动。多次参加黎元洪广场、黄陂广场、锦里沟、蔡榨街、滠口街、横店街等地的演出。特别是曲艺家协会多次参与省委组织部、市委宣传部、区委宣传部等单位的大型文艺汇演活动。

13. 区文联及所属各协会积极组织送春联下乡活动。多次走进王家河街、罗汉街、祁家湾街、姚集街等地，走村入户，每年赠送春联送福字 2000 多幅，并现场捐赠书刊、书画作品。

区书画家协会主办"黄陂书画·笔墨丹青颂祖国""庆建国七十周年，迎军运在汉召开"书画展。携手区老年书画研究会、区"二程"文化研究会等协会举办了"春风扫疫·木兰情深"黄陂区庚子抗疫书画展。与诗词楹联学会共同举办了"挥毫泼墨书好对·字呈珠玉贺新春——2021 年迎新春网络书画展"，举办了《光辉百年史·迈向新征程》书画展。

区老年书画研究会举办庆祝新中国成立 70 周年金秋书画展；组织重阳笔会，聘邀《书法报》走进黄陂看稿选稿活动，其报选载会员作品 34 幅；组织骨干会员参观国家、省市级画展。在区文化馆举办了"翰墨迎春·黄陂八人书法作品"邀请展；举办了以"防疫抗疫、抗洪抢险、扶贫攻坚、歌颂祖国"为主题的金秋书画展；举办了"百年辉煌·建党百年"书画展。

区摄影家协会为进一步宣传木兰乡独特魅力，承办了武汉市黄陂区"木兰明珠"摄影大展活动，在国内产生了很大影响。与老年书画研究会联合举办改革开放 40 周年金秋书画、摄影展。

回顾区文联近几年文化繁荣的历程，心潮澎湃，感慨万千。这几年，是全区文艺工作不断解放思想、开拓创新之年，是服务大局、服务群众成效显著之年，是区文联组织凝聚力不断增强、进入历史上最好的发展时期，行进在文化强区建设的宏伟征程上，见证了社会主义文艺不断繁荣和发展，感受了文艺工作者的光荣与使命，深化了对文艺工作和文联工作规律性的认识。

喻之之曾在《吾道不孤》一文中写道：很骄傲我们吸引到了最优秀、最踏实、最纯真的那部分文学家艺术家，真诚与真诚的人总是一见如故，我们每个人都只是一点萤火，但汇聚在一起就成了火炬。

我们畅所欲言，相互切磋，取长补短；我们集思广益，为文联的建设增砖添瓦；我们坚守纯文学阵地，致力于理顺纯文学与快餐文学的关系；我们坚持纯文学创作，坚持以艺术的标杆向全国读者推广黄陂山水、木兰风物；我们在争取写好当下"黄陂故事"的同时，推出各类有关本地风土人情、自然风光的作品，文字、摄影、书法、泥塑等各种形式有机结合。既使方式显得新颖多样，又全方位展示了文联作家们的风采；既宣传了本土人文，又给艺术家们搭建了有效平台。

我们举办名家文学讲座、关爱留守老人、京剧义演等活动，最大程度地整合人文资源，真正做到"文以载道，联贯文艺"。让黄陂人民爱上文学与艺术，爱读书、读好书，拥有高尚的精神追求，是我们努力的方向；在丰厚的黄陂文化中培育几位全省乃至全国的文艺大家，更是我们共同奔跑的目标。这必定是一条很长的路，我们文联人将风雨同舟，砥砺同行。祝愿所有脚踏实地的逐梦者都能到达自己的殿堂！

党的十九大吹响了文化大发展、大繁荣的号角，我们正处在一个生机勃勃，波澜壮阔的时代，黄陂文学的壮丽画卷正在掀开新的篇章。我们要高举习近平新时代中国特色社会主义思想的伟大旗帜，紧密团结在党中央周围，深入学习贯彻落实党的十九大精神，认真学习习近平总书记系列重要讲话精神，构建和谐文化，团结奋进，开拓创新，为实现黄陂文学大发展大繁荣而努力奋斗！

附录：

1. 黄陂区作家协会

成立时间：2004 年 5 月 21 日

历任负责人：裴高才、张品正、李海生、喻之之

2. 黄陂区"二程"文化研究会

成立时间：2005 年 3 月 11 日

历任负责人：吴方法、丁华秋

3. 黄陂区盘龙文化研究会

成立时间：2010 年

历任负责人：任茂华、吴琼媛、方毓华

4. 木兰文化研究会

成立时间：2013 年 8 月 15 日

历任负责人：明德运、杜有源

5. 黄陂区曲艺协会

成立于 2010 年 12 月

负责人：胡中裕

6. 黄陂区书画家协会

成立时间：2006 年 11 月

负责人：曾宪国

7. 黄陂区诗词楹联学会

成立时间：1992 年

历任负责人：朱换玉、周梦龙

8. 武汉市黄陂区摄影家协会

成立时间：1991 年 6 月 21 日

历任负责人：胡建奇、喻建华、刘晓兰、李霖

9. 黄陂区辞赋学会

成立时间：2016 年 9 月 21 日

负责人：潘安兴

10. 黄陂区老年书画研究会

成立时间：1987 年

历任负责人：张义磊、郑贞文、李宏伟、陈家仪、詹必胜

11. 黄陂区泥塑协会

成立时间：2015 年 8 月 16 日

创会会长：梅俊先

现任常务副会长：黄金波

12. 黄陂区京剧票友协会

成立时间：2012 年 10 月

历任负责人：林家斌、陈宝珍

13. 黄陂区影像协会

成立时间：2015 年 3 月

历任负责人：张号、程友华、陈昌福

14. 黄陂区收藏家协会

成立时间：2017 年 11 月 6 日

负责人：邬大义

（胡炳基　李永芬）

民间文化艺术之乡繁星璀璨

为什么银河系变得更加丰满，原是黄陂人举洪荒之力，开天聪之慧，创盖世之绩，为其镶嵌上了无数颗璀璨之星。星光灿烂的黄陂被上级赋予"湖北省民间文化艺术之乡""全国民间文化艺术之乡"称号。

黄陂历史悠久，境内大梅湾、面前畈、大程家墩等多处新石器古文化遗址表明，远在旷古的史前时代，这里就有先民劳作生息，拓疆殖域；毗邻武汉中心城区的商代盘龙城遗址昭示，这里3500年前就燃起城市文明之光，被誉为"华夏文化南方之源、九省通衢武汉之根"；滠水河畔鲁台山古墓葬群西周文化遗存的发掘引起考古学家、史学家高度关注。

黄陂历史文脉绵长，蕴藏着丰富的文化内涵。古为荆地的黄陂，春秋属黄，战国归楚，秦入南郡，自汉魏至宋朝初年，今区境内又先后分属时称西陵、安陆、石阳、滠阳、木兰、梁安、梁兴、黄陂、堡城等诸县中的二、三县，宋至道三年（997）才统归黄陂。始置于北周大象元年（579）的黄陂县，置县之初，县域北界未及今木兰山。究其邑名来由，侯喜（唐）所撰《黄陂记》称，"黄陂在汝洲，汝洲有三十六陂，黄陂最大，溉田千顷，盖黄陂之由来也"。对邑名后人持有多说，一说黄陂地处湖（陂）滨，春秋时又属黄国，与先民对故国的怀念有关。木兰山及以北地域在政权割据的南齐和九州统一的隋朝也曾先后两次置为木兰县，其县名相传均为追念褒扬生于斯、长于斯、替父从军的巾帼英雄木兰将军之意。黄陂也是北宋理学宗师程颢、程颐两兄弟的出生地、成长地，"二程"以融合儒释道三教奠基道统文化而名满天下。"商代盘龙城""木兰传说""二程故里"一并被称为黄陂三大名片。又据《明清进士题名碑录》所载，明清540年里，全国平均每县科举进士未及31人，然黄陂达81名。尤其在清嘉庆、道光、咸丰年间，黄陂高中27名进士，占湖北中选人数的9%，位列全省第二。在现代社会和文化演进的大舞台，黄陂籍学界精英灿若星辰，中国科学院和中国工程院之院士，全国平均每100万人中才拥有一位，然根系黄陂的两院院士就有涂治、涂光炽、田长霖、陈庆宣、肖培根、梁俊吾、李明、陈松林等 8 人。

学风昌盛之黄陂俊彦辈出，乡土文化颇具特色。清代民间流传的花鼓戏孕育了湖北地方戏曲的主要剧种——楚剧。20 世纪 50 年代，全县有 105 个业余楚剧团，至 80 年代，全县季节性活动的业余楚剧团达 200 多个。除县楚剧团外，还成立了 7 个营业性乡剧团，他们的足迹遍及全省广大城镇乡村。楚剧团演出历史传统剧目 230 余出，挖掘整理濒于失传的老戏 90 余出，改编移植、创作现代戏 170 余出。大型传统连台本戏《四下河南》创下了持续演出 5 年、演出 1200 余场、观众达 150 万人次的纪录，并被湖北省电视台摄制成 8 集舞台艺术片广为播映。创作演出的大型楚剧《少年花木兰》在中央电视台戏曲频道长期滚动播映。易红珠、李青松、李咏珍、王锦、胡道发等一批老戏骨名扬荆楚。先后有 30 多个剧目、60 多位演职员在全国、省、市各级获"楚天文化奖""牡丹花奖""江花奖""舞美设计奖""导演奖""新人奖""创作奖""表演奖"等 250 余项（次），以优异的演出技艺和成果赢得了湖北省重点剧团称号。源于清道光年间的黄陂鼓书，发展成为湖北大鼓，是荆楚曲艺奇葩。20 世纪 70 年代，一曲《丰收场上》风靡全省，享誉全国，为民众喜闻乐见。其时，武汉、孝感、大悟、汉川、安陆、红安等地都派专人来黄陂学习大鼓技艺，研习大鼓精华。大街小巷皆闻鼓板响亮，田头地角遍传曲腔高唱，由此引来了黄陂曲艺发展的兴盛期。70~80 年代，黄陂农民泥塑曾誉满大江南北。90 年代，农民泥塑、膏塑已发展成为产业链。黄陂泥塑源远流长，相传汉阳古刹归元寺的 500 罗汉，就是黄陂王煜父子所塑。中央电视台、湖北电视台专题拍摄《黄陂农民泥塑》《泥塑新花》等影片；湖北人民出版社出版多册《黄陂农民泥塑选》专刊。时年，省委书记韩宁夫率全省县委书记到黄陂召开农村文化工作现场会。100 件农民泥塑作品分别于武汉、成都、北京中国美术馆展出。陈育村、傅中望、项金国、李三汉、陈德新、李艳娥等一批农民泥塑骨干先后成长为中央、湖北、广西等美院专家、教授，他们的作品成了全国许多城市的标志性建筑和人文景观。2014 年，农民泥塑传人梅俊先到美国加州作泥塑讲座，系黄陂近几十年来首次对外文化交流。明代中叶，汉口成镇之初，"农忙种田、农闲挣钱"的黄陂"九佬十八匠"制造了高洪泰铜锣、曹正兴菜刀、白海记旗袍、蔡林记热干面、祁万顺包子、黄云记棕床等脍炙人口的传统名牌产品。随后，黄陂人从汉口走向全国，能工巧匠遍布九州，盛享"无陂不成镇"之美誉。

漫长的历史岁月铸就黄陂光荣革命传统。20 世纪初，邑人积极投身辛亥革命，襄举首义之旗，为埋葬封建帝制做出贡献。中国共产党诞生后，县东乡三合店于 1923 年成立了黄陂第一个中共党组织。1927 年由黄陂人潘忠汝、吴光浩领导的黄麻起义受挫后，突围的 72 英雄转战木兰山，组建了中国工农革命军第七军，后来发展成为红四方面军。抗日战争时期，李先念、陈少敏率新四军第五师司政机关多次驻北乡姚家山，为鄂豫边区党委指挥中心。现已发展成为著名红色旅游景区——武汉抗战第一村。革命战争时期，黄陂无数英雄儿女为共和国诞生立下不朽功勋，黄陂籍开国将军就有徐海东、杜义德、陈庆先、韩伟、童陆生、唐凯、熊伯涛、陈福初、袁学凯、张广才、雷震、李大清、叶超、方明胜等 14 位，人数之多在湖北省仅次于红安、大悟、麻城，位居第四，是武汉市将军人数最多的区。

湖北古代文化主要属于源远流长的楚文化。楚人能歌善舞，说唱文化的传统历史悠久。据清宣统三年（1911）撰修之《湖北通志》记载，上古以来，巴楚之地每逢仲春二、三月，插田去草必群族击鼓讴歌，祭后土田神。至宋代，湖北境内击鼓祀田之风更为普遍。这些历史悠久的楚地歌唱击鼓之俗，对于湖北境内一些曲种的形成及演出习俗、曲（书）目的发展均有着重要的影响，为九省通衢武汉市之北大门的黄陂亦当首受其利。久负无陂不成镇盛名的黄陂九佬十八匠艺人，足迹踏遍全国各地，受异地乡风民俗之影响，兼收并蓄许多优秀的传统民间艺术，王家河黑李湾的"鳌鱼灯"、龚家大湾的"走高"等绝技就是先后从江西和河南周口店传承而来。

早在明末清初时期，黄陂农村在年节期间，普遍张灯结彩，并伴之以"跑旱船""打莲湘""打花鼓""耍花棍""骑竹马""踩高跷""玩龙灯""舞狮"等民俗活动，有些搬上舞台、融入戏曲，或作清唱自娱、或作娱于人之表演，久而久之，逐渐演变为曲艺。关于黄陂主要曲种"鼓书"的流传历史，亦有多种传说。黄陂前川街已故著名老艺人乐志云在 1981 年长江文艺出版社出版何远志编著《湖北大鼓》一书中记述，鼓书大约起源于元代。有个叫邱长春的道人（1148~1227，后人称曰"邱祖"）为邱、刘、谭、马、何、王、孙七真之首，以击鼓说书的形式进行"劝教"活动，并传授了高、桂、柴、张、沙、韩、杨、赵 8 个徒弟，名曰八门。其中"高门"有位叫常和斌的道徒，较好地继承了"邱祖"以鼓书劝教的技艺。在劝教的内容中着重宣讲圣谕（即宣扬封建伦理道德观念的忠、孝、节、义及因果报应之类的内容），向人们进行劝善，于是人们称之为"说善书"。由于"说善书"这种鼓书形式颇易于为民众所接受，所以很快便在民间流传起来，而说唱内容也由单一的宣讲圣谕逐渐扩大到宣讲历史故事、民间传说和公案、武侠一类的话本。

清道光年前后，黄陂出现了一些艺人说善书的活动。当时书局印制了一种书目名曰"喧讲大全"，社会上也流传着这种书目的手抄本。艺人在空旷场地上放两条长板凳，上架一张八仙桌当作舞台，桌上放两盏能遮风避雨的玻璃风灯作照明，桌边放一条板凳或方椅，讲书人站在上面，双手捧书，借助风灯照明进行喧讲。所谓"喧"，就是带有节奏的朗诵；所谓"讲"，就是融于情感的念读描述。讲书人喧讲结合，声情并茂，用以吸引听众。这种说善书形式，颇受天气局限，加之要搬运桌、凳、风灯等诸多道具，较为麻烦。为了方便活动，说书人就将"喧讲大全"中的内容进行加工改编和创作，并辅以有说有唱形式，熟记脑中，可随时随地演出。在此期间又逐渐形成了评书、鼓书两种流派。至清道光末年，恰逢北路子鼓书艺人丁海洲（又名丁铁板）和魏元中先后到武汉、黄陂传艺，最早受传的黄陂艺人有黄玉山、王明月、刘明奇、匡玉山等人。在鼓书早期引进的阶段中，由北方来的鼓书艺人在说唱形式上仍保留着北方表演的特点，即使用北方语音，一手持月牙形的钢镰（铁制与铜制两种）打板，一手持木签击鼓进行演唱。后来，这些外来艺人传授的弟子们，逐渐感到用北方语音不如用本地方言进行演唱更易为本地民众所接受。随着语音的改变，相应在唱腔上也发生变化。艺人们认为，本地的语音腔调与钢镰的金属声不甚和谐，故渐以云板代替钢镰。黄陂鼓书艺人黄玉山、王明月、刘明奇等率先就此进行了改革，颇感得心应手。由于改用南方语音（本地方言），并将云板取代钢镰，大鼓改成扁圆形小鼓，支在6柱三脚鼓台上，使鼓书这一说唱艺术表演更加完善和为本地区民众所喜闻乐见，在黄陂及其他地区更为广泛盛行和流传。至20世纪50年代，艺人又辅以丝弦乐器对鼓书进行伴奏，并对基本固定下来的四平调进行改革和创新，让四平调的板腔变化形成几种独特的唱腔风格，使得鼓书这种说唱艺术更加完美。黄陂鼓书艺人为鼓书的传承、改革、创新、发展立下了汗马功劳。

辛亥革命以后，黄陂艺人纷纷从乡间进入武汉，黄陂花鼓戏与汉川善书、阳罗高跷被同誉为湖北"三盛"，黄陂艺人在汉影响日益提高。民国二十五年，汉口市成立了评书喧讲公会，黄陂鼓书艺人匡玉山被推举为副理事长，对黄陂艺人的活动和鼓书的发展起到了积极的推动作用。1950年，湖北省召开包括曲艺艺人代表在内的第一届文学艺术工作者代表大会，贯彻毛主席"推陈出新"的指示和中南军政委员会提出的"普及第一""生根第一"的精神，引起各级政府高度重视。同年底，黄陂县将零散艺人组织起来，成立了有19人参加的黄陂县鼓书队，鼓书队以三五人为一宣传组，到各区、乡、湾村巡回演出，并自编自演了大量配合中心的书目。

解放初期，一部分遭受水灾地区的艺人在黄陂行乞时表演的三棒鼓、渔鼓、小曲之类的民间艺术形式，也给黄陂民众留下了深刻的印象。1963年，武昌曲艺队在黄陂演出期间，为黄陂各公社、大队培训了大批业余文艺骨干。1964年黄陂成立曲艺队。为迅速提高这支队伍的演出水平，受湖北省曲艺工作组委托，武昌曲艺队再度来黄陂，并与黄陂曲艺队下乡巡回演出。演出期间，曲艺队一对一、手把手传授曲艺表演技艺。故黄陂曲种除鼓书、评书、方言快板、黄陂说唱、三句半等曲种外，"湖北渔鼓""湖北小曲"已在黄陂与"湖北大鼓"一样相映媲美，广为传唱。随后，黄陂专业和业余文艺工作者将这些曲种有机地融合在一起，又创造了"曲艺联唱"这种表现形式。随着全县业余群众文化活动的蓬勃开展，各大队业余文艺宣传队的建立，县民间艺人协会的组建和管理，县文化部门的业务培训和辅导，县毛泽东思想文艺宣传的巡回演出的影响，经常性的全县文艺调（会）演等，使得诸多曲种在黄陂广大地区传承发展，生根开花。

新中国成立前，黄陂广大农村经济落后，交通不便，除年节活动外，人民群众日常文化生活十分贫乏。当时的文化生活就是少量的草台花鼓戏、皮影、鼓书活动，随着人民对日常文化生活的迫切要求，黄陂艺人看准商机，鼓书、评书、皮影等民间艺术活动迅速发展。解放初期，全县有皮影 30 余台，分有"东路子""北路子""西路子"流派，一般为三人一台，主要分布在塔耳、姚集、蔡榨、六指、长堰、研子、李集、甘棠等北部山区与东部丘陵地区，还有少量杂技、魔术、气功艺人。而分布最广的是曲艺鼓书艺人，他们一人走一地，一人一台戏，占据了广大边远山区和农村，鼓书艺人高峰时达百余人。1982 年，分布在长岭、李集、蔡榨、罗汉、姚集、塔耳、祁家湾、长堰、甘棠、六指、蔡店、王家河、三里桥、武湖、研子、五岭、环城、鲁台、城关等 19 个公社的鼓书艺人达 80 人。这些艺人除在本县巡回交替演出外，还在周边红安、大悟、新洲、孝感等地巡演。周边地区的鼓书艺人也经常深入黄陂广大农村演出。从 20 世纪 60 年代开始，除这些职业民间艺人外，陆续出现了专业曲艺团体和业余文艺宣传队。1958 年，全县各公社普遍建立文工团。此后，相继成立县民间歌舞（曲艺）团，县曲艺队，各乡、大队业余文艺宣传队。这一时期，涌现出了大批从事专业和业余曲艺创作、演出的文艺工作者和爱好者。1973 年，县文化馆在横店举办为期 5 天的曲艺（小曲、快板、大鼓）培训班。1975 年在县城举办的湖北大鼓培训班，培训一批曲艺表演者。70 年代，较有影响的业余文艺演出队伍主要有：东乡王家河公社群益乡、刘桥大队、红旗大队，甘棠公社工交系统等业余文艺宣传队；南乡滠口公社黄花涝镇、群益大队、新民大队，横店公社百花大队、刘堰大队等业余文艺宣传队；西乡罗汉公社星光大队、春晓大队，研子公社联丰大队，五岭公社红旗大队，泡桐公社爱林大队等业余文艺宣传队；北乡蔡店公社解放大队，塔耳公社柿子大队等业余文艺宣传队；中部地区城关、环城公社等业余文艺宣传队。1973 年，孝感地区文工团陈友邦等人来黄陂招生，北乡蔡店解放大队的业余文艺宣传队员李灼华和塔耳柿子大队的业余文艺宣传队员杜建兰就被免试招进孝感地区文工团。至20世纪末，全区各街乡镇（场）、村，各机关、单位、学校驻军，从事过曲艺演出活动的业余演员数以10万计，曲艺演出活动空前普及。

曲艺宣传演出活动的开展，极大地丰富了人民群众的精神文化生活，对促进社会的发展，经济的繁荣，提高人民群众文化思想素质，在挖掘、传承、保护曲艺传统艺术等方面，都起到了巨大的推动作用。

新中国成立前，农村经济十分落后，交通不便，人民群众精神文化生活十分贫乏，边远山区更是极度缺少，许多民间艺人走村串户，其中还有一部分盲人艺人，巡演在山乡农村。民间艺人的演出，受到村民们的热忱欢迎。民间艺人绝大多数演出时在村头、巷中、树下，晚上没有照明、条件简陋，群众摸黑听书，却也津津有味。当时所讲书目，大都是武侠、公案、才子佳人之类的内容，虽内容陈旧，却也少有黄色下流的低级作品，乡民也只求听之一乐。

20世纪50年代初，鼓书艺人胡志高走进黄陂北部最贫困的蔡店乡刘家山村演唱鼓书，村民们如待贵客，像过年过节办喜事一样，扶老携幼，高高兴兴听了几天鼓书。听鼓书、看皮影，成为那个时期山民们难得的文化生活享受。据统计，蔡店刘家山村解放初期，有人一生没有走出过大山，没有看过电影，没有看过戏，但他们最大的庆幸是听过鼓书、看过皮影。

从20世纪60年代开始，县曲艺队开始常年在四乡巡回演出，各大队业余文艺宣传队也逐渐占领农村文化活动阵地，全县群众性的业余文艺演出活动蓬勃开展，人民群众文化生活丰富多彩。曲艺宣传演出活动与日俱增是黄陂曲艺工作的又一特色。1950年鼓书队成立时，正值土地改革时期。为配合土改工作，文化馆编写了《土地改革好》等书目，供鼓书队深入农村巡回演唱。许多土改工作队员或直接到文化馆、或写信，对民间艺人配合土改宣传十分满意，表示感谢。鼓书队先后配合"镇压反革命""三反五反""婚姻法""抗美援朝""卖余粮""兴水利"等中心工作编写了《坚决镇压反革命》《抗美援朝》《反对美帝复活日本》《积极交售爱国粮》《寡妇改嫁》《工农夜校好》《齐心协力修水库》等大量书目，深入四乡，广为宣传。在一次为抗美援朝捐赠飞机大炮动员会上，民间艺人徐忠望唱了一曲《抗美援朝》后，一位倍受感动的老大娘一边哭诉当年日寇的罪行，一边将自己珍藏十几年的金戒指送上了大会主席台，在她的带动下，现场群众纷纷捐款捐物。

为充分发挥曲艺宣传的导向和喉舌作用，曲艺工作者每年定期在"七一"期间举办党庆演出活动；在"八一"期间举办拥军爱民演出活动；在"十一"期间举办国庆演出活动。还举办了"歌唱改革开放二十年""颂歌一曲唱黄陂""喜迎

'十八大'""欢庆党的'十九大'胜利召开"等专题文艺晚会。与此同时，所举办的"安全生产月""木兰文化节""杜鹃节""计划生育""人民防空""抗震救灾"等专场文艺演出，受到各级领导、各有关单位、各界人士好评。

1950年5月16日，黄陂鼓书艺人王鸣乐在武汉人民广播电台演唱《庆祝武汉解放一周年》纪念词时，与电台文艺组共商将鼓书定名为《湖北大鼓》，从此《湖北大鼓》名声大振。1955年，著名鼓书艺人胡志高在北京怀仁堂为中央首长作专场演出；1959年，王鸣乐演唱的大鼓《侦察英雄纪瑞宣》赴京参加文化部和曲艺工作者协会联合举办的全国优秀曲目观摩演出；1972年，著名曲艺表演艺术家、王鸣乐的嫡传弟子、省级非物质文化遗产代表性传承人李和发演唱的湖北大鼓《丰收场上》，在湖北省农村文艺会演中获奖并在中央人民广播电台滚动播出后，黄陂的曲艺事业出现了飞跃发展。近40多年来，胡志高、李钦高、彭光明、彭锡坤、胡中裕、刘建新、魏益想、胡庆华、蔡光耀等一批才俊，创作了大量有较高水平的曲艺作品，分别在全国、省、市各级展演比赛中获奖200余项（次），并参加了许多重要演出活动。《丰收场上》《送胶鞋》《军民桥》《红色邮递员》《扯田塍》《一捆稻草》《夺阵地》《讲礼貌》《麻将圆舞曲》《贷款效应》《介绍信》《公平交易》《三杯酒》《福气婆》《"三个代表"到基层》《"三个代表"进社区》《木兰颂》《木兰情》《亲上加亲》《回春》《百姓谁不爱好官》《信义兄弟》《捐皮救父兄弟情》《精准扶贫到农家》《扶到点子上》《欢庆十八大》《喜迎十九大》等一批曲艺节目分别在"全国中部六省曲艺大赛""全国中南六省曲艺大赛""全国曲艺牡丹杯赛""全国道德模范故事汇巡演""全国'天穆杯'文艺大赛""全国网络春晚展演""湖北省农村文艺会演""湖北省楚天群星奖""湖北省百花书会""武汉市金秋文艺会演""武汉市黄鹤群星奖""武汉市社区文化艺术节"等项活动中获特等奖、金奖、银奖、铜奖、一等奖、二等奖、三等奖。

近年来，黄陂曲坛人才辈出，新秀凸显，一颗耀眼的明星又冉冉升起。中国曲艺家协会会员、著名湖北大鼓表演艺术家张明智的关门弟子吴健再展才华。他联袂区里一批优秀的曲艺爱好者陈君、李文、王锦等，独创"黄陂说唱"新曲种，创作排演了《说唱武汉》《说唱黄陂》《说唱蔡店》《说唱李集》等一批赞颂武汉、黄陂乡土人情、山川风貌的说唱节目，生动活泼，风趣动人，深受群众喜爱。在武汉、黄陂唱得风生水起，大有长江后浪推前浪，曲苑新人超旧人之势。

黄陂地灵人杰，体现深厚文化底蕴和人类心灵地标的博物馆遍布黄陂城乡。"盘龙城遗址博物馆""区历史文物博物馆""明清古建筑博物馆""黎黄陂文化博物馆""首义元勋蔡济民陈列馆""木兰文化博物馆""民俗文化博物馆""红色文化博物馆""黄继光纪念馆""木兰山地质博物馆"皆彪炳史册，熠熠生辉。

在挖掘、收集、整理、传承、保护非物质文化遗产活动中，区曲艺家协会和曲艺工作者积极配合区非物质文化遗产保护中心的申报工作，做了大量的宣传、演出活动。"木兰传说""湖北大鼓"被国务院公布为全国非物质文化遗产保护名录，"黄陂快板"被区政府公布为区级非物质文化遗产保护名录。全区现已被公布为国家、省、市、区级非物质文化遗产代表性传承目录近 90 项。

目前，全区从事文学艺术创作活动的人群高达数万人之众。仅在全国、省、市、区以上有关刊物刊载作品和获奖的作者数以千计，出现了以王士毅、王齐荪、张怡如、周大望、魏云乔、陈炳章、王汉清、裴高才、陈忠德、喻建华、明德运等一批领军人物，他们编撰出版的刊物、专著达 300 余种（册）。每年的木兰文化节、社区艺术节、民间艺术展演、木兰群星奖会演、年节惠民演出以及参加全国、省、市各级的专场演出活动所组织的文艺演出达 300 场以上。各种群众性的文学、艺术、美术、摄影学会、协会如雨后春笋。黄陂区全面掀起了全民读书、全民运动、全民参与文化艺术活动的热潮。

丰富多彩的民间文化艺术活动遍布黄陂全境，激励黄陂百万人民，这些灿烂辉煌的历史文化名片，卓越的艺术成就和日新月异的繁荣景象，被省、市领导和专家学者赞誉为独特的"黄陂文化现象"。黄陂人创造了"黄陂文化现象"，他们将黄陂打造出名，是创建璀璨之星的功臣，他们是黄陂的文化名人。这个由无数颗璀璨之星组成的"黄陂文化现象"，将向纵深发展，更多的星辰将由黄陂大地源源不断地飞向浩瀚的太空。

（胡炳基　刘建新）

熠熠生辉的黄陂非遗文化

非遗文化及非物质文化遗产，是指广大人民世代相传并视其为文化遗产组成部分的各种传统文化表现形式，以及与传统文化表现形式相关的实物和场所；是一个国家、一个民族、一个地区历史文化成就的重要标志，是优秀传统文化的组成部分。

黄陂历史悠久，文化厚重，非遗文化灿烂多彩。据资料显示，截至 2022 年 6 月，黄陂有国家级非物质文化遗产 5 项，一是木兰传说；二是楚剧；三是湖北大鼓；四是汉绣；五是黄陂泥塑。与之相对应的国家级非物质文化遗产项目代表性传承人分别是：楚剧表演艺术家彭青莲；文化学者、黄陂木兰文化博物馆馆长叶蔚章；汉绣第四代传承人任本荣；黄陂鼓书艺人陈谦闻的弟子、号称"半个黄陂人"的湖北大鼓表演艺术家张明智。

黄陂有省级非遗项目湖北大鼓，传承人为李和发；有传统美术黄陂泥塑，传承人为易厚庆、彭发生；有传统技艺"杨楼子榨油技艺"，传承人杨德元；有民间文学"黄陂民间彩词"，传承人明德运；有民间文学"木兰传说"，传承人杜有源；有民俗"木兰庙会"，由于是社会性、群创性的非遗项目，保护单位为木兰山风景区服务中心；有传统舞蹈"高跷故事亭子"，由于是社会性、群创性的非遗项目，其保护单位是黄陂区人民政府李集街道办事处。此外，还有非物质文化遗产省级代表性传承人李耀渔（鳌鱼灯）、刘贵忠（墨鱼灯）、刘元生（高跷故事亭子）、黄宝庆（黄陂三鲜制作技艺）、王志平（汉锣制作技艺）。

黄陂区市级非物质文化遗产代表性目录有：传统体育、游艺与杂技"木兰武术"；传统美术"木兰年画"；传统戏剧"黄陂花鼓戏"；传统舞蹈"打莲湘、蚌壳精"；传统技艺"八卦行炉锻造技艺"；民间文学"黄陂十景传说"、"二程"故事（程颐程颢传说）、"黄陂谚语"；有传统技艺"曹正兴菜刀制作技艺、木庐干砌技艺、糖画制作技艺、双凤毛笔制作技艺、油面制作技艺"；有民俗木兰山亮子会、将军狮子（僵狮子）习俗、九佬十八匠；有民间文学"黄陂红色歌谣"。

黄陂区级非物质文化遗产传承代表人物，有民间文学"江二伢传说""韩光斗的传说"，传统舞蹈"走高"等54项。

　　综上，黄陂区申报获批的和湖北省、武汉市申报获批的国家级、省级、市级、区级非物质文化遗传代表性目录86项，有非物质文化遗产代表性传承人52人。非遗就是人类文明进程中的结晶，传承就是民族文化精髓的延续。非遗本身就是先祖遗留下来的一种财富，而传承非遗就是保护历史文脉，宣传非遗就是弘扬优秀文化。在实现"两个一百年"奋斗目标和中华民族伟大复兴中国梦的历史进程中，在世界范围内，在思想文化和价值观念相互碰撞的新形势下，深入学习贯彻习近平总书记弘扬中华优秀传统文化的重要思想，有利于追溯中华文化的源流、探究中华文化的传续、前瞻中华文化的走向，有利于为中华民族精神家园立根铸魂、为中国特色社会主义事业发展凝心聚力。

（胡炳基　徐晓青）

附：

黄陂非物质文化遗产代表性目录

序号	项目类别	项目名称	级别	保护单位
1	民间文学	木兰传说	国家级	区文化馆
2	曲艺	湖北大鼓	国家级	区文化馆
3	传统美术	黄陂泥塑	省级	李家集街
4	传统技艺	杨楼子榨油技艺	省级	武汉盘龙杨楼子榨油有限公司
5	传统舞蹈	高跷故事亭子	省级	李家集街
6	民间文学	黄陂民间彩词	省级	区文化馆
7	民俗	木兰庙会	省级	木兰山风景区服务中心
8	传统技艺	黄陂三鲜制作技艺	省级	李家集街、罗汉寺街
9	传统技艺	汉锣制作技艺	省级	武汉市海平乐器制造有限公司
10	传统舞蹈	墨龙灯	市级	王家河街
11	传统舞蹈	鳌鱼灯	市级	王家河街
12	传统体育、游艺与杂技	木兰武术	市级	木兰乡
13	传统美术	木版年画	市级	长轩岭街

续表

序号	项目类别	项目名称	级别	保护单位
14	传统戏剧	黄陂花鼓戏	市级	区文化馆
15	传统舞蹈	打莲湘	市级	蔡店街
16	传统舞蹈	蚌壳精	市级	天河街
17	传统技艺	八卦行炉锻造技艺	市级	王家河街
18	民间文学	黄陂十景传说	市级	武湖街
19	民间文学	"二程"故事 （程颐程颢传说）	市级	区文化馆
20	民间文学	黄陂谚语	市级	区文化馆
21	传统技艺	曹正兴菜刀制作技艺	市级	祁家湾街
22	传统技艺	木庐干砌技艺	市级	木兰山风景区服务中心
23	民俗	木兰山亮子会	市级	木兰山风景区服务中心
24	传统技艺	糖画制作技艺	市级	李家集街、祁家湾街 罗汉寺街
25	民俗	将军狮子（僵狮子） 习俗	市级	罗汉寺街、李家集街
26	民俗	九佬十八匠	市级	李家集街
27	传统技艺	双凤毛笔制作技艺	市级	前川街
28	传统技艺	油面制作技艺	市级	李家集街
29	民间文学	黄陂红色歌谣	市级	蔡店街
30	民间文学	江二俹传说	区级	姚家集街
31	民间文学	黄陂歇后语	区级	姚家集街
32	民间文学	韩光斗的传说	区级	王家河街
33	民间文学	研子岗传说	区级	长轩岭街
34	民间文学	长轩岭童谣	区级	长轩岭街
35	民间文学	黄陂方言	区级	王家河街
36	民间文学	朱元璋传说	区级	长轩岭街
37	曲艺	黄陂快板	区级	区文化馆
38	传统音乐	牌子锣鼓	区级	蔡家榨街、姚家集街
39	传统美术	黄陂剪纸	区级	木兰乡、李家集街

序号	项目类别	项目名称	级别	保护单位
40	传统技艺	重糖烘糕制作技艺	区级	武湖街
41	民俗	冷热集市	区级	李家集街
42	传统舞蹈	虾子灯	区级	前川街
43	传统舞蹈	划龙舟	区级	盘龙城经济开发区
44	传统舞蹈	跑竹马	区级	长轩岭街
45	传统舞蹈	五虾闹鲢	区级	罗汉寺街
46	传统舞蹈	旱龙舟	区级	王家河街
47	民间文学	息妫（桃花）夫人传说	区级	前川街
48	传统美术	油泥塑	区级	蔡店街
49	民俗	丧葬礼仪	区级	祁家湾街
50	民俗	寿诞礼仪	区级	天河街
51	民俗	放河灯	区级	盘龙城经济开发区
52	民俗	说春	区级	六指街
53	民俗	业余楚剧演出习俗	区级	三里桥街
54	传统技艺	水煮猪鬃制作技艺	区级	前川街
55	传统技艺	四味鸭腌制技艺	区级	横店街
56	传统技艺	黄陂豆腐制作技艺	区级	滠口街
57	传统技艺	八宝饭制作技艺	区级	三里桥街
58	传统技艺	五香干子制作技艺	区级	祁家湾街
59	传统技艺	虾子鲱腌制技艺	区级	盘龙城经济开发区
60	传统技艺	狮子头烹饪技艺	区级	横店街
61	传统技艺	盐水鸭腌制技艺	区级	横店街
62	传统技艺	秤制作技艺	区级	天河街
63	传统技艺	李氏豆制品制作技艺	区级	蔡店街
64	传统技艺	龙灯扎制技艺	区级	前川街
65	传统舞蹈	蔡榨舞龙	区级	蔡家榨街
66	民俗	大余湾婚俗	区级	木兰乡

续表

序号	项目类别	项目名称	级别	保护单位
67	传统技艺	戴氏轮窑制作技艺	区级	罗汉寺街
68	民间文学	刘彬士传说（故事）	区级	罗汉寺街
69	传统技艺	书鼓制作技艺	区级	蔡店街
70	传统音乐	古琴艺术	区级	滠口街
71	传统技艺	黄陂民间刺绣	区级	李家集街
72	传统舞蹈	走高	区级	王家河街
73	传统体育、游艺和杂技	姚家集民间武术	区级	姚家集街
74	传统体育、游艺和杂技	硬气功	区级	祁家湾街
75	传统技艺	土窑烧制技艺	区级	木兰乡
76	传统技艺	糖塑	区级	祁家湾街
77	民间文学	罗汉寺街民间传说故事	区级	罗汉寺街
78	传统技艺	黄陂手工豆丝	区级	罗汉寺街
79	民俗	陈氏凉茶文化	区级	罗汉寺街
80	传统技艺	黄孝土鸡汤制作技艺	区级	前川街
81	传统舞蹈	高脚火龙灯	区级	木兰山风景区服务中心
82	传统美术	折纸技艺	区级	武湖街
83	传统体育、游艺和杂技	弹弓	区级	横店街
84	传统技艺	甘棠道黄酒制作技艺	区级	六指街

黄陂区非物质文化遗产代表性传承人

序号	代表性传承人			项目名称	项目编码	级别	备注
	姓名	性别	出生年月				
1	叶蔚璋	男	1963.10	木兰传说	I-1	国家级	
2	杜有源	男	1955.10	木兰传说	I-2	省级	
3	明德运	男	1956.10	黄陂民间彩词	I-3	市级	
4	李耀渔	男	1938	鳌鱼灯	III-1	市级	2019.10 去世
5	刘贵忠	男	1934.8	墨龙灯	III-2	市级	2019.11 去世

序号	代表性传承人			项目名称	项目编码	级别	备注
	姓名	性别	出生年月				
6	刘元生	男	1964.3	高跷故事亭子	III-3	省级	
7	刘明启	男	1968.6	高跷故事亭子	III-4	市级	
8	易红珠	女	1938.12	黄陂花鼓戏	IV-1	市级	
9	陈明章	男		黄陂花鼓戏	IV-1	市级	2016 年去世
10	李和发	男	1935.10	湖北大鼓	V-1	省级	
11	郑裕国	男	1944.9	湖北大鼓	V-2	市级	
12	彭锡坤	男	1939.8	湖北大鼓	V-3	市级	2021.5 去世
13	吴 健	男	1985.9	湖北大鼓	V-4	市级	
14	甘治国	男	1968.5	木兰武术	VI-1	市级	
15	周宗庆	男	1936.9	木版年画	V1I-1	市级	
16	易厚庆	男	1944.4	黄陂泥塑	VII-2	省级	
17	彭发生	男	1944.8	黄陂泥塑	VII-3	省级	
18	梅俊先	男	1948.10	黄陂泥塑	VII-4	市级	
19	王水金	男	1953.3	黄陂泥塑	VII-5	市级	
20	王启新	男	1962.10	黄陂泥塑	V1I-6	市级	
21	杨德元	男	1969.4	杨楼子湾榨油技艺	VII-7	省级	
22	黄宝庆	男	1959.1	黄陂三鲜制作技艺	VII-8	省级	
23	王志平	男	1971.9	汉锣制作技艺	VII-9	省级	
24	刘万清	男	1945.10	八卦行炉锻造技艺	VII-10	市级	
25	陈春仙	女	1958.2	蚌壳精	III-5	市级	
26	陈友芳	男	1957.1	黄陂泥塑	VII-11	市级	
27	王楚恩	男	1944.7	韩光斗的传说	I-4	区级	
28	吴恒启	男	1948.2	刘彬士传说	I-5	区级	
29	丁华秋	女	1954.8	二程故事（程颐程颢传说）	I-6	区级	
30	郭艾英	女	1962.10	黄陂红色歌谣	I-7	区级	
31	朱忠尧	男	1937.9	打莲湘	III-6	区级	

续表

序号	代表性传承人			项目名称	项目编码	级别	备注
	姓名	性别	出生年月				
32	陈大金	男	1953.3	跑竹马	III-7	区级	
33	吴大卫	男	1966.10	五虾闹鲶	III-8	区级	
34	陈 斌	男	1972.11	黄陂泥塑	VII-12	区级	
35	肖桂林	男	1963.3	黄陂泥塑	VII-13	区级	
36	李义奎	男	1949.9	糖画制作技艺	VII-1	市级	
37	邓长清	男	1954.11	黄陂三鲜制作技艺	VIII-2	市级	
38	刘明学	男	1966.11	黄陂三鲜制作技艺	VIII-3	区级	
39	吴龙春	男	1948.2	八宝饭制作技艺	VIII-4	区级	
40	李国祥	男	1972.10	重糖烘糕制作技艺	VIII-5	区级	
41	范良安	男	1962.2	秤制作技艺	VIII-6	区级	
42	严建华	男	1960.2	狮子头烹饪技艺	VIII-7	区级	
43	彭春文	男	1957.3	五香干子制作技艺	VIII-8	区级	
44	朱兴吾	男	1947.3	龙灯扎制技艺	VIII-9	区级	
45	马爱红	男	1970.8	木兰山亮子会	X-1	区级	
46	马成松	男	1940.12	木兰山亮子会	X-2	区级	
47	余永奇	男	1934.8	大余湾婚俗	X-3	区级	
48	余绍良	男	1962.9	大余湾婚俗	X-4	区级	
49	王安丽	女	1962.8	业余楚剧演出习俗	X-5	区级	
50	黄英武	男	1943.10	将军狮子（僵狮子）习俗	X-6	区级	

（以上图表由黄陂文化馆、黄陂非遗保护中心提供，截止时间为2022年6月）

黄陂文化人物录

文心匠语翰墨情

坚定文化自信 跟党聚力圆梦

壬寅秋 七十九岁老兵 袁伟

袁伟　共和国少将
　　　中国书法家协会会员

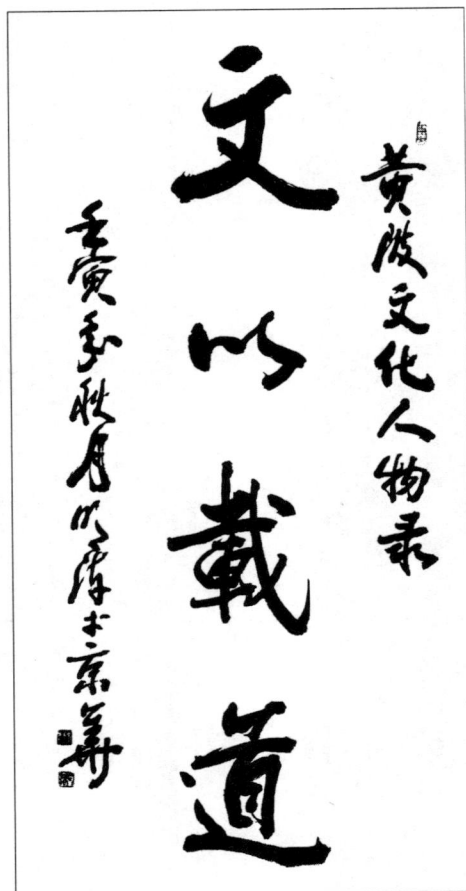

文以载道

黄陂文化人物录

余明海　共和国少将
　　　　中国书法家协会会员
　　　　中国美术家协会会员

人傑地靈
秀美黄陂

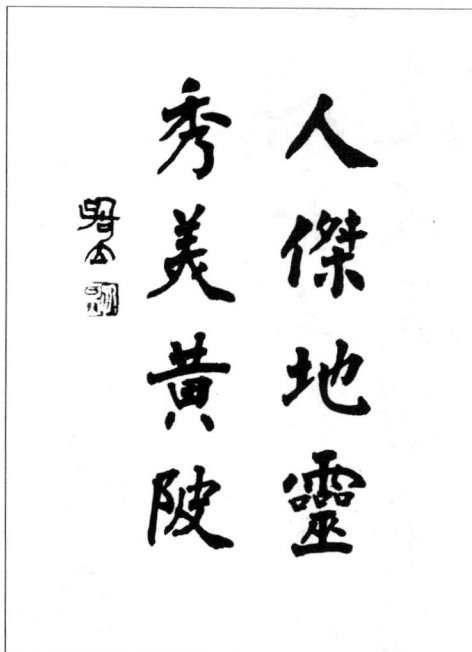

孔可立　中国书法家协会会员
武汉市书协名誉主席

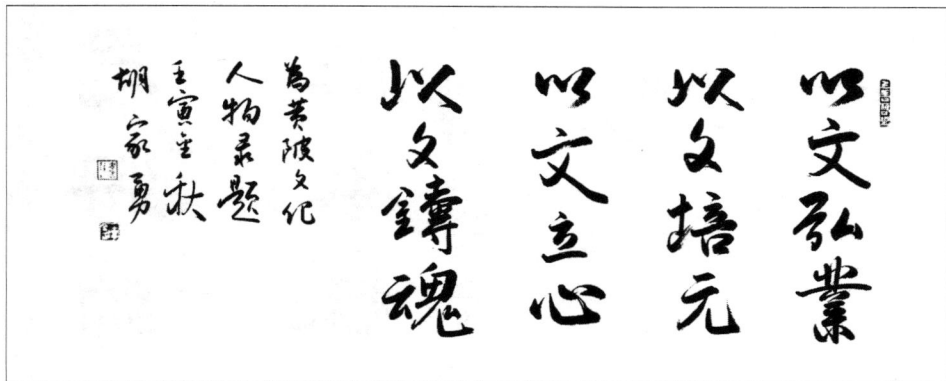

以文弘業
以文培元
以文立心
以文鑄魂

為黄陂文化
人物展題
壬寅孟秋
胡家勇

胡家勇　中国书法家协会会员　湖北省书画家协会副主席

擦亮五张文化名片

建设美好幸福黄陂

立张文化名片乃木兰文化鉴龙文化二程文化

黎蒿陂文化和红色革命文化是也

壬寅金秋为黄陂文化人物录题 黄金元

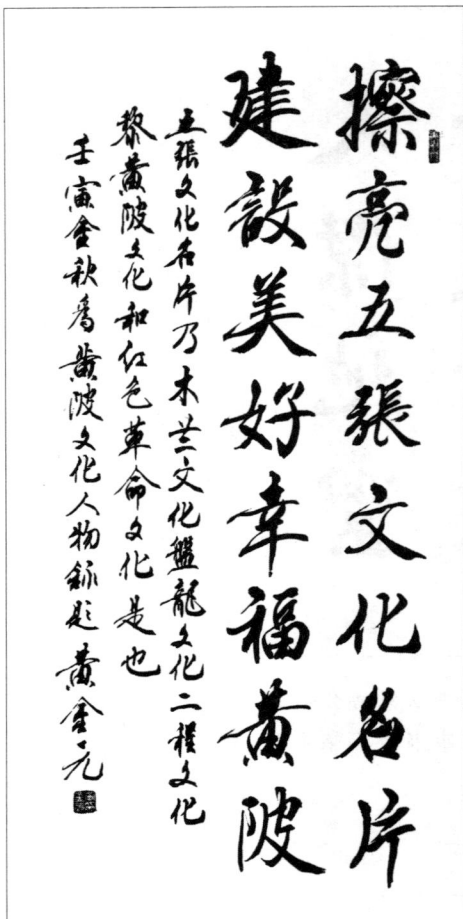

黄金元 共和国少将
中国书法家协会会员

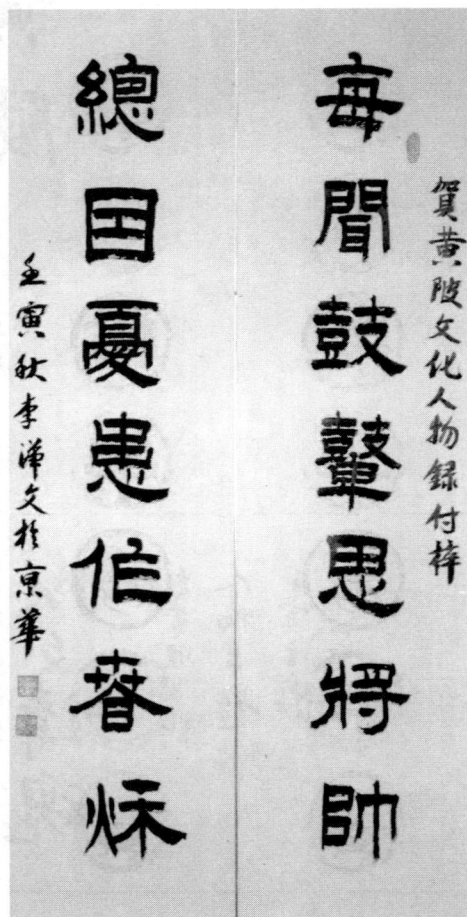

賀黄陂文化人物録付梓

毎聞鼓鼙思將帥

總因憂患作春烝

壬寅秋李漢文於京華

李汉文 共和国少将
中国书法家协会会员

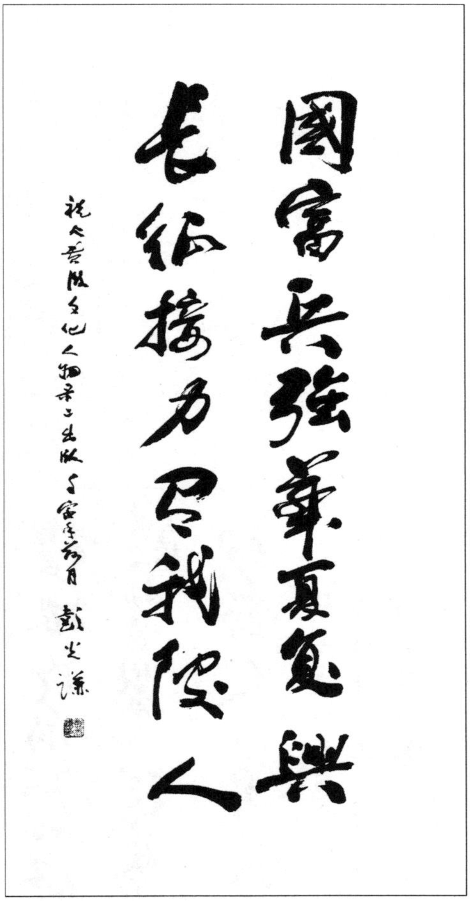

國富兵強華夏復興 長征�'續力尽我陵人

祝人賢版文化人物牟之出版《宝座彦有 彭光謙

彭光谦　共和国少将
　　　　　著名战略评论家

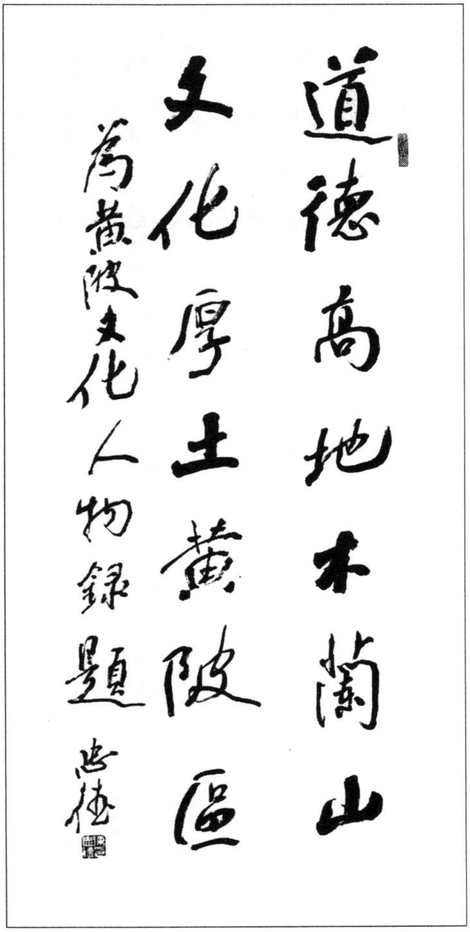

道德高地木蘭山 文化厚土黄陂區

為黄陂文化人物録題　忠德

陈忠德　湖北省书法家协会理事

唯士田地如白瓢可
隨人俯仰随身重学
莊国尤当庶羲行藏
或朝廷斆細興神
由地自市宜西庶郡
行素在我壬寅烁
書壬士難先生舊印

刘凯　中国书法家协会会员

植根於自己所修了养善雷拨
醒而自觉节中为令楷的自由
而每人看格尚善良

偶尊文化自觉到个社会風尚
荆陂文化人和谐之感言笔次壬寅
桂月胡帽基　王景

王景　中国书法家协会会员

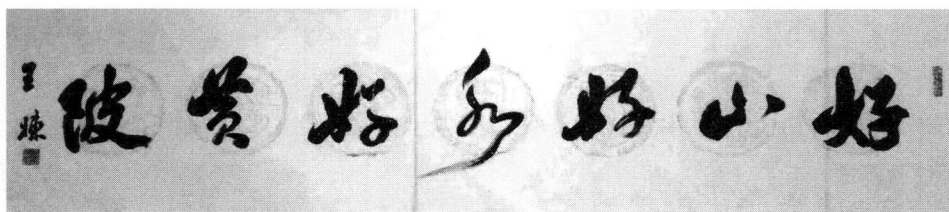

好山好水好黄陂

王栋 中国书法家协会会员

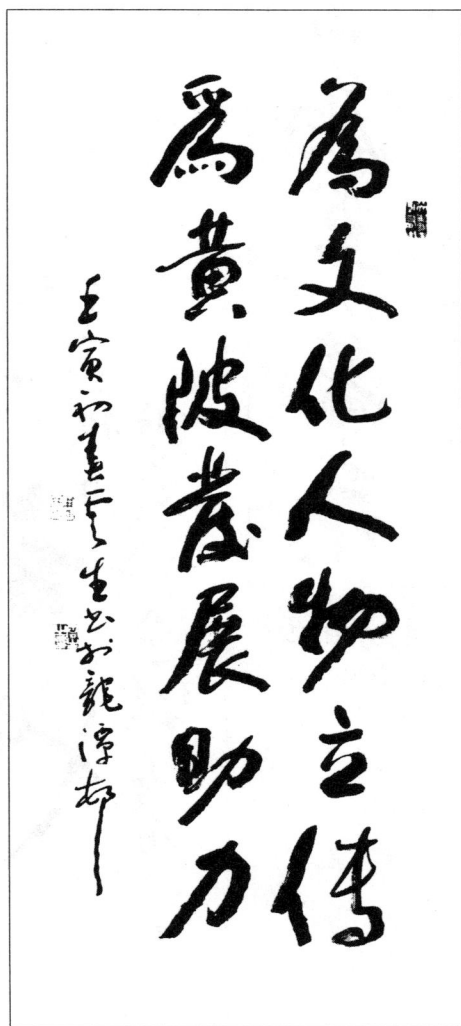

为文化人物立传
为黄陂卷展助力

周云生 湖北省书法家协会理事

木兰山为军著文化
紫紫河帛溅水河泼墨
书灵为黄陵新章

王黄艳

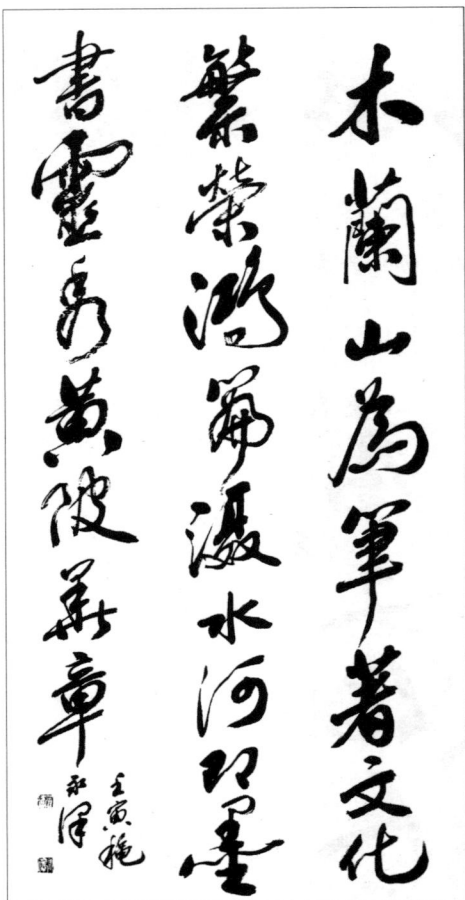

刘永泽　湖北省文联原党组书记
　　　　中国书法家协会理事

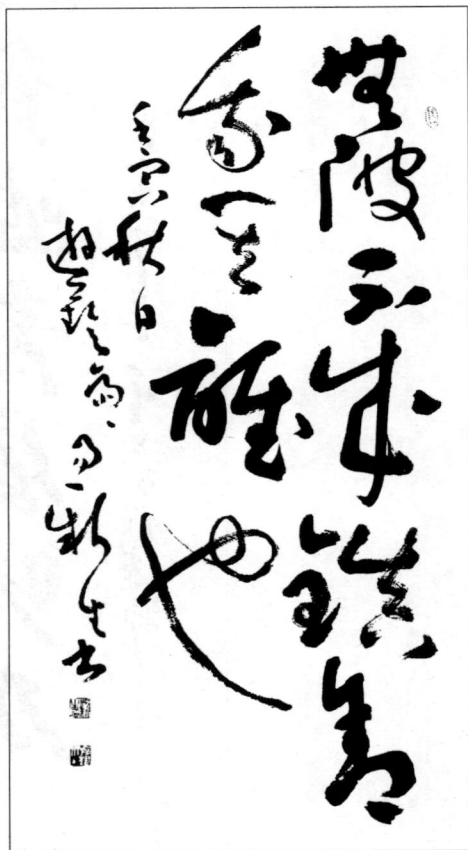

易新生　中国书法家协会会员

木兰是黄陂的骄傲，也是黄陂人学习的榜样。

为武汉市黄陂木兰山题词 涂光炽

一九九四年大庆

涂光炽　中国科学院院士

建设木兰生态旅游区 促进黄陂经济新发展

为木兰生态旅游区题

中国科学院院士陈庆宣 戊寅仲夏

陈庆宣　中国工程院院士

秀美在飞
河色常腾
山景春喜
殷乡水龙
黄家瀛垂

梁骏吾
二〇一二年
正春月

梁骏吾　中国工程院院士

继承过去的优良传统，
在不教和改革中使教育
走向现代化，为社会主
义建设培育一代英才。

敢峰
一九六八年十二月

敢峰　中共中央宣传部干事、教育家黄陂孕育了楚剧.
楚剧成就了我的艺术人生.
我从黄陂走出.
情恋家乡故土!

彭青莲

2021. 国庆

彭青莲 楚剧表演艺术家
国家级非遗传承人

生于黄陂
长在黄陂
思念黄陂
何乡贤学习
为家乡争光

叶聪

2022春

叶聪 中国"改革先锋人物"
深海载人深潜"奋斗号"总设
计师

干一行就要热爱这一行，更要干好这一
行，专而这一行以保存的广阔世界。这
样之以上通地到考名和实践，为振
兴航空科技事业贡献自己一分
力量。

方昆
1998.5.19.

李明　中国工程院院士

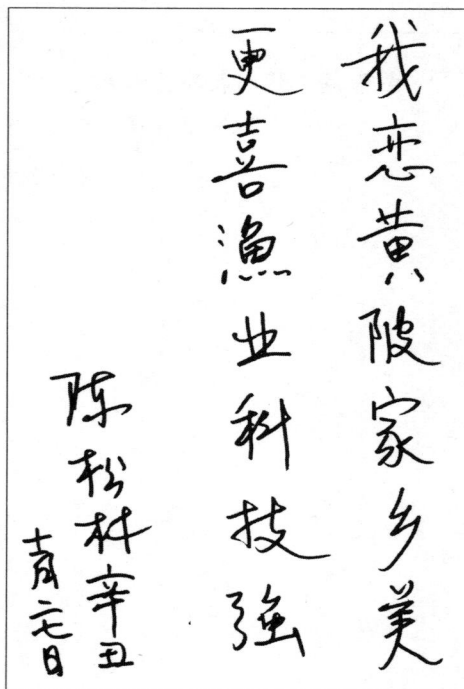

我恋黄陂家乡美
更喜渔业科技强

陈松林辛丑
青天日

陈松林　中国工程院院士

文化铸魂文化赋能
绘就幸福黄锦翰墨
园花 壬寅桂月

为黄陂文化人物录题 德琳

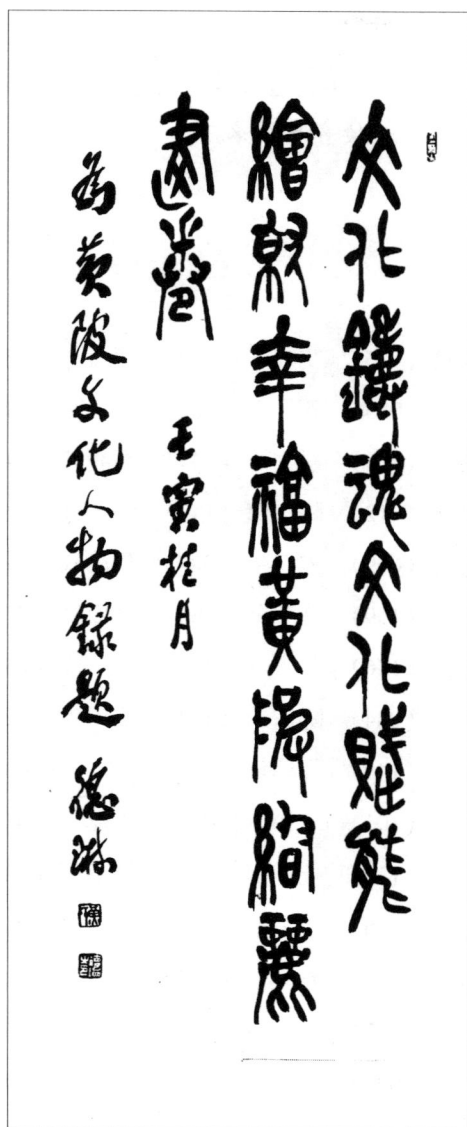

黄德琳　中国书法家协会会员
　　　　武汉市书法家协会原主席

姓名索引
（按音序排名不分先后）

姓名索引

参考文献资料

《辞海》（上海辞书出版社）

《中国人名大词典——当代人物卷》（上海辞书出版社）

《中国人名大词典——历史人物卷》（上海辞书出版社）

《黄陂县志——清康熙、道光、同治合集》（武汉出版社）

《黄陂县志》（武汉出版社）

《黄陂区志》（武汉出版社）

《黄陂通史》（湖北人民出版社）

《黄陂古今谈》（长江出版社）

《黄陂民间传奇人物故事》（长江出版社）

《武汉风云人物》（武汉出版社）

《黄陂曲艺志》（内蒙古人民出版社）

《黄陂民俗风情大观》（长江出版社）

《楚天将帅风云录》（解放军出版社）

《黄陂当代人物名录》（武汉市黄陂区人民政府和武汉市黄陂区政协委员会联合编印，2005 年版）

《情溢黄陂》（武汉出版社）

《黄陂地名趣谈》（武汉出版社）

《黄陂当代人物名录》（武汉市黄陂区人民政府和武汉市黄陂区政协委员会联合编印，2013 年版）

《黄陂区教育志》（湖北人民出版社）

《黄陂县教育志》（武汉工业大学出版社）

《木兰文化史》（解放军文艺出版社）

《共产党宣言解读》（人民出版社）

《无陂不成镇》（中国社会科学出版社）

《大匠之道》（北京工艺美术出版社）

《豪华落尽见真淳》（中国电影出版社）

《胡秋原》（中国文联出版社）

《黄陂走出的理学教育家》（武汉出版社）

《盘龙城经济开发区志》（长江出版社）

《蔡家榨街志》（长江出版社）

《魅力王家河》（《黄陂文艺》内刊，2009年版）

《人文姚家集》（中国社会科学出版社）

《带你走近欧洲》（胡君萱著，科学普及出版社）

《巍巍木兰山　革命浩气存》（中国文史出版社）

《中国摄影家》（中国摄影家杂志社）

《今古联墨大鉴》（中国文联出版社）

参考文献资料